OTTO NEUBERT

TUT-ENCH-AMUN GOTT IN GOLDENEN SÄRGEN

Mit 54 ein- und mehrfarbigen Abbildungen

PAUL ZSOLNAY VERLAG
WIEN · HAMBURG

Übersetzungen dieses Werkes erschienen in Argentinien, Australien, Bolivien, Chile, Dänemark, England, Finnland, Frankreich, Holland, Irland, Italien, Kanada, Neuseeland, Paraguay, Schweden, Spanien, Südafrika, Uruguay, USA und Venezuela

Völlig neu bearbeitete Ausgabe

Umschlag und Einband: Doris Bernatzik
Gesamtherstellung Mohndruck Reinhard Mohn OHG, Gütersloh
Printed in Germany

INHALT

VORWORT

Dieses Buch wendet sich nicht an den Archäologen oder Althistoriker, es soll vielmehr das Interesse breiter Schichten auf die Völkerkunde des Orients und auf die Kulturgeschichte Altägyptens lenken; ferner soll es eine Würdigung der Gelehrten sein, die meist unter schweren Bedingungen, mit dem Spaten in der Hand oder in Studierstuben, tätig sind und durch ihre selbstlose Arbeit zur Völkerverständigung beitragen.

Und endlich soll das Buch dem Leser zeigen, daß die Archäologie kein trockenes Gebiet ist. Archäologisches Forschen heißt: Licht in die Geschichte von Menschen bringen, die vor Jahrtausenden lebten und uns dennoch eng verbunden sind.

Ich danke abschließend den freundlichen Helfern der Universität Hamburg und der Staatsbibliothek, die mich mit Anregungen unterstützten, sowie den Professoren Dr. de Marton und Dr. Saleh Bey Hamdi. Dankbar gedenke ich auch des Ministers Morcos Bey Hanna, seines Staatssekretärs Mohammed Pascha Zaghlul und des Forschers Howard Carter für das mir gewährte große Entgegenkommen. Und endlich bin ich dem deutschen Altmeister der Ägyptologie, meinem Lehrer Prof. Dr. Adolf Erman, für seine wertvollen Anregungen zu Dank verpflichtet. Mein besonderer Dank aber

gebührt Herrn Direktor Theodor Amsinck für das mir geschenkte Vertrauen und die vielen Reisen, die er mir ermöglichte. Ohne ihn hätte ich dieses Buch nicht schreiben können.
Anregungen aus jüngster Zeit verdanke ich dem Ägyptologen Prof. Dr. Eberhard Otto, Dozent am Orientalischen Seminar der Universität Heidelberg.

Otto Neubert

DER NIL, ÄGYPTENS LEBENSADER

Auf den Höhen des Ugandalandes in Afrika liegt unter dem Äquator der Viktoriasee, ein Sammelbecken äquatorialer Regenmassen. Aus diesem See ergießt sich nordwärts ein Wasserlauf; er ist die Wiege des Nils. Dieses Flüßchen durchströmt zuerst den Kioga-, dann den Albertsee, der noch 621 Meter über dem Meeresspiegel liegt. Im weiteren Verlauf nimmt der Nil Rinnsale und Bäche aus den afrikanischen Bergen auf und durchzieht meilenweite Steppen und Sumpfgebiete, in denen noch alle Tiere der Wildnis leben.
Durch weitere Zuflüsse verstärkt, heißt er nun »Weißer Nil«. Hunderte von Kilometern fließt er durch den Sudan, wo Gazellen und Antilopen, Zebras und Giraffen, Leoparden und Löwen sich an seinem Wasser erfrischen. Wo gefräßige Krokodile den Frieden ruhender Kormorane und Geier stören, da wühlen auch Dickhäuter im Schlamm des Stromes, dessen Namen sie tragen: Nilpferde.
Aus den Abessinischen Alpen, aus dem Tanasee, tritt ein neuer Lauf hinzu, der »Blaue Nil« mit seinen Nebenarmen. Doch wo sich Blauer und Weißer Nil vereinigen, in Khartum, legen sie ihre Adjektive ab, und der Strom heißt nur noch *Nil.*
Der Nil ist der zweitlängste Strom der Erde. Er ist mit seinen 6500 Kilometern fünfmal so lang wie der Rhein. Aber wenn er Nubien

erreicht, fließt er die 3000 Kilometer bis zu seinem Delta nur noch durch Wüsten: durch die Nubische und Libysche Wüste und durch die Sahara.

Im Durchschnitt ist sein Strombett nur 800 Meter breit. Die beiderseitigen Uferstreifen sind fruchtbares Land, manchmal nur wenige Kilometer breit. Die Wüste tritt dicht an dieses oder jenes Ufer heran, oft streift das Wasser hohe Uferfelsen. Anders ist es nördlich von Kairo; dort beginnt das Deltagebiet, ein unabsehbares fruchtbares Land. Wo das Nilwasser die Ufer überspült, gedeiht eine üppige Vegetation. Hier werden Weizen, Baumwolle, Zuckerrohr, Orangen und Oliven angebaut. Drei Schritt weiter ist glutheißer Wüstensand. Von den 995000 Quadratkilometern Staatsgebiet sind nur 35000 kulturfähig, also nur 3,5 Prozent; alles andere ist Wüste.

Ägypten hat keine Wälder, Regen ist fast unbekannt. Doch es erhält »importierten« Regen: von Juni bis September ist an den Quellen des Nils, auf Afrikas Hochebenen, Regenzeit. Ungeheurer Tropenregen ergießt sich, oft begleitet von schweren Gewittern und Tornados. Gigantenfäuste packen dann den Urwald, sein grünes Wipfelmeer brandet wie der sturmgepeitschte Ozean. Mit elementarer Wucht gießen die Wolken ihre Wassermassen aus. Seit Jahrtausenden reißen diese Wasser jene Mengen von Schlamm mit sich, die als Ablagerungen nach und nach das ägyptische Tal aufgebaut und fruchtbares Ackerland geschaffen haben.

In vorgeschichtlicher Zeit fiel in Ägypten mehr Regen als heute. Steinzeitliche Werkzeuge beweisen es, die man an höhergelegenen Uferhängen des nahen Wüstenplateaus fand. Erst im Laufe der Jahrhunderte wurde das Land immer trockener.

Das Ägypten, das wir kennen, ist wahrscheinlich nicht älter als 15000 Jahre. Der Alluvialschlamm hat eine Dicke von 30 Metern, die Ablagerung dürfte pro Jahrhundert acht Zentimeter betragen haben. Diese Ablagerungen haben wahrscheinlich eingesetzt, als der Blaue Nil in das Bett des Weißen Nils einbrach und Alluvialschichten aus Abessinien mitschwemmte. Vor dieser Zeit war es wohl der Blaue Nil, der zur Entstehung des tropischen Klimas in diesem Teil Afrikas wesentlich beigetragen haben dürfte.

Gäben der Weiße und der Blaue Nil ihre Wassermassen zugleich an den großen Strom ab, wäre Ägypten ein Katastrophenland. Aber auch hier hat die Natur schützend eingegriffen: die Wasser des

Blauen Nils stürzen über eine Reihe von Katarakten und riegeln durch ihre Kraft den Weißen Nil ab, der seine Wasser erst abgibt, wenn die des Blauen Nils versiegt sind. Von da an liefert der Weiße Nil fünf Monate lang den Großteil des Nilwassers, immerhin etwa 4250 Kubikmeter pro Sekunde.

Der Ausgangspunkt der ägyptischen Kulturen ist seit jeher der Nil gewesen. Durch die Notwendigkeit, ihn zu regulieren, erlernten die Ägypter die Wasserbaukunst; durch Beobachtung des Nils erkannten sie die Gesetzmäßigkeit der Überschwemmungszyklen und wurden zum Studium der Astronomie angeregt. Wir wissen, daß sie den Sirius beobachteten, einen Stern im »Großen Hund«, der nur zehn Lichtjahre von der Erde entfernt ist. Sein Aufgang am 19. Juni war das ägyptische Neujahr. Da aber die Umlaufzeit der Erde etwas mehr als 365 Tage beträgt, verschob sich dieses Fest, was die Ägypter vor manche Probleme stellte.

Alljährlich verwischten die Fluten die Ackergrenzen; alljährlich mußten daher die Parzellen neu vermessen und in »Grundbücher« eingetragen werden. Die ersten Katasterämter standen also am Nil. Aber natürlich brachten alle Jahre auch neuen Streit, bis endlich Gesetze erlassen wurden und eine Obrigkeit den Urteilsspruch des Richters vollzog. So wurde der Nil auch der Urheber eines geordneten Staatswesens.

Aber der Nil war auch ein vorzüglicher Schiffahrtsweg. Als die Baumeister Häuser, Tempel und Pyramiden bauten, bot ihnen der Nil die beste Verkehrsstraße. Er förderte also auch den Schiffsbau, ja er forderte sogar dazu heraus, weil es sonst keine Verkehrsmöglichkeiten gab. Längere Straßen hat es im Alten Reich nicht gegeben.

Seit 1902 gibt es keine Überschwemmungen mehr; durch die Staudämme bei Assuan, Esna, Kaljut und Asiut wurde der Wasserlauf geregelt; nun ist es möglich, drei- bis viermal im Jahr zu ernten. Fleißige Fellachen pflügen noch immer mit dem Holzpflug der Pharaonenzeit und schöpfen mühsam das Wasser aus primitiven Ziehbrunnen; ihre Frauen und Kinder sind noch immer die besten Arbeitstiere, wie vor Jahrtausenden.

Schon im Altertum versuchte man, bis an die Quellen des Nils vorzudringen, doch scheiterten diese Versuche, da man nicht über die nötigen technischen Hilfsmittel verfügte, am mörderischen Klima der Tropen. Auch der Perserkönig Kambyses, der 525 v. Chr. das

Pharaonenreich zerstört und dessen letzten Herrscher Psammetich besiegt hatte, versuchte die Quellen des Nils zu entdecken. Herodot, der »Vater der Geschichte«, ein weiser und gebildeter Grieche, kam nur bis Elephantine, einer Insel im oberägyptischen Nil. Was er berichtete, waren mehr Märchen als Tatsachen. So hatte ihm ein Schreiber zu Sais, wo der heilige Schatz gehütet wurde, erzählt, das Wasser des Nils käme aus den Tiefen der Erde und teilte sich, wobei der eine Teil des Stroms nach Ägypten, der andere nach Äthiopien flösse. Dieser Irrtum rührt wahrscheinlich daher, daß bei den Katarakten das Wasser nach diesen beiden Richtungen fließt. Im Jahre 19 v. Chr. begleitete Strabon, der »Vater der Geographie«, den römischen Statthalter Älius Gallus nach Philae, nahe Assuan, und Plinius berichtet, daß eine von Nero ausgesandte Expedition bis zur Einmündung des Sobat vordrang, wo sie sich einem undurchdringlichen Dickicht gegenübersah und umkehrte. Neros Expedition mußte also bis zum 10. Breitengrad vorgedrungen sein. Erst im zweiten nachchristlichen Jahrhundert kam der Geograph Ptolemäus nahe an die Nilquellen heran. Er berichtete als erster von den Nilseen.

Die mohammedanische Herrschaft in Ägypten machte vorerst weitere Forschungsreisen unmöglich. Wiederaufgenommen wurden sie erst von den Portugiesen, denen dann im 18. und 19. Jahrhundert die Engländer, die Schotten und die Italiener und später noch andere Nationen folgten. Fast schien es, als sollte der römische Dichter Ovid mit seiner Behauptung recht behalten, der Nilgott habe aus Schrecken über den von Phaeton verursachten Weltbrand sein Haupt so gut versteckt, daß es nie mehr gefunden werden konnte.

Gegen Ende des 19. Jahrhunderts berichteten deutsche Missionare von den Seen im Inneren Afrikas. Diese Schilderungen veranlaßten die Engländer Burton und Spaka, Expeditionen auszurüsten. Ihnen folgten Heuglin, Kinzelbach, Munzinger, Steudner und Knoblecher, aber erst dem Deutschen Karl Peters gelang es im Jahre 1891, das Geheimnis des Nils zu lüften.

Der Nil ist ein alter und geduldiger Strom, der viel Menschheitsgeschichte und noch mehr menschliches Leid gesehen hat. Er bespült die Betonbauten seiner Stauwerke so gleichmütig, wie seine Wasser an den Kultstätten der Thutmosis- und Ramsesdynastien, der Ptolemäer und Kalifen vorbeiströmten.

Ägypten ist heute ein Reise- und Erholungsland; sein Klima ist im-

mer warm und trocken, Balsam für Erkrankungen der inneren Organe.
Die trockene Luft und der konservierende Sand des Landes haben uns Bauten, Bildwerke, Gerät und Schrifttum aus fünf Jahrtausenden und mehr erhalten. Diese geradlinige Landschaft mit ihren Zeugen edelster Kultur ist gewaltig und voll der Wunder.
Ägypten ist die Mutter der abendländischen Kultur.

EINE SIEBENTAUSEND JAHRE ALTE KULTUR

Die Nilbewohner werden als das älteste Kulturvolk der Erde bezeichnet. In einer Zeit, da andere Völker des Altertums, insbesondere die Griechen und Römer, noch in Unwissenheit verharrten, gab es, dreitausend Jahre vor Christus, schon Könige, aus deren Regierungsepochen Schriften und Denkmäler zu uns sprechen. Einige Dynastien später erbaute man die Pyramiden. Zu Beginn unserer Zeitrechnung aber, als den Christen der Stern über dem Stall von Bethlehem erschien, war bereits der Verfall des Pharaonenreiches abgeschlossen. Man muß sich dieser Zeitabstände von etwa sechstausend Jahren und mehr bewußt werden und ermessen, wie wenig vergleichsweise tausend Jahre deutscher, französischer oder römischer Geschichte bedeuten. Man bedenke, daß von der Gründung Roms unter Romulus, 735 v. Chr., bis zu Roms Untergang und dem letzten römischen Kaiser Romulus Augustulus im Jahre 476 n. Chr. nur 1230 Jahre vergangen sind.

Aus unzähligen Texten, sauber in Stein gehauen, aus vielen Schriften, auf Papyri geschrieben, wissen wir, daß die Ägypter des Schreibens in hohem Maße kundig waren. Nachdem Ägyptens Kultur versunken war, ließ der Kalif Omar im Jahre 643 n. Chr. Unmengen ägyptischer Papyrusschriften sammeln und verbrennen. Diesen in

Glaubensfanatismus begangenen Frevel kann niemand mehr bedauern als die Ägyptologen.

Ähnlich verging sich auch das christliche Rom im 16. Jahrhundert. Um ihre Brunnen zu schmücken, ließen die Päpste den Marmor von den antiken Bauwerken abbrechen. Das Serapeum wurde mit Pulver gesprengt und das brauchbare Gestein für den Marstall des Papstes Innozenz verwendet.

Die alten Ägypter versahen viele Materialien – Stein, Holz, Leinwand – mit ihren eigenartigen Schriftzeichen. Am häufigsten schrieben sie auf Papyrus. An Stelle von Tinte und Feder bediente man sich eines Schreibrohrs und einer Palette aus Holz mit Vertiefungen für die Farbentöpfe.

Wie bei so vielen alten Völkern lag auch bei den Ägyptern das gesamte Schrifttum in den Händen der Priester. Dem geistlichen Bildungsmonopol stand eine schriftlose Laienkultur gegenüber. Eine Ausbildung genossen nur Kinder aus bemittelten Ständen; sie lernten in den Priesterschulen lesen und schreiben. Das war nicht einfach; denn mindestens 500 Zeichen mußten erfaßt werden. Für die breite Masse und in den Büros gab es Schreiber.

Wir finden bei den Ägyptern alle Erkenntnis mit dem Glauben verbunden, daß das göttliche Walten im Vordergrund des Menschenschicksals stehe. Das Gute findet seinen Lohn, das Böse seine Strafe.

Ägyptische Papyri erzählen uns in Berichten, Gesetzen und Verordnungen aus dem Leben des Volkes in guten und schlechten Zeiten, von Krieg und Frieden. Hier einige Beispiele:

Ein besorgter Vater rät seinem Sohn, er möge sich doch im Schreiben ausbilden, denn als Handwerker sei er nicht sehr angesehen und die damit verbundene Plackerei zu groß. Ein Literat, der um 1300 v. Chr. in der kriegerischen Epoche Ramses' II. lebte, schildert die Leiden eines ägyptischen Leutnants während eines Feldzuges, die Verluste eines Bauern infolge großer Trockenheit, Viehsterben, Diebstähle und Bedrückung durch Steuerbeamte. Wie ganz anders steht es doch um einen Schreiber; seine Arbeit bringt ihm Ehre ein und er braucht keine Abgaben zu leisten.

Ein Oberschreiber kritisiert einen jüngeren Kollegen: »Dein Schriftstück ist sehr zusammengestoppelt und enthält hochtrabende Redensarten, die du beliebig hingeschrieben hast. Was über deine Zunge läuft, ist unbedeutend; du schreibst voll von Fehlern und

Verdrehungen, zerreißt die Worte, wie sie dir in den Sinn kommen. . . . Was deine Worte enthalten, ist auf meiner Zunge sitzengeblieben, sie sind die Sprache des Unterägypters.« Der Brief endet mit guten Ermahnungen.

In jener Epoche, die mit der Zeit des jüdischen Gesetzgebers Moses zusammenfiel, war man bestrebt, Fremdwörter aus dem Semitischen zu übernehmen. Ägypten hatte manche Kriege gegen Vorderasien zu führen. Der wachsende Handelsverkehr und die Niederlassung jüdischer Familien am Nil, deren Mitglieder oftmals vornehme Ämter am Hofe des Pharao innehatten, förderten die Vorliebe für das Fremdwort. Der deutsche Forscher Brugsch fand in einem Papyrus eine Verordnung, daß die Ägypter ihre Sprache reinhalten und das Fremdwort meiden sollten.

Memphis besaß schon um 2350 v. Chr. eine Bibliothek, die so umfangreich und kostbar war, daß man einen hohen Würdenträger (dessen Mumie man in Gizeh fand) zu ihrem Direktor ernannte. Von ihren Schätzen sind leider nur kleine moralphilosophische Abhandlungen auf uns gekommen.

Diese wenigen Proben mögen beweisen, wie federkundig die alten Ägypter gewesen sind. Die Keilschriften aus Babylon können sich nicht mit ihnen messen.

Ägypten war in der Epoche seines Zerfalls unter anderem auch von den Griechen besetzt. Herodot (500–424 v. Chr.) hat deshalb manches von Ägypten überliefert, doch nur Stückwerk. Die wenigen Hinweise in der Bibel genügen ebenfalls nicht, die Geschichte des Landes am Nil zu erschließen. Ägypten ist, um die Wahrheit zu sagen, nie sehr bekannt gewesen; das wenige, was das Abendland wußte, geriet bald in Vergessenheit. Selbst die Bauwerke wurden vergessen, weil sie vom Sand der Wüste begraben wurden.

Vergeblich fragen wir uns, warum die Römer keine Nachforschungen anstellten und nicht zum Spaten griffen. Ahnten sie nichts von den Schätzen? Fürchteten sie, die Toten zu beleidigen? Niemand schien sich darüber den Kopf zu zerbrechen, was der Wüstensand birgt. Man weiß nur, daß sie die Bauwerke der Ägypter bewunderten und auch die eigenartigen Schriftzeichen, die sie Hieroglyphen nannten. Doch es kam ihnen nicht in den Sinn, der Nachwelt eine versunkene Kultur zu erschließen. Ägypten blieb ein Rätsel.

Rom besaß zahlreiche Papyri, bemalt mit zierlichen Löwen, Schlangen, Käfern, Fischen, Gänsen und Falken; in Reih und Glied standen Ringe, Halbringe, Striche, Punkte und Siegel nebeneinander. Man deutete die Zeichen als heilige Symbole, hinter denen priesterliche, für profane Menschen nicht erkennbare Weisheiten steckten. Zwar stellte der Grieche Horapollon im 4. nachchristlichen Jahrhundert Listen von Hieroglyphen mit griechischer Ausdeutung auf, doch sie erwiesen sich durch und durch fehlerhaft, und so brachte man hinfort solchen Übersetzungen tiefes Mißtrauen entgegen.

Kaiser Konstantin hatte 320 n.Chr. einen Obelisken nach Rom schaffen lassen. Einen anderen, 30 Meter hohen Obelisken aus Granit brachte man nach Konstantinopel, wo er noch heute bewundert werden kann. Ein damaliger Schreiber hat uns die Inschrift dieses Obelisken überliefert. Sie war weder mystisch noch geheimnisvoll, sondern enthielt ein Lob des Pharao, der den Obelisken einst hatte setzen lassen. Man mißtraute der Übersetzung, obwohl sie, wie sich erst viel später erwies, richtig war.

Ein Polyhistor, der deutsche Jesuit Athanasius Kircher (1601 bis 1680), Erfinder der Laterna magica, Professor in Würzburg und später Mitglied des Collegium Romanum, gab in Rom vier Bände mit Übersetzungen von Hieroglyphen heraus. Später wurde nachgewiesen, daß nicht eine Zeile richtig war. Hundert Jahre danach stellte de Guignes, ein Mitglied der Pariser Akademie der Wissenschaften, auf Grund seiner Studien fest, die Chinesen hätten in Ägypten Kolonien gegründet. Auch englische Forscher glaubten, die Ägypter seien aus China gekommen.

Ende des 18. Jahrhunderts zeigten zwei Gelehrte eine bessere Vorstellung von den Hieroglyphen: Der schwedische Arabienforscher Akerblad hatte in Kairo einige Hieroglyphen abgeschrieben; er hielt sie für Teile eines Alphabets. Der Däne Zoega meinte, die ovalen Ringe enthielten Königsnamen. Beide hatten recht, aber ihre Deutungen brachten vorerst keine Lösung.

Es bedurfte noch vieler Zufälle, um den Wissensdurst der Forscher anzuregen. Den besten »Zufall« lieferte der General Bonaparte. 1798 schiffte er sich nach Ägypten ein. Nach den ersten gelungenen Operationen und der Einnahme Kairos stand er vor den Pyramiden von Gizeh, den Zeugen einer uralten großen Zivilisation, und rief seiner Armee zu: »Soldaten, fünf Jahrtausende blicken von den Pyramiden auf euch herab!«

Man mag über Napoleon und seine vielen Kriegszüge denken, wie man will; seine Worte bei den Pyramiden machen ihn unsterblich, zumal sie den Anstoß für eine systematische Forschung gaben. Er hatte außer 800 Kanonen noch 175 Gelehrte mitgenommen: Astronomen, Geographen, Geologen, Zoologen, Botaniker, Philosophen und Philologen, dazu Maler, Zeichner und Dichter.
Doch gut Ding will Weile haben. Ägypten, das Paradies für Forschung und Forscher, wartete mit seiner ersten und größten Schwierigkeit auf: seiner Hieroglyphenschrift. Widersprüche und Zweifel häuften sich, man kam nicht weiter.
Wieder mußte ein Zufall zu Hilfe kommen. Englands Flotte vernichtete unter Nelson am 1. August 1798 die französische bei Abukir. Da man eine Landung der Gegner befürchtete, hoben Napoleons Soldaten im Nildelta Gräben aus. Einer der Soldaten stieß bei dem Dorfe Rosette mit seinem Spaten auf einen flachen Stein aus schwarzem Basalt. Sorgfältig freigelegt, zeigte er die Größe einer kleinen Tischplatte. Auf der einst polierten Seite des Steines befanden sich Schriftzeichen, die anderen, bereits gefundenen ähnelten.
Daß der Soldat einen ungeheuer wertvollen Schatz gefunden hatte, ahnte er nicht. Sein Name blieb unbekannt, doch Bourchard, sein Offizier, erntete unverdienten Ruhm.
Der Stein hatte drei Arten von Inschriften. Oben vierzehn Zeilen Hieroglyphen, in der Mitte 32 Zeilen demotische Zeichen, unten 54 Zeilen in griechischer Schrift. Da ein General Napoleons Griechisch lesen konnte, ergab sich bald der Sinn der Inschrift: Priester aus ganz Ägypten waren im Jahre 196 v. Chr. in Memphis zusammengetroffen. Man hatte beraten, welche Ehren man dem jungen König Ptolemäus erweisen sollte, der Tempeln und Priestern etliches hatte zugute kommen lassen. Man hatte beschlossen, in jedem Tempel eine Statue des Königs aufzustellen, mit einer Tafel, auf der in dreierlei Schrift dieses Dekret der Priesterschaft festgehalten werden sollte.
Napoleons Abenteuer endete verlustreich: England hatte wieder einmal eine Schlacht gewonnen und heimste Schätze ein, darunter auch den Stein von Rosette. General Hutchin transportierte ihn und andere Altertümer 1801 nach London; König Georg III. übergab sie dem Britischen Museum.
Einer der Gelehrten, die Napoleon nach Ägypten mitgenommen

hatte, Dominique Vivant Denon, gab bald nach seiner Rückkehr eine Beschreibung des Landes am Nil heraus, *Description de l'Egypte;* es war ein literarischer Koloß von 24 Text- und 20 Bildbänden. Die Welt horchte auf. Ägypten wurde zur Sensation.

Nun hatte die Wissenschaft den »Stein der Weisen« gefunden, und man glaubte, in Kürze das lesen zu können, was Jahrtausende Geheimnis geblieben war. Die Forscher aller Länder saßen über den Zeichnungen und Kopien des Steines und grübelten jahrelang. De Sacy, ein Pariser Orientalist, erklärte schließlich: »Das Problem ist sehr verwickelt und wissenschaftlich nicht lösbar.«

Zuerst schien Akerblad ein kleiner Erfolg beschieden zu sein, nachdem er einige Zeichen aus dem Demotischen herausgerätselt hatte. Jahre später gelang es Thomas Young, einem englischen Arzt und Entdecker der Wellentheorie des Lichts, aus den Hieroglyphen einige Zeichen zu erkennen, die den Königsnamen »Ptolemäus« bedeuten mochten. Dann gab aber auch er die Hoffnung auf.

Zur Zeit der Entdeckung des Steines lebte in Frankreich der Knabe François Champollion. Mit sechs Jahren konnte er fließend lesen und schreiben, mit elf beherrschte er Latein, Griechisch, Hebräisch und Syrisch. Ein Besuch eines Museums mit ägyptischen Altertümern erweckte im Jungen eine solche Begeisterung, daß er sich schwor, die Hieroglyphen zu entziffern. Nachdem er noch Arabisch, Persisch, Sanskrit und Chaldäisch gelernt hatte, sammelte er alles, was sich irgendwie auf Ägypten bezog, und vertiefte sich in die koptische Sprache, die Sprache der ersten christlichen Ägypter. Somit war er geistig besser gerüstet als der englische Forscher Young, der sich nicht von der Vorstellung befreien konnte, daß die Hieroglyphen symbolische Zeichen darstellten.

Ohne Ägypten selbst gesehen zu haben, entwarf der Siebzehnjährige eine historische Karte des Landes; mit achtzehn Jahren wurde er Akademiker und bald auch Mitglied der Akademie der Wissenschaften. Das Lebensziel des körperlich Schwachen und Leidenden blieb die Entzifferung der Hieroglyphen. Doch trotz seines unermüdlichen Eifers erzielte er nur magere Resultate. Als er sich wegen seiner revolutionären Ansichten höheren Orts unbeliebt machte, wurde er angeklagt und mußte Paris verlassen. Er erkrankte ernstlich, setzte aber, kaum wiederhergestellt und in Freiheit, seine Studien fort. Im Jahre 1821 kehrte er stellungslos nach Paris zurück, doch mit der kurz zuvor errungenen Erkenntnis, daß die Hieroglyphen keine Symbole einzelner Begriffe waren, denn der hieroglyphische Text enthielt ja dreimal mehr Zeichen als der griechische Text Worte. Außerdem gewann er aus einem demotischen Papyrus die Kenntnis des Namens der Königin Kleopatra. Auf einem nach England gebrachten Obelisken mit hieroglyphisch-griechischen Inschriften konnte er ebenfalls den Namen Kleopatra entziffern. Er fand die Buchstaben p, t, l, m, i, s, k, e, a, r sowie ein zweites Zeichen für t. Der Obelisk und andere Vergleichsobjekte ließen in runder Einfassung zwei Königsnamen erkennen: Ptolemaios – Kleopatra. Nun bestand kein Zweifel mehr: die Hieroglyphen bestanden aus alphabetischen Zeichen. Champollion hatte sein Lebensziel erreicht!

Im Herbst des Jahres 1822 konnte er der Pariser Akademie berichten, daß die Hieroglyphen entziffert seien; doch die Zeit seiner persönlichen Schwierigkeiten war damit noch nicht abgeschlossen. Als politisch Verfolgter fand er nirgends eine Stellung, die seinem Können und Wissen entsprach. Da fand er einen Gönner, den Duc de Blacas; dieser ermöglichte ihm eine Reise nach Turin, wo er an Hieroglyphen und Papyri seine Studien fortsetzen konnte. 1828 konnte Champollion endlich nach Ägypten reisen, wo er zahlreiche Tempel, Gräber und Pyramiden durchforschte und sich an einer Fülle von Texten berauschen konnte, die vor ihm noch keiner gelesen hatte. Den tiefsten Eindruck auf ihn machte der Tempel von Dendera, einst der himmlischen Göttin Hathor geweiht. Doch nur drei Jahre Schaffenszeit waren Champollion in Ägypten vergönnt, Anfang März 1832 erlag er seinem alten Leiden.

Wenn Champollion auch nicht alle Rätsel der Hieroglyphenschrift zu lösen vermocht hat, gebührt ihm doch als Begründer der Ägyptologie ein Ehrenplatz. Er hatte herausgefunden, daß es neben den ideographischen Zeichen auch rein phonetische gab, und zwar schon in den frühesten Zeiten.

Die Ägyptologie wurde nunmehr das Anliegen deutscher Gelehrter: Lepsius, Brugsch, Erman und Sethe.

Man hatte festgestellt, daß die Hieroglyphenschrift Reformen unterworfen worden war; im Bestreben, sie einfacher zu gestalten, wurde aus ihr die hieratische Schrift entwickelt. Aus dieser wieder ging nach und nach die noch einfachere demotische Schrift hervor, die Volksschrift der Ägypter. Sie stellte die Gelehrten vor dieselben

Probleme wie die Hieroglyphen: kein Mensch vermochte sie zu lesen.
Wieder griff der Zufall ein. Der 1827 in Berlin als Sohn eines Unteroffiziers geborene Heinrich Brugsch warf sich bereits als Gymnasiast auf das Studium der Hieroglyphenschrift, entwickelte aus ihr eine Theorie des Demotischen und verfaßte noch als Schüler eine demotische Grammatik.
Der Berliner Ägyptologe Richard Lepsius kritisierte sie zunächst abfällig, in Paris fand Brugsch' Arbeit jedoch ehrenvolle Anerkennung, und Alexander von Humboldt wurde sein großer Gönner. Das Glück verband sich mit dem Talent. Nach beendetem Studium ging Brugsch nach Kairo; hier traf er mit dem französischen Ägyptologen Mariette zusammen.
Im Dienste der ägyptischen Regierung durchzog Brugsch das Land von der Nekropolis zu Memphis bis Abu Simbel. An der Spitze seiner literarischen Arbeiten steht das vierbändige Wörterbuch des Demotischen, dem drei Ergänzungsbände folgten. Die heutigen Forscher können dank Heinrich Brugsch-Pascha die Schrift der Alten am Nil lesen wie ihre Muttersprache. Obwohl wir zeitlich einen so weiten Abstand von den alten Ägyptern haben, wissen wir von ihnen mehr als die Römer, die später Ägypten und die Welt regierten. Gewiß haben die Römer Ägyptens Werke bewundert, denn sie haben Säulen, Obelisken und Statuen nach Rom geschickt, doch vom Leben der Ägypter hatten sie keine Kenntnis. Als sich in Europa noch Sümpfe und Urwälder erstreckten, war Ägypten schon alt.
»Seid eingedenk, daß ihr Staub seid. Generationen werden geboren und sterben. Nationen entstehen und vergehen, wir aber stehen ewig.« Diese Worte haben die Ägypter niedergeschrieben, bevor es Athen und Rom gab. Es ist wirklich wunderbar, welches Geschenk uns Archäologie und Ägyptologie gemacht haben.
Ein weiteres Beispiel von Entzifferung demotischer Schrift, entnommen dem Papyrus in Leiden, übersetzt vom Ägyptologen Adolf Erman, möge hier folgen. Es ist eine Tierfabel aus dem Mythos vom Sonnenauge.
»Es war einmal ein Löwe auf dem Berge, der stark an Kraft war und gut jagte. Das Wild der Berge fürchtete ihn. Eines Tages begegnete er einem Panther, dessen Haut geschunden, dessen Fell zerrissen war ... Da sagte der Löwe: Wie kommst du zu diesem Zustand?

Wer hat dein Fell geschunden? Da sagte der Panther: Es war der Mensch. Da sagte der Löwe: Der Mensch, was ist das? Da sagte der Panther: Es gibt nichts [Listigeres] als ihn, den Menschen. Mögest du nicht in die Hand des Menschen fallen. Da zürnte der Löwe dem Menschen [und] ging von dem Panther weg, indem er den Menschen suchte.«

Natürlich konnte bis jetzt noch nicht alles in Ägyptens Geschichte geklärt werden, hier und dort klaffen noch Lücken. Von vielen Pharaonen wissen wir oft nicht mehr als den Namen; aber der Wüstensand hält noch vieles verborgen, und Ägypten wird noch lange den Ausgräbern zu tun geben.

Das moderne, arabisch-islamische Ägypten hatte sich anfangs aus Glaubensgründen nicht viel um die Denkmäler seiner Vorfahren gekümmert. Was man nicht zerstört hatte, konnten Sanddünen ungehindert verwehen. Erst als europäische Forscher zu graben begannen, erkannte Ägypten den Wert seiner alten Schätze. Ausgraben verschlingt Geld: Arbeitslöhne und Werkzeuge für die Fellachen, Reisen, Spesen und Unterhalt für die Forscher. Ägyptens Finanzen würden das nicht gestatten. Wie Persien aus gleichen Gründen sein Öl von anderen Nationen fördern ließ, so vergab Ägypten Ausgrabungskonzessionen an Gesellschaften, die darum ansuchten und dafür bezahlten. Eine willkürliche Ausfuhr gefundener Schätze, die oft einer Plünderung gleichkam, ist heute nicht mehr möglich; die meisten Funde müssen jetzt dem Museum von Kairo ausgefolgt werden.

Berlin wurde bald ein Zentrum für die orientalische Frühgeschichte, bei Ausbruch des Ersten Weltkrieges repräsentiert durch die Professoren Adolf Erman, Hermann Sethe, Eduard Meyer, Georg Schweinfurth, Georg Ebers, Georg Steindorff, Ludwig Borchardt u.a. Aus der Humboldt-Universität ist mancher Orientalist hervorgegangen, der berühmteste war wohl der amerikanische Ägyptologe James Breasted (1865–1936).

Was sechzig internationale Forscher seit 1900 an Schriften zusammengetragen haben, ist unvorstellbar. Es wird ständig an der ägyptischen Philologie, am Wörterbuch der Ägyptologie, gearbeitet. Die Grundlagen sind gesammelte Texte; Lepsius, Erman, Breasted, Sethe und Gardiner entdeckten sie in Papyri, Junker erschloß ägyptische Inschriften aus griechischer Zeit. Auf der Nilinsel Philae wurden 8000 Bogen Abklatsche und 2000 Fotografien hergestellt. Kopien von 1726 Stelen, 308 Statuen, 155 Särgen, 7 Obelisken, 574 Totenfiguren und 298 anderen Denkmälern wurden angefertigt. Alles wurde aufgeschrieben und nach einzelnen Wörtern geordnet.

DIE ERSTEN ÄGYPTER

Gefundene Faustkeile, Feuersteinknollen und Klingenschaber, die Standardwerkzeuge des frühen Menschen, bezeugen, daß am Nil bereits 8000 Jahre vor Christus Menschen gelebt haben. Sicher waren es ursprünglich nomadisierende Hirten, die dann aber seßhaft wurden, weil das gute Klima und der fruchtbare Boden sie dazu einluden. Sie bestatteten ihre Toten am Rande des fruchtbaren Landes, im Sand der Wüste. Wenn Leichen und Grabbeigaben aus der Zeit um 5000 v. Chr. noch heute gut erhalten sind, verdanken wir dies der trockenen Luft und dem trockenen, magnesiumhaltigen konservierenden Sand.

Aus dem Neolithikum sind uns Gräber bekannt, in denen die Leichen in Hockerstellung beigesetzt waren, das Gesicht nach Osten gewandt. Von den Grabbeigaben sind neben keramischen Töpfen und Vasen vor allem Schminkpaletten zu nennen. Sie waren aus Schiefer und bunt bemalt. In Oberägypten wurden die in Ziegenfell oder Matten eingewickelten Leichen ebenfalls in Hockerlage beigesetzt, aber mit dem Gesicht nach Westen, wo »die Sonne zur Ruhe geht«. Man fand auch Gräber mit mehreren Leichen – waren hier Familienmitglieder oder Sklaven mit ins Grab gegangen? Merkwürdig ist, daß an allen Leichen irgendein Glied fehlt; warum, ist

bis heute nicht geklärt worden. Keule, Pfeil und Bogen dienten als Grabbeigaben.
In Heluan, Sakkara gegenüber, fand man in einer unterirdischen Grabanlage 825 kleine Einzelgräber aus der frühesten Zeit Ägyptens, denn die Leichen waren nicht einbalsamiert und meistens in Holzsärgen oder Tonbehältern bestattet worden. In den Vorratskammern fand man Salblöffel, Schminktöpfe, Gegenstände aus Elfenbein und religiöse Symbole in Form von Amuletten.
Woher diese ersten Ägypter gekommen sind, wissen uns die Anthropologen nicht zu sagen. Die Meinungen gehen auseinander; daß sie aus Sumerien stammen, ist nicht bewiesen.
Beginnen wir also unsere Betrachtung mit der Zeit, da die Ägypter bereits in einem geordneten Staatsverband lebten und von einem König regiert wurden. Wir lernten die Schriften der Ägypter kennen, prüfen wir nun, was sie uns vermitteln.
Den Ägyptern, die keine fortlaufende Zeitrechnung führten, mag es schwergefallen sein, lange Zeiträume zu überblicken. Sie haben daher ihre Epochen in Abschnitte geteilt, die den jeweils herrschenden Dynastien entsprachen. Zur Zeit der griechischen Besetzung, 305 v. Chr., hat der Priester und Tempelschreiber Manetho die Zeitabschnitte der Dynastien niedergeschrieben; es sind uns aber nur Fragmente und Auszüge davon erhalten. Manetho hat sich in der langen Geschichte manchmal geirrt, deshalb sind die Zahlen nicht immer genau.
Sicher ist, daß das Land lange Zeit politisch geteilt war, in Unter- und Oberägypten. Jedes Land hatte seinen Hauptgott. König Menes soll um 3200 v. Chr. die Länder vereint haben; die Zweiteilung blieb aber symbolisch bestehen. Die Schlange Buto und der Geier Nechbet waren zu dieser Zeit Staatsinsignien. Die Lilie zierte das Wappen Unterägyptens, die Papyrusstaude das Oberägyptens.
In der folgenden Zeittafel, die sich zum Teil an eine ähnliche von Scharff und Moortgat hält, sind nur die wichtigsten Könige erwähnt. Manetho schrieb seinerzeit die Namen griechisch nieder; wir wollen seinem Beispiel folgen.

CHRONOLOGIE ÄGYPTENS

Dynastien		vor Christus
	Vorgeschichte (Menes?) vor	2850
	Das Alte Reich ab	2850
1.– 2.	Narmer, Horus, Aha, Menes (?), Wadji, etwa	2850–2650
3.	Djoser, Snefru, Sanacht, etwa	2650–2600
4.	Cheops, Chefren, Mykerinos	
	Pyramiden von Gizeh, etwa	2600–2480
5.	Sahurê, Unas, Userkaf	2480–2350
6.– 8.	Teti, Merenré, Pepi I. und II.	2350–2190
9.–10.	Herakleopolitenzeit	2190–2052
	Das Mittlere Reich ab	2052
11.	Mentuhotep	2052–1991
12.	Amenemhêt I.	1991–1972
	Sesostris I.	1971–1930
	Amenemhêt II.	1929–1898
	Sesostris II.	1898–1841
	Amenemhêt III.	1840–1792
13.	*Zwischenzeit etwa*	1778–1610
15.–16.	Hyksoszeit etwa	1670–1570
	Das Neue Reich ab	1610
17.	etwa	1610–1570
18.	Amosis	1570–1545
	Amenophis I.	1545–1524
	Thutmosis I. und II.	1524–1502
	Königin Hatschepsut	1501–1480
	Thutmosis III.	1502–1448
	Schlacht bei Megiddo	1480
	Amenophis II.	1448–1422
	Thutmosis IV.	1422–1413
	Amenophis III.	1413–1377
	Amenophis IV. (Echnaton), Amarnazeit	1377–1358
	Tut-ench-Amun	1358–1349

Dynastien		vor Christus
	Eje	1349–1345
19.	etwa	1345–1200
	Haremhab	1345–1318
	Ramses I.	1318–1317
	Sethos I.	1317–1301
	Ramses II.	1301–1234
	Schlacht bei Kadesch	1296
	Merenptah	1234–1220
	Sethos II. und Wirren am Ende der 19. Dynastie	1220–1200
20.	etwa	1200–1085
	Setnekat	1200–1197
	Ramses III.	1197–1165
	Ramses IV.–XI.	1165–1085
21.	*Spaltung: Theben und Tanis*	1085– 950
22.–23.	Libyer; u.a. Scheschong	950– 720
24.	Bokchoris von Sais	720– 715
	Die Spätzeit	715– 332
25.	Nubier; u.a. Schabaka	715– 663
26.	Psammetich I.–III., Necho, Apries, Amasis, Montemhet	633– 525
	Schlacht bei Pelusium, Perserkönig Kambyses erobert Ägypten	525
27.	Perser, besonders Darius I.	525– 332
28.	Amyrtaios von Sais	404– 399
29.	Könige aus Mendes	398– 379
30.	Könige aus Sebennytos	378– 341
	Alexander erobert Ägypten	332
	Ägypten unter den Griechen	332– 31
	Ägypten unter den Römern seit	*31*
	Ägypten unter den Arabern seit	640 n. Chr.
	Ägypten unter den Engländern	1882–1956
	Das freie Ägypten ab	1956

Es dürften wohl an die 360 Könige in Ägypten regiert haben, vom ersten Pharao bis zum Jahre 1 christlicher Zeitrechnung. Aber es bedarf, wie gesagt, noch vieler Forschungsarbeit, um alle Lücken zu schließen.

Am deutlichsten sprechen die Ägypter aus ihren Gräbern zu uns. Wie sie auf Erden gelebt und worin sie ihre Lebensaufgabe erblickt haben, erzählen uns die Grabbeigaben, Grabgemälde, Grabinschriften. Die Ägypter konnten nicht glauben, daß mit dem Tode das Leben zu Ende sei. Ihr Totenkult spiegelt den optimistischen Glauben an ein Fortleben in der Unterwelt wider.

Der erste König der ersten Dynastie soll Skorpion geheißen haben. Wir wissen nichts von ihm, mehr von Narmer, seinem Nachfolger. Von ihm ist eine Schminktafel auf uns gekommen, die handwerklich beachtenswert ist. Auf der einen Seite der Palette sehen wir eine symbolische Darstellung: vor dem Pharao werden vier Standarten getragen. Hinter diesen Zeichen göttlicher Macht schreitet der Pharao auf Leichen dahin. Darunter sind zwei gebändigte Fabeltiere zu sehen. Die andere Seite der Palette zeigt, wie der König einem in die Knie gesunkenen Kriegsgefangenen mit einer Keule den Schädel zertrümmert.

Das Grab Narmers erzählt, daß dieser König und seine Höflinge ihren Dank für einen Sieg über die Nordbewohner in einer Prozession ausdrückten. Im Zepter Narmers ist aufgezeichnet, daß er 120000 Feinde gefangennahm und 400000 Ochsen sowie eine Million Ziegen erbeutete. Man führte schon vor sechstausend Jahren recht gewinnbringende Kriege!

Als der englische Archäologe Emery die Grabanlage des Höflings Hemaka, eines Wesirs des Königs Usaphias der 1. Dynastie, entdeckte, war er sehr enttäuscht: sie war leer und ließ erkennen, daß hier Diebe am Werk gewesen waren. Als er, mit besserem Licht ausgerüstet, die Grabkammer nochmals untersuchte, fand er 42 vermauerte Nebenräume; alle waren mit zahllosen Gegenständen verschiedenster Art angefüllt. Besonders auffallend waren eine große Menge diskusähnlicher Scheiben aus Stein, Metall und Elfenbein. Zu jeder Scheibe gehörte ein Stab. Die meisten zeigten ornamentalen oder figürlichen Schmuck. Dergleichen hatte die ägyptische Erde bisher niemals freigegeben. Was bedeuteten die vielen Scheiben, gehörten sie zu einem Gesellschaftsspiel aus der Zeit vor 5000 Jahren? Vielleicht waren es Amulette oder Talismane, die dem Verstorbenen

Glück bringen sollten; vielleicht waren es Zeichen voll magischen Zaubers und mystischer Bedeutung.
Weiter fand man Pfeile, teils mit Spitzen aus Feuerstein; ein Bündel solcher Pfeile steckte in einem ledernen Köcher. Ein Holzkasten fiel sofort zusammen, als man ihn anrührte; in ihm lagen hölzerne Axtgriffe, Holzsicheln mit Feuersteinzähnen und Messer aus Feuerstein. Groß war der Vorrat an Lebensmitteln, und gegen den Durst hatte man 2000 Weinkrüge mit ins Grab gegeben.
Chasechem, ein König der 2. Dynastie, die noch keine Pyramiden kannte, hatte seine Grabeswohnung zu einem geräumigen Bauwerk ausbauen lassen, das 67 Meter lang und 16 Meter breit war und insgesamt 58 kleine Räume enthielt. Bis auf Kleinigkeiten war das Grab bereits im Altertum geleert worden. Die Wände dieser Gräber der Frühzeit waren schon recht bunt und beschriftet.
Eine wundervolle Entdeckung machte Emery im Grab eines Wesirs, ebenfalls aus der 2. Dynastie. Eine Grabkammer glich nämlich einem Speisesaal mit einer gastlich gedeckten Tafel. Die Schüsseln und Teller waren aus Schiefer oder Alabaster; ihr Inhalt: gebratene Tauben, Fische, Gemüse und das ganze Rippenstück eines Rindes, dazu Soßen. Zu dem Gedeck gehörten noch Früchte, rundes Gebäck und dreieckige Brotlaibe. Alles war zwar vertrocknet, aber dennoch gut konserviert. Der Holzsarg des toten Schlemmers war leider zusammengefallen, aber die Gebeine gut erhalten. Krüge und Schüsseln aus Stein von erlesener Arbeit blieben vom Zahn der Zeit unberührt.

DAS TOTENFELD VON SAKKARA

Das Totenfeld von Sakkara und Gizeh ist Wüste ohne jegliche Vegetation und erstreckt sich kilometerweit. Man kann es nur auf dem Rücken des Kamels durchstreifen. Die Alten haben keinen Quadratmeter fruchtbaren Bodens verschwendet. Den großen Friedhof von Sakkara errichteten sie auf dem felsigen Boden der Libyschen Wüste am Westufer des Nils bei Kairo, gegenüber ihrer alten Hauptstadt Memphis.

Viele Schaufeln Erde waren zu bewegen, um einer zweifelnden Welt zu beweisen, daß Griechenlands Geschichte weit über das Jahr 776 v. Chr., mit dem der Historiker seinerzeit zu beginnen pflegte, zurückreichte. Ganz anders verhält es sich mit der Geschichte Ägyptens. Lange vor der Geburt der Hellenen waren die Ägypter schon alt und sprachen durch ihre Pyramiden. Als die Griechen längst verschwunden waren, kündeten die Pyramiden noch immer von diesem uralten Volk. Die Sprache der Steine verstehen nur die Forscher, und forschen heißt: das Geheimnis enthüllen, wie die Alten lebten. Da ist jeder Fund wichtig; ein kleiner Gegenstand, eine Tonscherbe, kann oft eine Frage klären, die jahrzehntelang Kopfzerbrechen schuf.

Anfangs lag die methodische Forschung sehr im argen; die Forscher strömten nach Ägypten wie die Goldgräber nach Kalifornien. War ein Grab entdeckt, brach man den Sarg auf, heimste das Gold der Mumien oder den Papyrus einer Grabkammer ein und suchte das Weite. So machten es die vielen »Forscher«, von ihnen lernten die eingeborenen Arbeiter. Diese Ausgrabungen waren mit den Grabräubereien des Altertums vergleichbar und begünstigten den Schwarzhandel mit Altertümern.

Als der Franzose Mariette 1880 in Ägypten weilte, um Papyri für den Louvre zu kaufen, war er über den Vandalismus entsetzt. In einigen Gärten vornehmer Häuser sah er schöne Sphinxe liegen – er mußte glauben, es sei ein Warenhaus für Sphinxe geplündert worden. Bei Sakkara sah er im Sande den Kopf einer Sphinx; es dauerte nicht lange, da hatte er eine Allee von 134 Sphinxen freigelegt, in der sich einst prunkvolle Prozessionen bewegt hatten.

Mariette wählte Ägypten zur zweiten Heimat und verschrieb sich ganz dem Forschertum. Aber er entdeckte nicht nur Gräber, er betätigte sich auch als Sammler, gründete in Bulak ein Museum und verhinderte dadurch die wilde Ausfuhr antiker Schätze. Nach kurzer Zeit hatte er das Vertrauen der ägyptischen Regierung gewonnen, die ihn zum ersten »Direktor der Altertümer« ernannte. Damit war der Grundstein zu dem weltberühmten Ägyptischen Museum gelegt, das 1902, als er längst gestorben war, in Kairo eröffnet und später zum großartigsten Museum der Welt wurde. Hier werden heute alle Funde untergebracht, nichts darf mehr ausgeführt werden. Im Vorgarten des Museums steht das Standbild Auguste Mariettes; seinen Leichnam haben die dankbaren Ägypter nachträglich in einem Sarkophag aus Marmor beigesetzt. Seit jener Zeit wird das Museum aus Tradition stets von einem Franzosen verwaltet.

Als der Engländer Flinders Petrie 1888 in Ägypten eintraf, mußte er zu seiner Bestürzung erkennen, daß nur wenige Forscher Mariettes Beispiel folgten. Petrie meinte, ein Archäologe solle den Ägypter nicht als Mumie zeigen, sondern vor seiner Mumifizierung; das wäre die Aufgabe einer gewissenhaften Ägyptologie. Seine Einstellung setzte sich dann auch durch.

Die Religion der alten Ägypter stellte drei Forderungen an den sittlichen Menschen. Als erste: Ehre die Götter und bringe ihnen viele Opfer. In diesem Punkte waren die Ägypter eifrig und fleißig. Zweitens: Ehre die Menschen und hilf dabei, sie von ihren irrigen Wegen abzubringen. Dieses Gebot wurde mehr schlecht als recht erfüllt. Drittens: Ehre vor allem die Toten, errichte ihnen schöne Gräber, fülle diese mit reichen Gaben und bringe ihnen in den Totentempeln regelmäßig Opfer. Diesen dritten Punkt haben die Ägypter am eifrigsten befolgt. Die Pracht der gefundenen Gräber beweist es.

Die Ägypter waren vom Glauben durchdrungen, daß der Tod nicht Geist und Seele vom Fleische trenne. Der tote Körper bedeutete ihnen nicht eine vom Leben abgenützte Hülle. Die Seele habe den Körper nur vorübergehend verlassen und verweile eine Zeitlang in einem frei herumfliegenden Vogel. Später würde sie aus diesem »Seelenvogel« in den alten Körper zurückkehren, aber nur wenn dieser gut erhalten wäre. Ist der Körper zerfallen, kann die Seele nicht zurück und wird ausgelöscht. Was muß also geschehen, um den toten Körper vor Verwesung zu schützen? So verfielen die Ägypter auf das Einbalsamieren. Sie rieben den Körper mit kostbaren Salben und teurem Mum ein, daher die Bezeichnung Mumie.

Die Einbalsamierer waren Könner ihres Faches, denn ihrer Verantwortung oblag die Erhaltung des sterblichen Körpers und die Schaffung der ewigen Hülle. Von wenigen Ausnahmen abgesehen, die den Pharao und hochstehende Persönlichkeiten einzubalsamieren hatten, war ihr Stand trotz seiner Notwendigkeit doch sehr verachtet und gemieden. Er gehörte zu den untersten sozialen Schichten. Dagegen waren Maler, Tischler, Juweliere, Goldschmiede, Steinmetze und alle Bauhandwerker sehr geachtet, weil ihr Können dem Totenreich dienlich war. Alle standen unter dem Schutze einer eigenen Gottheit. War jemand gestorben, berichtet Herodot, liefen viele Klageweiber herbei. Sie schmierten sich Kopf und Gesicht mit Nilschlamm ein und zogen dann klagend und verzückt durch die Straßen zum Haus des Verstorbenen.

Dann übergab man die Leiche dem »Hause des Todes«, wo sie feierlich einbalsamiert wurde. Im allgemeinen dauerte die Einbalsamierung dreißig Tage. Bei Vornehmen, von den Priestern aufwärts, dauerte sie länger, beim Pharao siebzig Tage.

Die Einbalsamierer waren Spezialisten in ihren Fachgebieten. Handelte es sich um eine hohe Persönlichkeit, beteten die Priester während des Einbalsamierens. Es galt, den Körper zu bewahren, ihn von bösen Geistern freizuhalten, und Ka, die Seele, in ihrem Kampf gegen die Dämonen zu stärken. Ka ist das Symbol für das Ewige im Menschen.

Zunächst entfernte man mit einem Draht das Gehirn durch die Nase; der Bauchhöhle entnahm man die Eingeweide. Das Innere des Körpers wurde mit Wein und Kräuterabsud ausgewaschen, den Blutgefäßen eine chemische Masse eingespritzt. Dann legte man den Körper in eine Salzlösung. War er nach einer bestimmten Zeit widerstandsfähig geworden, entzog man ihm die Feuchtigkeit. Da der Körper bekanntlich zu 75 % aus Wasser besteht, war dies keine einfache Prozedur. Man salbte die Bauchhöhle mit kostbaren Fetten und Zedernöl, füllte sie mit Myrrhe, Kassia, Zimt, gerösteten Samen von Lotosblumen, aromatischen Essenzen und vernähte sie dann. Auch die Außenseite des Körpers wurde entsprechend bearbeitet. Die Eingeweide behandelte man gesondert und verwahrte sie in Kanopen. An die Stelle des Herzens legte man ein geweihtes Amulett.

Zuletzt griffen die Kosmetiker ein. Sie schminkten das Gesicht der Leiche, färbten Nägel und Lippen, Handflächen und Fußsohlen. Zeitweise wurden die Leichen beiderlei Geschlechts rasiert; aber man hat auch Mumien in vollem Haarschmuck gefunden, weibliche sogar mit tadellos in Wellen gelegtem Haar.

Über den Schnitt in der Bauchdecke wurde eine Platte aus Gold oder Harz gelegt, in die Nasenlöcher steckte man Pfropfen aus einem saugfähigen Gewebe; sie sollten das Absickern der Flüssigkeit, die sich während des Konservierens in der Schädeldecke gebildet hatte, verhindern.

Danach zeigten die geschäftstüchtigen »Bestattungsunternehmer« den trauernden Hinterbliebenen verschiedene Modellmumien: primitive, schlichte, bessere oder von Malern farbenfreudig ausgeschmückte Stücke. Nach diesen Mustern konnte man, je nach dem Geldbeutel, das Make-up für die Leiche bestellen. Eine finanzielle Frage war es auch, ob während der Einbalsamierung ein oder mehrere Priester an der Leiche meditierten. Dann wickelte man den Körper in unzählige Meter feinstes Linnen, das die königlichen Webereien lieferten. Herodot nannte es »Byssosleinwand«. Um den Körper beim festen Einwickeln nicht zu deformieren, wurden an den Druckstellen Kissen eingelegt. Dr. Derry fand an einer Mumie ein 19,25 Meter langes und 1,50 Meter breites Laken; es war achtmal zusammengelegt und als Kissen verwendet. Der ganze Leichnam war mit einer Harzlösung überstrichen. So wurde nach Herodot die Einbalsamierung erster Klasse ausgeführt.

Je nach dem Reichtum des Verstorbenen legte man Schmuck aus Gold und Edelsteinen in das Leinen. Bei Königen, Würdenträgern und heiligen Tieren war die Einbalsamierung ein Staatsakt von hoher Bedeutung, an dem das Volk regen Anteil nahm. Was Herodot über die Kunst der Einbalsamierung berichtet, ist größtenteils durch archäologische Forschungen bestätigt worden. Interessant ist eine Inschrift aus dem Grab eines hohen Beamten zur Zeit Thutmosis' III. Sie sagt uns manches:

»Eine schöne Bestattung kommt in Frieden, wenn Deine siebzig Tage des Einbalsamierens erfüllt sind; man legt Dich auf die Bahre . . . und von makellosen Stieren wirst Du gezogen. Deine Straße ist mit Milch besprengt, bis Du angelangt bist in Deinem Grab. Es weinen liebenden Herzens Deine Kinder. Geöffnet wird Dein Mund durch den Priester und vollzogen wird Deine Reinigung durch den Sempriester. Horus richtet Deinen Mund und öffnet Deine Augen und Ohren. Dein Körper ist vollkommener in allem, was Dir gehört. Es werden Sprüche und Lobpreisungen gelesen. Ein Totenopfer wird Dir dargebracht; Dein Herz ist bei Dir, wie Du es auf Erden hattest. Du kommst in Deiner früheren Gestalt wie an den Tagen Deiner Geburt. Deine Höflinge verneigen sich vor Dir. Du gehst ein in das Land, das der König gegeben hat, in das Grab des Westens. Zeremonien werden abgehalten; es kommen zu Dir die Totentänzer in Jubel.«

Immer wieder werden die siebzig Tage der Einbalsamierung erwähnt, selbst in der Bibel. Dort wird (1. Moses 50) bekundet, daß auch die Hebräer das Salben übten.

»Und Joseph befahl seinen Knechten, den Ärzten, daß sie seinen Vater salbten. Und sie salbten Israel, bis daß vierzig Tage um waren, denn so lange währten die Salbtage. Die Ägypter beweinten ihn siebzig Tage.«

Über die Methode der »zweiten Klasse« schrieb Herodot:

»Wer die großen Kosten scheut, muß die Mittelart wählen. Hier füllen sie Klistierspritzen mit Öl vom Zedernbaum und füllen damit die Leiche. Sie machen keinen Einschnitt, nehmen nichts aus dem Leib heraus, sondern führen die Spritze in den After, versperren mit einem Korken dem Klistier den Rücktritt und legen die Leiche in die Lauge. Am letzten Tag lassen sie das Zedernöl wieder heraus, und dasselbe hat solche Kraft, daß die ganz aufgelösten Eingeweide herausdringen. Das Fleisch ist aber von der Natronlauge größten-

teils aufgelöst, die Leiche ist nur noch Haut und Knochen. Wenn das erfolgt ist, geben sie die Leiche zurück ...«
Verstorbene Sklaven und Verbrecher ägyptischen Blutes genossen nicht die Gunst des Einbalsamierens, wohl aber alle anderen Ägypter, auch die Armen, dafür sorgten die Tempel. Es gab viele »Häuser des Todes«, sie waren klassifiziert wie die Menschen. In der dritten Klasse siegte die Massenabfertigung über die Pietät. Mit Fleischhaken packte man die Leiche und warf sie in ein großes Becken für fünf Personen. Hier lag sie dreißig Tage in der Salzlösung. Dreißig Tage hatte der Monat, dreißig Becken die Anstalt, für jeden Tag ein Bekken, genau dem Ritus entsprechend. Natürlich wurden bei dieser Art der Mumifizierung nur billige Salbmittel verwendet.
War die Leiche einbalsamiert, mit Harz überstrichen und aseptisch gemacht, holten Verwandte sie ab. Wer einen Holzsarg nicht erschwingen konnte, wickelte sie in eine Ochsenhaut oder in einen mit Sprüchen beschriebenen Papyrus. Und wer die Aufbewahrung in einer Massengruft nicht bezahlen konnte, verscharrte die Mumie mit frommen Wünschen im Sand der Wüste. Oft grub man sie in finsterer Nacht auch in der Nähe eines fürstlichen Grabes ein, in der Hoffnung, daß von dem Totenopfer des Reichen etwas für den Armen abfalle.
Herodot sagt auch noch:
»Finden sie einen Ägypter oder Fremdling, der von einem Krokodil geholt oder im Fluß ertrunken ist, so müssen die, bei deren Stadt er angetrieben ist, ihn einbalsamieren, schön auszieren und in heiligen Gräbern bestatten. Kein anderer darf ihn anrühren, weder Freunde noch Angehörige, sondern die Priester begraben ihn mit eigener Hand, als wäre er eine göttliche Leiche.«
Aus alldem geht hervor, daß nach ägyptischer Anschauung die Wohnung des Lebenden nebensächlich war; die »Wohnung der Ewigkeit« aber mußte prunkvoll sein.
Ausgrabende fanden deshalb fast keine Reste von dem, was man Städte, Häuser und Wohnungen nennt. Es gibt zum Beispiel nur wenige Ruinen, die einst Königspaläste gewesen sein können. Wie die Alten melden und Forscher es sahen, waren die Paläste, auch die der Pharaonen, nichts anderes als nur »Herbergen« auf Erden. Solche Bauten hat man oft nur aus Lehmziegeln ausgeführt, deshalb sind sie verfallen.
Damit ist nicht gesagt, daß diese Profanbauten primitiv gewesen

sein müssen. Ein in den Jahren 1910–1918 in Medinet-Habu freigelegter Palast läßt eine gewisse Pracht erkennen. Dieses »Haus der Freude« war mit allem Luxus jener kunstverwöhnten Epoche versehen. Farbiger Bild- und Ornamentenschmuck, Kacheln, Fliesen und Malereien haben den Räumen eine wohltuende Atmosphäre verliehen. Die Wände waren mit Webwerk verkleidet, auf den Estrichböden leuchteten bunte Motive vom Tierleben aus Feld und Röhricht. Daneben gab es Wände in Türkisblau und Lapislazuli, deren Muster durch reiches eingelegtes Goldblatt wirksam hervorgehoben waren. Dazu auserlesenes Möbelwerk. Das alles vermittelt eine Vorstellung vom Geschmack der damaligen Zeit und dem unbekümmerten Lebensgenuß in einem Königspalast. Oft war ein solcher Palast auch von großartigen Parkanlagen umgeben.

Göttertempel und Gräber aber waren für die Ewigkeit bestimmt, man erbaute sie daher zeit- und diebessicher aus Granit.

Vielleicht ist das älteste Denkmal Ägyptens jenes Königsgrab zu Negade in Oberägypten, das Morgan 1897 entdeckte. Es war ein 50 Meter langes Gebäude. In der Mitte befand sich eine Grabkammer, an den Seiten Nebenkammern, wohl für Totengeschenke. Man hat es dem König Menes zugesprochen. Andere Gräber aus ältester Zeit sind in Abydos gefunden worden.

Doch jetzt wollen wir uns den Denkmälern von Sakkara zuwenden. Das erste dieser Bauwerke ist die von König Djoser (Zoser) um 2600 v. Chr. erbaute Stufenpyramide. Sie ist ein gewaltiger Kalksteinkoloß von 60 Meter Höhe und nur mit einer Grabkammer versehen.

Heute wissen wir, daß die Stufenpyramide ursprünglich eine andere Form hatte. König Djoser ließ zuerst eine längliche und flache Mastaba anlegen. Die gefiel ihm dann aber nicht; er ließ deshalb noch eine drauflegen, schließlich sogar fünf Stufen errichten. So ist ungewollt die erste Pyramide entstanden. Das Verdienst, die Bauweise der Stufenpyramide aufgeklärt zu haben, kommt dem deutschen Professor Ludwig Borchardt zu.

Viele Forscher haben diese Pyramide untersucht, jeder rang ihr Geheimnisse ab. Man fand darin zwei Sarkophage aus Alabaster; in dem einen lag die Leiche eines achtjährigen Knaben. Die Mumie des Königs war geraubt worden, nur ein abgebrochener Fuß lag noch im Grab. In dem anderen Sarkophag fanden die Forscher Firth und Quibell Reste eines Holzsarges, der einst mit Gold belegt war. Es waren kümmerliche Splitter sechsfachen Sperrholzes, das älteste

Beispiel dieser Art von Holzbereitung. In einer Kammer standen 300 Vasen aus Stein, wie viele andere Gegenstände mag sie einst beherbergt haben!
Nach der Beisetzung hat man den langen Gang, der weit in das Innere der Pyramide zur Grabkammer führte, mit Granitblöcken verschlossen. Diebe konnten nun nicht mehr in das Grab gelangen; es konnten aber dadurch dem Toten auch keine Speisen und Getränke gebracht werden, derer er doch im Jenseits bedurfte. Daher baute man vor der Pyramide einen Totentempel. In ihm legte man alles nieder, was dem Toten zum Wohle gereichen konnte. Auch war der Tempel eine Stätte der Andacht, wo sich die Lebenden mit dem Toten in Gedanken treffen wollten. Im Umkreis der Pyramide errichtete man Gräber für die Königin, die Prinzen, Prinzessinnen und Würdenträger. Baumeister Imhotep mag nicht geahnt haben, daß diesem Pyramidenbau noch viele andere folgen würden.
Die Stufenpyramide ragte lange Zeit stolz und einsam aus den Sanddünen von Sakkara empor. Heute ist das Gebiet vom Flugsand befreit; etwa dreißig kleine Pyramiden hat man hier noch entdeckt sowie eine ganze versunkene Stadt mit Wohnhäusern, Tempeln und Gräbern, ein ägyptisches Pompeji.
Als nächster Pharao ließ Snefru nach 2600 eine Pyramide erbauen, die dann wahrscheinlich nicht als Grab benutzt wurde. Ihre eigenartige Bauweise hat ihr die Bezeichnung »falsche Pyramide« eingebracht. Der obere Teil ist heruntergefallen und vom Dünensand begraben worden. Heute ist sie nur noch 40 Meter hoch und als »Pyramide von Medun« bekannt. Snefru ließ noch eine andere Pyramide erbauen; wie eine Hieroglyphenschrift berichtet, sind beide Pyramiden schon 1200 Jahre v. Chr. von Dieben heimgesucht worden. Die Knickpyramide hat eine Basis von 188 Metern im Geviert und eine Höhe von 98 Metern.
Im Jahre 1947 entdeckte Dr. Salem Hussein beschriftete Steine in der Nähe dieser Pyramide. 1951 fand Dr. Achmed Fakhry, von dieser Entdeckung ausgehend, prachtvolle Götterdarstellungen am selben Ort. Er ließ den Totentempel Snefrus freilegen, ferner eine Reihe von Statuen, darunter eine besonders schöne, das Granitstandbild König Snefrus. Interessant war auch eine sechs Meter hohe Stele mit Inschriften. Snefru war der Vater des Cheops, der die größte Pyramide errichten ließ.
Fakhry drang auch in die Knickpyramide ein. Ein ziemlich steiler

Schacht führte ihn 90 Meter tief in eine gewaltige Kammer mit einer Deckenhöhe von 24 Metern. Sie war leer. Eine Inschrift verzeichnete den Namen Snefrus, eine andere lautete: »Offen stehen die Türen des Himmels für den aufsteigenden König.« Es ist die älteste Pyramideninschrift, die wir kennen. Eine kleine Nachbarpyramide gab Hinweise auf Snefrus Gemahlin Hetaphras. Aber die Mumien der beiden sind nicht gefunden worden.

Etwa um das Jahr 2600 v. Chr. übernahm Cheops die Regierung. Auch er begann sofort mit dem Bau seines königlichen Grabes. Um die Sicherheit zu erhöhen, trieb man jetzt den Schacht tiefer in den Felsboden, an dessen Ende Grabkammern und Schatzkammern errichtet wurden. Der Felsboden machte ein künstliches Fundament überflüssig, man konnte sofort die unterste Steinlage auslegen und die Basis der Pyramide festsetzen, mit einer Seitenlänge von 233 Metern. Über der Grabkammer richtete man als Träger kolossale Monolithe von 5 bis 7 Metern aus Granit in Dachschräge auf, sie sollten den schweren Druck der Steinmassen aufnehmen. Ein schmaler Gang führte dann in die Grabkammer, deren steinerner Sarkophag schon vorher aufgestellt worden war.

Am Ostufer des Nils, unweit von Kairo, liegen die Steinbrüche von Mokattam. Tausende von Arbeitern mußten hier jahrelang in glühender Sonne jene Steine brechen und fein säuberlich zu je einem großen Quader behauen, wie es der Pyramidenbau erforderte. Transportkolonnen, abermals Tausende von Menschen, schleppten die schweren Steinblöcke auf Gleitbahnen ohne Bohlenbelag vorwärts. Jeder Stein wog 2 500 Kilo. Auf schwankenden Fähren setzte man über den Nil, dann ging die Schinderei weiter bis zur Baustelle, dort auf schrägen Rampen hoch hinauf. Vom Steinbruch bis zur Baustelle sind es etwa 10 Kilometer; fast 2,5 Millionen Steinblöcke haben diesen dornenvollen Weg passiert. 146 Meter ragt die Pyramide in die Höhe, sichtbares Zeichen der Macht eines Königs, der seinem Volke ein Gott auf Erden sein wollte. Doch man wird von Schauder ergriffen, wenn man bedenkt, daß hunderttausend Leibeigene zwanzig Jahre lang Fronarbeit bei primitivster Nahrung für dieses Werk haben leisten müssen, bis sie starben. Der Bau der Transportstraße hat außerdem zehn Jahre gedauert. Zweieinhalb Millionen Steinblöcke wurden aufeinandergeschichtet, unter Peitschenhieben ... Aber nicht nur Sklaven wurden zur harten Arbeit herangezogen. Wenn der Nil die Äcker überspülte und ihre Bestellung unmöglich machte, eilten die Fellachen herbei, um ihrem erhabenen König und Gott Cheops durch Schwerarbeit ihre Ehrerbietung zu bezeigen. Vielleicht sehnten sich die Sklaven und die Fellachen nach der Arbeit an den Pyramiden, vielleicht gingen sie singend an ihr Tagewerk. Das Bewußtsein, für einen Gott zu schuften, erleichterte ihnen möglicherweise ihre Bürde.

War der Pharao gestorben und seine Beisetzung unter großem Pomp erfolgt, schloß man die Pyramide ab. Zu diesem Zweck war beim Bau der Pyramide sinnreich ein schwerer Fallblock über dem langen Gang eingebaut worden. Hatte der letzte Lebende die Grabkammer verlassen, ließ man den Granitblock wie ein Fallgatter herunter und versperrte so den Gang. Aus Sicherheitsgründen ließ man wenige Meter weiter noch einen zweiten Block in den Gang fallen. Dann dichtete man den Pyramidenzugang ab und machte ihn unkenntlich. Jene Sklaven aber, die diese Schlußarbeit vollbrachten, tötete man fern in der Wüste, damit sie das Geheimnis nicht ausplaudern konnten.

Die Pyramide des Cheops ist 149, die des Chephren 136, die des Mykerinos 62 und die des Chamet 38 Meter hoch. Sie liegen in der Nähe von Gizeh dicht beisammen. Die letztgenannte ist erst 1933 freigelegt worden. Ihr gegenüber fand man im Sand eine wundervolle Prozessionsstraße, die von zahlreichen Sphinxen flankiert ist.

Von Gizeh über Sakkara nach Dahschur sind im Laufe der Zeit 69 Pyramiden verschiedener Größe erbaut worden. Aber nicht genug damit: jede Königspyramide hatte ihren Totentempel, jede ihren Totenbezirk mit zahlreichen Gräbern für die königliche Familie und den Hofstaat. Alle fanden in der Nähe ihres Herrn, aber außerhalb seiner Pyramide, ein standesgemäßes Grab. Insgesamt sind in Ägypten 140 Pyramiden errichtet worden. Neben der Cheopspyramide wurden 1925 fünfzehn Gräber der Familie Cheops' freigelegt: drei kleine Pyramiden der Gemahlinnen Cheops' und zehn Mastabas der Söhne und Töchter, auch der Prinzessin Meransankh, die mit ihrem königlichen Vater verheiratet war. Alle Gräber waren ausgeraubt worden. Über eine Prinzessin weiß Herodot übrigens eine Skandalgeschichte zu berichten. Sie habe mit dem Erlös ihres unsittlichen Lebenswandels den Bau ihres Grabes selbst bestritten; jeder ihrer Männer habe ihr einen Stein geschenkt.

Von den wenigen entdeckten Privatgräbern wollen wir nur eines näher betrachten: die Mastaba des Ti. Als Großgrundbesitzer und hoher Würdenträger ließ sich der alte Ti unweit der Stufenpyramide seine »Wohnung für die Ewigkeit« bauen. Die Grabanlage verrät, daß Ti sehr reich war. Zunächst betritt man eine Vorhalle, dann einen großen Hof, dessen Holzdecke auf zwölf Pfeilern ruht. Dieser Hof war Opferraum und Stätte ruhigen Verweilens bei dem Toten. Dann führten eine Treppe und ein schräger Gang durch eine Vorkammer zur Grabkammer, die den Sarkophag des alten Ti enthielt. Welche Schätze das Grab Tis einst beherbergt hat, weiß man nicht, denn vor den Entdeckern waren Räuber da. Doch das Grab ist noch immer als großartig zu bezeichnen; die Wände sind mit polierten Granitplatten verkleidet, auf denen kunstvolle Reliefs aus dem Leben des Verstorbenen berichten.

Die meisten Darstellungen behandeln das Landleben und Fahrten auf dem Nil. In zahlreichen Phasen schildern sie Pflügen, Säen und Ernten, Dreschen und Mahlen, Geflügelzucht und das Vieh auf der Weide. Wir sehen, wie ein Ochse geschnürt, zu Fall gebracht, geschlachtet und zerlegt wird und wie Bäuerinnen fette Enten, Gänse und Feldfrüchte ihrem Herrn und Gebieter als Opfer darbringen. Diese Bilder bedeuteten eine Ermahnung an die Verwandten, dem Toten weiterhin zu opfern. Sollten diese Opfer einmal vergessen werden, dann konnte sich Ka, die Seele, immer noch an den schönen Darstellungen erfreuen und mußte nicht Hunger leiden.

Nicht alle Gräber der Höflinge waren so prachtvoll wie das des Ti. Es gibt auch sehr bescheidene mit recht armseligen Mumien.

Doch die Schilderung des Totenfeldes von Sakkara wäre unvollständig, würde man nicht die Gräber heiliger Tiere erwähnen. Da gab es zunächst einen Friedhof für Katzen, die der Schutzherrin Bastet geweiht waren. War eine Katze gestorben, balsamierte man sie ein und brachte sie in feierlicher Prozession zum Friedhof. Eine Mauer aus Nilschlammziegeln schützte die Katzengräber. Außer in Sakkara gab es noch Katzengrüfte in Bubastis. In Theben fand man eine Gruft mit heiligen Affen, ihre Kadaver waren vergoldet und in Kartonsärgen beigesetzt.

Noch bedeutungsvoller waren die Grüfte der heiligen Apisstiere, 400 Meter tief in den Fels gehauen. Weiße Stiere mit schwarzen Stirnzeichen wurden von der Priesterschaft geweiht und heiliggesprochen. Wie der Mensch ging auch der Apisstier nach dem Tod in Gott Osiris ein. Dieser galt als Totengott und wurde daher auch »Herr des Westlandes« genannt.

Unter feierlichem Pomp, vom Pharao und seinem Hof geleitet, zog der Apisstier in die Unterwelt ein, wo ihn an der Seite anderer Stiere ein prunkvoller Sarkophag im Serapeum erwartete. Das letzte Stück Weg, das diese Prozession passierte, war eine Allee von 200 Meter Länge, die auf jeder Seite von 150 Sphinxen flankiert war. Über dem Serapeum erhob sich ein Opfertempel, Wallfahrtsziel für Pilger, die dort Weihegeschenke für den verstorbenen Apis niederlegten.
Wer heute die langen unterirdischen Gänge des Serapeums betritt, sieht in den Seitennischen die vielen riesigen Sarkophage stehen. Sie sind entweder aus gelblichem Quarz oder rotem oder schwarzem Granit und wirken auch heute noch, nach 4600 Jahren, wie frisch poliert. Ein solcher Sarkophag ist aus einem Stück gehauen, drei Meter lang und zwei Meter breit; nur eine Trittleiter ermöglicht den Zugang.
Wie lösten die Alten den Riesenquader ohne Dynamit, ohne Bohrmaschinen aus feinstem Martinstahl? Wie konnten sie den rohen Block bewältigen, zu einem Vierkant winklig und scharfkantig behauen, marmorglatt polieren und innen für die Größe des Stieres aushöhlen? Wie lösten sie den Transport vom Steinbruch in Oberägypten Hunderte Kilometer weit nach Unterägypten, dort über weichen Wüstensand bis zum unterirdischen Felsenreich?
Im Grab des Tuthotep fand man eine Aufzeichnung, wie der Transport einer kleinen Statue erfolgte: sie wurde auf einen Schlitten, eine Art Schlipp, gelegt und dann von 1700 Mann gezogen. In Ägypten beruhte alles auf Muskelkraft, Geschicklichkeit, Geduld, Ausdauer, Schweiß und Blut. An den Wänden eines thebanischen Grabes stellen farbige Bilder mit Stöcken bewaffnete Aufseher dar. Eine von Brugsch übersetzte Inschrift lautet: »Der Aufseher spricht zu seinen Bauleuten: ›Ich habe einen Stock in der Hand, seid nicht müßig!‹«
Der Stock könnte wohl eine Erklärung dafür sein, warum in Ägypten so Gewaltiges geleistet wurde ...
Kein Sarkophag hat der Nachwelt eine unberührte Stiermumie überliefert, sie sind gefleddert worden und haben den Dieben reiche Beute gebracht: Gold, Beryll, Karneol und Lapislazuli.
Wieviel Geschmeide mit Edelsteinen, wie viele Amulette und Kostbarkeiten als Schutz gegen die Dämonen der Unterwelt in das Leinen der Mumie gewickelt worden sind, meldet keine Chronik. Es bleibt ewig ein Geheimnis jener Diebe, die im Stier keine Gottheit, sondern nur das Rindvieh sahen.

Eine erfreuliche Ausnahme gibt es. Als Mariette 1851 die Gräberwelt der Stiere entdeckte, schrieb er: »Ich war tief ergriffen, als ich in die Apisgruft eindrang, die seit Jahrtausenden kein Mensch mehr betreten hatte . . . Aber welcher Zufall: Nach einigen Tagen fand ich eine Nische, die vermauert und den Plünderern entgangen war. Ramses II. hat sie einst, 1270 v. Chr., vermauern lassen, so besagt eine Inschrift. Die Finger des Ägypters, der den letzten Stein in die Wand einfügte, waren noch auf dem Kalk erkennbar, ebenso seine nackten Füße auf einer zurückgelassenen Sandschicht. Nichts fehlte an dieser Stätte des Todes, in der seit 4700 Jahren ein einbalsamierter Stier ruhte.« Auch eine Bestie, das gefräßige, menschenmordende Krokodil, war den Ägyptern heilig.

Südlich von Sakkara liegt das fruchtbare Fayum. Die alten Griechen nannten die dazugehörige Gaustadt Krokodilopolis, weil sie einst in der 12. Dynastie, um 2000, die Kultstätte des krokodilköpfigen Wassergottes Sucho war, unter dessen Schutz das wasserreiche Fayum am linken Nilufer stand. Hier befand sich im Altertum ein See mit heiligen Krokodilen und in dessen Höhe ein Opfertempel. Priester überwachten den heiligen Bezirk und sorgten dafür, daß das Volk seine Opferpflicht erfüllte. War ein Krokodil verendet, wurde ihm nach dem Glaubensgesetz höchstes Totenrecht zuteil. Wie ein König wurde es einbalsamiert, mumifiziert und mit göttlichen Ehren in sein Grabesheiligtum gebracht, und noch lange nach seinem Tod schleppte das Volk immer neue Opfergaben herbei.

So unglaublich dies erscheint, viele Grabtempel bei Asiut und noch weiter südlich bei Kom Ombo und Monfalut enthalten Mumien heiliger Krokodile.

Auch der Ibis, Symbol des Gottes Thoth, des Gottes der Weisheit, wurde göttlich verehrt; wenn er starb, wurde er einbalsamiert und ebenfalls ehrenvoll beigesetzt.

Das Heiligtum des Gottes Thoth, des »Herrn von Schmun«, ist sehr alt; es wurde von den Griechen später Hermopolis genannt. In prächtigen Parkanlagen und Teichen wurden die lebenden Ibisse von Priestern gehegt und gepflegt. Ihre tief in der Erde gelegene Totenstätte wurde vom Archäologen Sami Cabra gefunden. Eine monumentale Treppe führt 120 Stufen tief in die Erde hinab in einen Saal, der der Einbalsamierung diente. Daran schließen sich Räume, in denen die Priester ihre kultischen Handlungen vollzogen und Geschenke empfingen.

Anschließend folgt ein Labyrinth von vielen Gängen, manche bis 120 Meter lang. Die Wände sind voller Nischen, in denen man die Särge mit den heiligen Ibissen abstellte. In langjähriger Forscherarbeit sind bisher vier Millionen Krüge mit Ibismumien untersucht worden, die einst aus ganz Ägypten hier ihr Grab fanden.
In einem Altarraum hocken ein Mantelpavian und zwei vergoldete Ibisse aus Holz und blicken auf eine Tür, hinter der das Grab des Hohenpriesters Anch-Hor liegt. Auf dem Steinsarg des Priesters liegt ein Deckel aus vergoldetem Silber. Gefäße aus Alabaster mit 365 glänzenden Statuetten aus Fayence gehörten zur Ausstattung des Grabes; diese Figuren waren dem Toten nach altem Brauch für die Arbeit im Jenseits beigegeben worden.
Die Ratte (Ichneumon), die Spitzmaus, die Kröte und der Mistkäfer, um einige Tiere mehr zu nennen, waren ebenfalls heilig. Man tat ihre Überreste in kleine bronzene Särge, die mit Ösen versehen waren, und hängte sie an Weihestätten auf.
Wahrscheinlich glaubten die Ägypter an die Seelenwanderung, wahrscheinlich waren die vielen Ibisse »Flugzeugträger« der »unsterblichen« Seelen verstorbener Ägypter. Kult und Glaube scheinen uns primitiv, und doch spricht aus einigen Mythen manchmal ein edler, naturverbundener Sinn, der erkennen läßt, weshalb dieses oder jenes Tier zur Gottheit erhoben wurde. In vielen Dingen aber ist auch die ägyptische Religion recht kompliziert. Wie und wann zum Beispiel dachte man sich die Rückkehr der Seele in den menschlichen Körper, der zwar einbalsamiert, aber doch völlig zerstört war? Unklar ist auch der Begriff, den die Ägypter von der Ewigkeit hatten. Mensch, Särge und Grabbeigaben, alles schnell vergängliche Dinge, aber man präparierte sie für die »Ewigkeit«.
Abseits der Gräber von Fürsten, Hohenpriestern und Beamten gab es auf den Totenfeldern von Sakkara und Gizeh viele unterirdische Gänge, in denen einst die Mumien der Minderbemittelten massenhaft beigesetzt wurden. Nachdem sie über 4000 Jahre in den trokkenen und warmen Verliesen ausgedörrt waren, erlebten sie eine »Auferstehung des Fleisches« besonderer Art:
Um 1840 kehrten Reisende aus Ägypten zurück und wußten faszinierend über dieses Land zu berichten; außerdem hatten sie einige Mumien mitgebracht. Weil damals in Europa noch viele Menschen an Zauberer und Hexen glaubten, kam ein findiger Apotheker auf

die Idee, aus den Mumien eine Medizin herzustellen. Ein Arzt schrieb:
»Die Mumie muß zu Pulver gestoßen und dann mit Pflanzenöl vermischt werden, bis die Masse die Festigkeit einer Salbe erreicht hat. Diese Salbe wirkt heilend bei Knochenbrüchen, Rippenfell- und Lungenentzündungen.« Der französische Arzt Savary ergänzte: »Man muß Mumien aussuchen, die recht schwarz sind und gut riechen.«
Es ist kaum glaublich: diese makabre »Medizin« wurde zum Anstoß eines üppigen Mumienhandels, den die Ägypter förderten, weil er Geld in ihre leeren Kassen brachte. Wenn die Fellachen während der Überschwemmungszeit ihre Felder nicht bestellen konnten, suchten sie mit Spaten unter dem Wüstensand nach Gräbern und fanden ihrer genug.
Als aber nach dem Raubbau der Vorrat auszugehen drohte, gingen Juden aus Alexandrien daran, falsche Mumien herzustellen. Man erwarb frische Leichen von Sklaven, präparierte sie zu Mumien, und wenn sie zwei bis drei Jahre im heißen Wüstensand getrocknet waren, wurden sie verkauft. Abertausende von Mumien aber verliehen dem Totenfeld von Sakkara eine besondere Berühmtheit. Alle Museen Europas bemühten sich, Mumien von dort zu erhalten.
Theophile Gautier läßt in einer Novelle die Königin Kleopatra sagen:
»Ich sage dir, Charmion, mich bewegt ein Gedanke, der mich mit Entsetzen erfüllt. In anderen Ländern begraben die Menschen ihre Toten, damit sich ihre Asche mit der Erde vermische. In Ägypten aber könnte man von den Lebenden sagen, daß sie keine andere Beschäftigung haben, als ihre Toten vor dem Verfall zu bewahren. Unter dem Boden dieses Volkes ruhen noch andere Völker. Jede Stadt steht auf Gräberschichten, jede Generation, die vergeht, hinterläßt ihre Mumien in einer Welt der Dunkelheit . . .«
Das beherrschende Denkmal auf dem Totenfeld von Gizeh ist die Cheopspyramide. Mögen Amerikas Wolkenkratzer höher sein, weil sie mit Hilfe modernster Technik gebaut wurden; ihre Masse von Baustoffen reicht aber nicht an das Werk von Gizeh heran. Bedenkt man, daß diese Pyramide um 2600 v. Chr., also vor 4600 Jahren entstanden ist, dann können wir nur mit Ehrfurcht zu diesem Giganten aufblicken. Kalt und abweisend schaut es zurück, dieses Werk der Ewigkeit, das schon damals alt und von Vergänglichkeit

gezeichnet war, als die Menschheit zum erstenmal vom Christentum hörte. Cheops' Grabpyramide bleibt unbestritten das erste der Sieben Weltwunder.
Die Anlage der Pyramide ist ein Triumph der Baukunst. Auch dann, wenn wir wissen, daß sich ihre Architekten manchmal geirrt haben. In der Konstruktion hat bis zu einem gewissen Punkt größte Sorgfalt gewaltet, um genaue Maße zu erreichen; dann setzten Irrtümer ein.
Cheops' Pyramide und die Chinesische Mauer, zwei mächtige Bauwerke, stehen am Rand der Wüste. Sie werden vom Staub der Wüste bedeckt, und ein wenig Staub bröckelt in den Jahrtausenden von ihnen ab, bis sie zur Mythe werden.
Das erste der Sieben Weltwunder war die Cheopspyramide. Etwa 2000 Jahre später sind die andern geschaffen worden: Die Hängenden Gärten der Semiramis in Babylon, der Artemistempel in Ephesus, die Bildsäule des Olympischen Zeus von Phidias, das Grab des Mausolus in Halikarnassus, der Koloß zu Rhodos und der Leuchtturm auf der Insel Pharus bei Alexandrien. Das achte Wunder könnte die Chinesische Mauer sein, aber von ihr wußte man damals noch nichts. Während das erste und achte Wunder noch vorhanden sind, ist von den anderen nichts zu sehen, sie sind zerfallen.
Glaubt man den Forschern Smith, Moreaux, Piazzi und den Ingenieuren Eyth und Taylor, so müssen die Ingenieure und Mathematiker des Pharao phantastische Kenntnisse besessen haben. Geometrie, in Stein gehauen und verewigt auf einer Fläche von 53000 Quadratmetern. Die nun folgenden Zahlen und Merkwürdigkeiten werden von manchen Forschern bestritten. Doch sollen sie dem Leser nicht vorenthalten werden, sie stimmen wirklich nachdenklich.
Die Gesamtlänge des Quadrats, also der Umfang der Cheopspyramide, ist 930,664 Meter. Die Spitze der Pyramide ist im Laufe der Zeit um mehrere Meter abgebröckelt. Aber aus dem Neigungswinkel, den Seitenflächen und der Horizontale kann die Gesamthöhe der Pyramide errechnet werden. Eine Teilung der Seitenlänge durch die halbe Höhe ergibt die Zahl π, 3,14159 bis auf die fünfte Dezimale genau! Das ist deshalb erstaunlich, weil der große griechische Mathematiker Archimedes erst 2000 Jahre später lebte und die Zahl π nur annähernd mit $3^1/_7$ angeben konnte. Erst im 17. nachchristlichen Jahrhundert gelang es, die Zahl genau wie der Pyramidenbauer zu errechnen.

Weiter: Der Grundriß der Pyramide zeigt ein Quadrat, dessen Seiten genau in den Achsen Ost-West und Nord-Süd liegen. Ebenso beachtlich ist der geographische Standort der Pyramide sowie die Längen- und Breitengrade, welche die Pyramide schneiden. Wie eine Karte zeigt, schneiden sie mehr Land als jeder andere Längen- und Breitengrad. War es Zufall oder Absicht, daß man diesen Standort als »Mittelpunkt« der Erdoberfläche bestimmte? Wir wissen es nicht, können es nur vermuten.

Aber träfe die Ansicht zu, daß Cheops Kenntnis von der geographischen Lage hatte, so kann angenommen werden, daß die Ägypter vor etwa 5000 Jahren bessere Geographen waren als die Menschen zur Zeit des Kolumbus!

Haben die Ägypter Maße und Gesetze des Planetensystems und das Gewicht des Erdballs in der Pyramide verewigt? Der lange Gang zur Grabkammer führt genau in Richtung der Erdachse; er läßt ungefähre Schlüsse auf das Alter der Pyramide zu. Beachtet man weiter, daß der Polarstern im Zeitraum von 26000 Jahren einen Kegelmantel beschreibt, so läßt sich berechnen, wann der Polarstern in der Achse des Grabes stand: dies wäre im Jahre 2580 v. Chr. der Fall gewesen. Demnach wäre die Pyramide vor etwa 4600 Jahren erbaut worden.

Erste Messungen an der Pyramide nahm der englische Ingenieur Taylor vor; die Forscher Bavendeli, Piazzi, der Deutsche Max Eyth und später Prof. Noetling wiederholten sie. Taylor überlegte lange, welches Längenmaß die Ägypter wohl angewandt haben mögen, er mutete den Ägyptern große astronomische Kenntnisse zu. Er nahm daher an, daß die Basis der Pyramide und die Zeitrechnung irgendeinen Zusammenhang haben mußten.

Die Erde braucht zu ihrem Lauf um die Sonne genau 365,2522 Tage. Dividiert man nun die Basis (Seitenlänge) der Pyramide durch 365,2522, so ergibt sich das Resultat 63,7 Zentimeter, das ist der zehnmillionste Teil des Erdhalbmessers. Teilt man dieses Längenmaß in 25 Teile, so beträgt ein Teil 2,548 Zentimeter, also annähernd 1 englisches Zoll. Diese Einheit bezeichnet Taylor als einen Pyramidenzoll, und dies wäre genau der fünfhundertmillionste Teil der Erdachse! Die Zahl 5 oder das Vielfache davon spielt bei den Maßen der Pyramide eine große Rolle.

Sonne und Erde sind 149 Millionen Kilometer voneinander entfernt. Die Pyramidenhöhe multipliziert mit einer Milliarde ergibt

den Erdabstand von der Sonne. Da Maße und Volumen der Pyramide bekannt sind, ebenso das spezifische Gewicht des Baumaterials, so kann selbstverständlich das Gewicht der Pyramide errechnet werden. Ihr Gesamtgewicht beträgt 5955000 Tonnen, das der Erde eine Billion mal soviel, gleich 5955 Trillionen Tonnen.
Diese Beispiele könnten erweitert werden, in einem Buch »Mathematik und Naturwissenschaft« hat der Ingenieur-Forscher Eyth sie zu bestätigen versucht. Weitere Entdeckungen machte der Forscher Piazzi. Er vertritt die Idee, daß bei Abmessungen der Gänge in der Pyramide der Längeneinheit eines Pyramidenzolls die Bedeutung eines Jahres zukommt.
Sicher war es den Alten nicht darum zu tun, das gewaltige Werk nur als Grabmal zu bauen und das Staunen späterer Epochen herauszufordern. Es muß vermutet werden, daß Cheops' Baumeister, ausgestattet mit profundem Wissen, noch etwas anderes bezweckten, nämlich: Gesetze und Geschichte der Menschheit sollten in der Pyramide einen Niederschlag finden, als Mahnmal für die Menschheit.
Die Ägypter hatten ein anderes Rechensystem als wir. Doch sie brachten es fertig, schwierigste Rechenoperationen durchzuführen und ihre arithmetischen Lehrsätze der Nachwelt zur Beachtung in einer methodischen Weise zu enthüllen, die erstaunlich ist.
Den ersten Anstoß dazu gab ihnen die vielfach geübte Praxis der Vermessung. Schon die Griechen glaubten, daß in Ägypten die Wiege der Feldmeßkunst gestanden hat. Als Grund dafür nennt Herodot die Notwendigkeit einer alljährlichen Berichtigung der an den Pharao zu entrichtenden Steuerquote, weil die eintretende Überschwemmung von vermessenen Äckern gelegentlich ein Stück losriß und den steuerlichen Ertrag dadurch verringerte. Auch die Bauern selbst haben die Feldvermessungen zum Zwecke der Steuerhinterziehung abzuändern versucht. Außer in Ägypten sind auch im Zweistromland mathematische Kenntnisse uralten Datums bekannt.
Der Londoner Papyrus Rhind, um 2000 v. Chr. geschrieben, kann als ein ägyptisches Schulbuch angesehen werden, das uns Rechenbeispiele in Addition, Multiplikation und Division überliefert. Doch der Moskauer »mathematische« Papyrus sagt uns Erstaunliches über die ägyptische Mathematik. Ein kleines Beispiel, das die Griechen bewundert haben: Man hat den Inhalt von einem quadra-

tischen Pyramidenstumpf aus Höhe und Kantenlänge mit Hilfe der Formel

$$V = \frac{h}{3} \cdot (a^2 + ab + b^2)$$

berechnet. Diese Entdeckung hat man lange dem Griechen Demokrit zugeschrieben (um 300 v. Chr.). Herodot jedoch sieht die Heimat der Geometrie in Ägypten.

In den Naturwissenschaften waren die Ägypter aber nicht so sehr bewandert. Die Erkenntnis der Natur und der Welt außerhalb ihres Gesichtskreises suchte man nur, soweit sie anderen Interessen dienstbar gemacht werden konnte. Es ist den Ägyptern nie eingefallen – was erst dem Genius der Griechen gelang –, nach der Wahrheit um ihrer selbst willen zu forschen. Gewiß besaßen schon die Ägypter des Alten Reiches gewisse praktische Kenntnisse in der Astronomie. Sie hatten den Himmel eingeteilt, einige Fixsterne bestimmt und zu ihrer Beobachtung Instrumente erfunden, mit deren Hilfe man ihre Kulmination für praktische Zwecke feststellen konnte. Aber sie hatten keine Theorien entwickelt über Lauf und Bewegungen der Gestirne, über ihr Sein und Werden . . . Von der Erde hatten sie recht primitive Begriffe; daß sie eine Kugel ist, hat kein Volk des Altertums gewußt. Das Wissen um Universum und Kosmos ist von der Astronomie erst in jüngster Zeit erworben worden.

Pyramiden waren also Königsgräber. Der Deutsche Heinrich Brugsch-Pascha hat in den Jahren um 1880 einige Pyramiden öffnen lassen und sie untersucht. Das war nicht leicht, bedenkt man, welche Steinmassen den Kern der Grabkammer umhüllten und sich darüber himmelwärts auftürmten. Die Cheopspyramide würde als Hohlform bequem über den Petersdom in Rom gestülpt werden können. Würden ihre Steine Block an Block gereiht, ergäbe sich eine meterhohe Mauer, die um eine ganze Großstadt reichen würde.

Mit tatkräftiger Hilfe von Arabern ging Brugsch ans Werk. Seine Geduld wurde auf eine harte Probe gestellt; er konnte kaum den Augenblick erwarten, die Cheopspyramide zu betreten. In der Tat waren die Gänge versperrt. Da diese Pyramide aus Ziegeln erbaut und die Spitze sehr abgebröckelt war, ging er ihr von oben zu Leibe und gelangte mühevoll in die Kammern. Aber welche Enttäuschung: Vor langen Zeiten waren hier Diebe gewesen und hatten ausgeräumt. Eine Freude aber sollte dem Forscher doch noch zuteil werden: Er fand an den Wänden der Kammern und des leeren Sarkophages zahlreiche Inschriften aus dem »Buch des Todes«.

Die Pyramiden von Gizeh

Die Sphinx von Gizeh

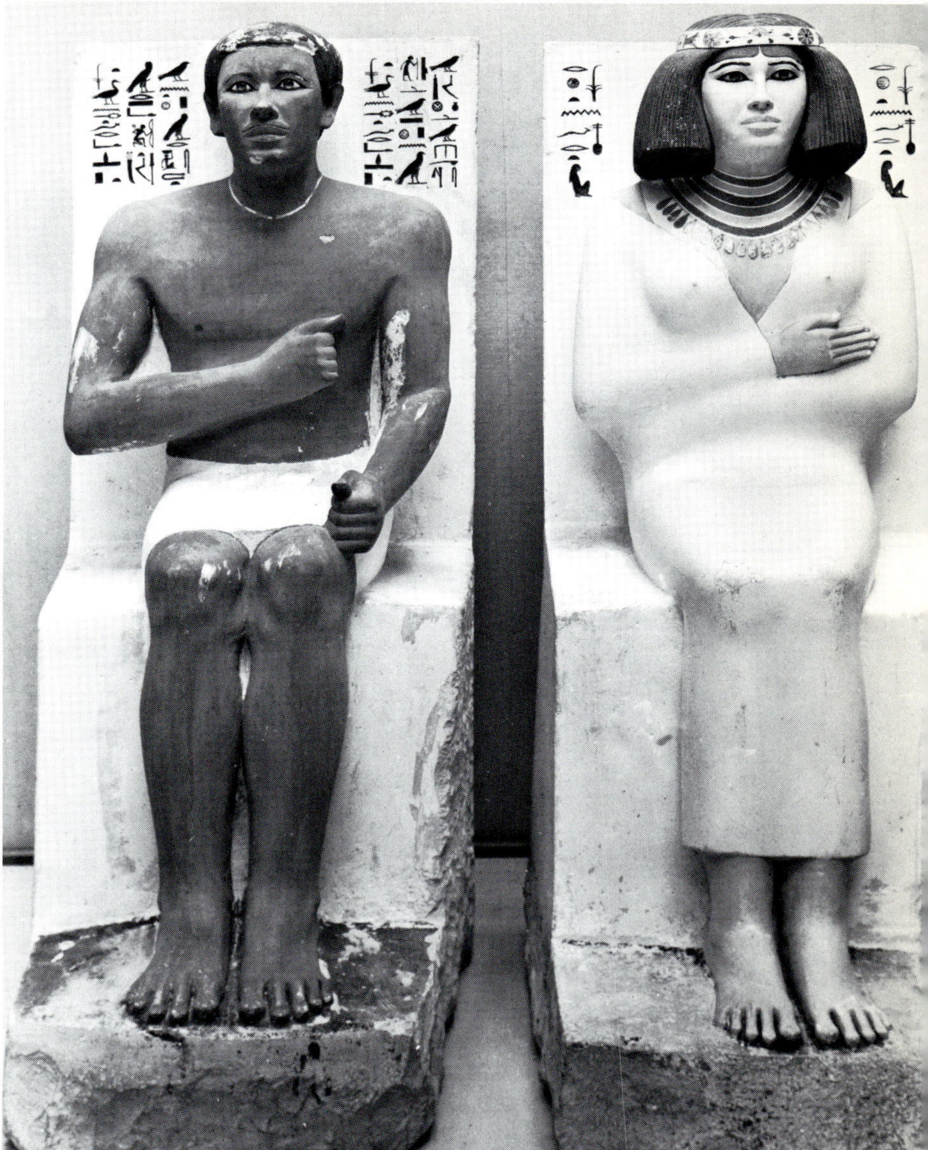

Prinz Rahotep und seine Frau Nofret. Kalksteinstatuen. 4. Dynastie

Damengesellschaft. Teil der Wandgemälde im Grab des Nacht
bei Theben. 18. Dynastie

Deir-el-Bahri, Totentempel der Hatschepsut. 18. Dynastie

Oben: Hase. Hieroglyphe in der Grabkammer des Meten. 4. Dynastie
Unten: Relief vom Sarg der Kawit. 11. Dynastie
Rechte Seite: Mykerinos zwischen der Göttin Hathor und der Gaugöttin von Diospolis parva. Stele aus graugrünem Schiefer. 4. Dynastie

Trauernde. Teil der Wandgemälde im Grab des Ramose. 18. Dynastie

Teje, Mutter des Echnaton. Eibenholz. 18. Dynastie

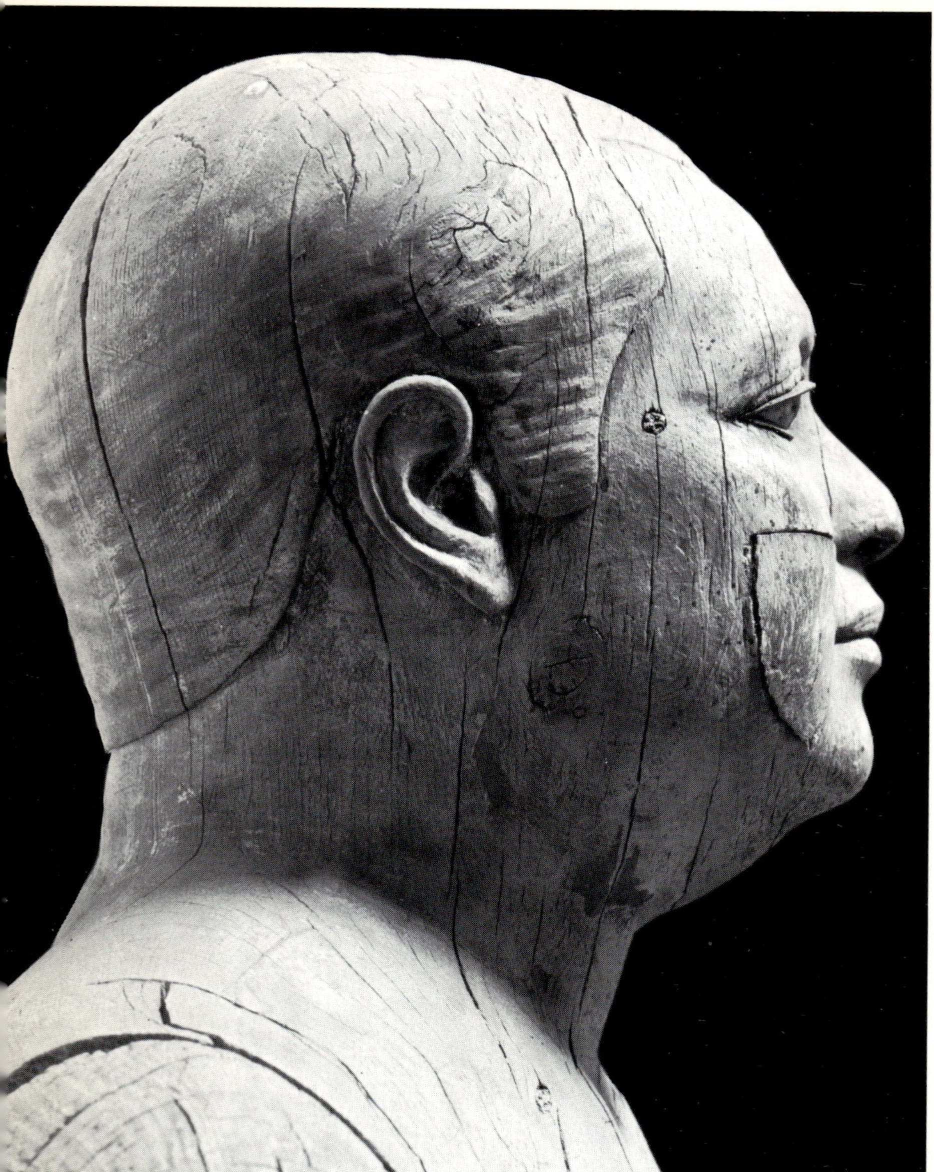

Kaaper (sogenannter »Dorfschulze«). Holzstatue. 5. Dynastie

Würfelhocker: Senmut, Kanzler der Hatschepsut,
und Prinzessin Nefrure. 18. Dynastie

Echnaton. 18. Dynastie

Nofretete. Bemalter Kalkstein (Bildhauermodell). 18. Dynastie

Ein Vornehmer. 18. Dynastie

Rechte Seite: Thutmosis III. beim Opfer. 18. Dynastie

Vornehme. Teilansicht aus dem Grab des Ramose. 18. Dynastie

Spaziergang eines königlichen Paars, vielleicht des Semenchkare oder des Tut-ench-Amun mit einer der Töchter Echnatons. 18. Dynastie

Der Forscher arbeitete weiter. Sein nächster »Einbruch« führte ihn in die Pyramide des Phiops, eines Herrschers der 7. Dynastie. Leider auch hier dasselbe. Das Grab war beraubt, die Leiche ausgewikkelt, nach Schmuck durchsucht und danach in Stücke zerbrochen worden. Alles, was er vorfand, war Linnen von solcher Feinheit, daß die helfenden Araber meinten, es wäre Seide. Auch diese Pyramide enthielt zahlreiche Inschriften, alle grün ausgemalt. Man kann sich vorstellen, mit welchem Eifer der Forscher sich darauf stürzte, sie zu entziffern.

Vor vielen Jahren entdeckte der Archäologe Engelbach unweit der Pyramide von Medun ein Grab. Eine Inschrift in der Vorkammer lautete: »Der Geist des Toten wird das Genick des Grabräubers umdrehen wie das einer Gans.« Dieser Fluch hatte sich erfüllt, denn der Forscher fand zwei Tote in dem Grab. Einer von ihnen war ein Grabräuber. In dem Augenblick, als er an der Mumie das Leinen aufgerissen hatte, um sie ihres Schmuckes zu berauben, fiel vom Deckengewölbe ein schwerer Stein herab und erschlug den Dieb. Ein eigenartiger Fall, der erst nach 4000 Jahren geklärt werden sollte.

Ähnliche Erfahrungen machte auch der Forscher Petrie. Er machte sich an eine Pyramide heran, die in modernen Zeiten nie betreten worden war. Niemand kannte den Eingang. Im Glauben, er sei hier auf »jungfräulichem« Boden, ging er hoffnungsvoll ans Werk und begann an der Nordseite abzuräumen. Trotz wochenlanger Arbeit konnte der Eingang nicht gefunden werden. Petrie versuchte sein Heil an der Ostseite, auch hier Enttäuschungen. Berge von Sand und Schutt hatte er beiseite schaffen lassen. Petrie betrachtete sie nachdenklich und entschloß sich, die Suche nach dem Eingang aufzugeben, dafür aber einen Tunnel zur Mitte zu graben. Diese Arbeit war schwieriger, als er angenommen hatte. Nach weiteren Wochen war er halbwegs hindurch, hinter ihm stand eine dicke Ziegelschicht, vor ihm die Wand einer Kammer. Nachdem er sie durchbrochen hatte, stand er am Ziel und damit vor einer großen Enttäuschung.

Im Boden der Kammer war ein Loch, die Grabräuber waren einstmals schneller gewesen und hatten ihr »Werk« getan. Das Loch war eng und dahinter Dunkelheit. Ein Araberjunge wollte für ein gutes Trinkgeld hindurch. Mit einer Kerze in der Hand kletterte der Boy an einer Strickleiter hinunter in die Finsternis. Modergeruch, 50 Zentimeter Grundwasser und zwei leere Sarkophage stellte er fest, ein mageres Ergebnis. Petrie erweiterte das Loch und stieg selbst hinab, das Wasser reichte ihm bis zur Taille. Zwei Sarkophage, wer hat hier einmal geruht, in wessen Pyramide befand er sich? Als er die Lungen nochmals voll frische Luft gepumpt hatte, tauchte er abermals hinab. Im Wasser fand er Scherben und kleine Gefäße, sie trugen den Namen Amenemhets III. Damit dürfte ermittelt worden sein, welcher Pharao hier für sich hatte bauen lassen. Nicht geklärt war das Vorhandensein des zweiten Sarkophages; die Kammer gab bald eine Antwort. Beim Aufräumen fand man einen sehr schönen Opferaltar aus Alabaster mit etwa hundert Figuren; alle waren sie Ptahneferu gewidmet, der Tochter des Königs. Sicher war sie vor ihm gestorben; weil er sie sehr lieb hatte, wünschte er, daß sie sein Grab mit ihm teilte.

Auch hier ist anzunehmen, daß zwischen Pharao und Tochter ein Eheverhältnis bestanden hat, denn sonst würde sie nicht im Grab ihres Vaters beigesetzt worden sein. Von Geschwisterehen, von Ehen zwischen Vater und Tochter wird noch öfter die Rede sein.

Petrie wollte wissen, wie die Grabräuber hierher gekommen waren. Zunächst fand er den ursprünglichen Gang, aber mit Schlamm verstopft. Auf dem Bauche kriechend, räumte er mit Händen und Füßen die stinkende Masse weg und erreichte schließlich den trockenen oberen Teil. Wenn der Gang auch irreführend im Zickzack verlief, so konnte Petrie doch an der Südseite seinen Anfangspunkt bestimmen. Nach Wochen war schließlich draußen der Eingang gefunden und festgestellt, daß man die Pyramide etwa 1 000 Jahre zuvor aufgebrochen hatte.

Diese Pyramide zeigte, wie raffiniert die Architekten einst ein System von Gängen und Irrgängen eingebaut hatten. Der Eingang an der Südseite war schon ungewöhnlich, weil sonst die Nordseite dafür bestimmt war. Versuchen wir einmal den Grabräubern in Gedanken zu folgen:

Schon nach wenigen Metern im Gang führte eine lange herabsteigende Treppe durch tiefes Dunkel in einen Raum, der keinen Ausgang zu haben schien. War man in einem Irrgang gelandet? Nach langem Suchen zeigte sich in der Decke eine Falltür und ein Ausweg. Nach Durchbruch dieser Falltür öffnete sich ein neuer Gang, aber mit Steinen angefüllt. Als man sich nach vielen Mühen hindurchgewühlt hatte, war man in einer Irrleitung angekommen. Also wieder zurück. Vom Hauptgang fand man getarnt eine Abzweigung nach einer zweiten leeren Kammer. Nach einigem Suchen war wieder eine Falltür zu erkennen. Beiseite geschoben, öffnete sich ein anderer Gang, der abermals in eine leere Kammer führte. Die leeren Kammern sollten den Dieben sagen: »Hier war nichts, hier ist das Suchen zwecklos.«

Wieder hinaus. Ein neuer Gang war gefunden, der wiederum in eine Kammer führte – diese aber zeigte etwas Neues: zwei Vertiefungen im Boden. Das mußten endlich die Eingänge zur Grabkammer sein. Man riß ein ganzes Mauerwerk nieder, füllte damit eine Vertiefung aus; dann stellte sich heraus, daß es keine Eingänge waren, nichts als Täuschung. Aber auch das hatte die Diebe nicht entmutigt.

Nach weiterem Suchen entdeckte der Forscher auf dem Fußboden des Ganges, über den er schon oft hinweggestiegen war, eine Tarnung und darunter einen Kreuzgraben, der wirklich zur Grabkammer führte. Hier aber zeigte sich die größte aller Schwierigkeiten: eine türlose Kammer aus dickstem Granit. Die einzige Öffnung dieser Kammer ging nach oben, aber auf ihr lag ein Block von 50 Tonnen Gewicht. Ihn zu heben war unmöglich, also blieb nur die schwere Arbeit, die Wandung der Kammer anzubohren. Das taten denn auch einst die Diebe. Ihre Mühe hatte sich gelohnt. Petrie fand nur noch Reste von Diorit, Lapislazuli-Inkrustationen und kleine Gefäße, alles andere hatten die Diebe demontiert und mitgenommen. Aber dennoch schien diese Kammer wie ein Rätsel aus Tausendundeiner Nacht. Sie war nicht etwa aus Stein aufgemauert, nein, sie war ein einziger Block aus gelbem Quarzit, 7 Meter lang, fast ebenso breit und 4 Meter hoch. Diesen ungeheuren Block, wohl 110 Tonnen schwer, hatten die Alten einst ausgemeißelt und meterdicke Wände stehenlassen.

Man bedenke, wie schwer der Steinkoloß gewesen ist, als er noch nicht ausgehöhlt war. Bearbeitet wog er immer noch 110 Tonnen. Wie wurde er bearbeitet und transportiert? Es war gewissermaßen ein Riesensarkophag; in diesen hatte man kleinere Sarkophage für den König und seine Tochter gestellt. Doch alles war vergebliche Mühe, und der Glaube an das Fortleben in der Unterwelt ein Irrtum. Die Pyramiden waren zu groß, sie lenkten alle Aufmerksamkeit auf sich und vereitelten den Zweck, für den sie gebaut waren. Die Schätze in ihrem Inneren stellten eine zu große Versuchung dar.

Hier und in ähnlichen Fällen waren organisierte Banden am Werke, mit ihnen im Bunde gewisse Priester. Es müssen jene Priester gewesen sein, denen ein solcher Totenbezirk in priesterliche Obhut gegeben war, die aber das in sie gesetzte Vertrauen mißbrauchten. So klagt ein Papyrus um einen großen Pharao, königlich geboren, göttlich begraben, wiedergefunden wie ein armer Teufel.

»Die da bauten aus Granit, die eine Halle mauerten in die Pyramide, die da Schönes leisteten in dieser schönen Arbeit . . . ihre Opfersteine sind ebenso leer wie die der Müden, die auf dem Uferdamme sterben ohne einen Hinterbliebenen . . .«

Das war die Stimme eines Pessimisten, der zu den alten Totenriten kein Vertrauen mehr hatte.

Petrie ruhte nicht, seine Enttäuschungen waren Ansporn zu neuen Taten. Nach Monaten schon kroch er in dem Grab des Adeligen Horuta umher, wieder war es eine Kammer unter Wasser. Das Gebiet war in früharabischer Zeit durch einen Kanal überflutet worden, daher die nassen Gräber.

In stockfinsterer Kammer stand ein Sarkophag, um ihn herum bitteres Schlammwasser. Auf dem Sarkophag lag ein Deckelblock, wohl 30 Tonnen schwer. Ein Abheben war in der dunklen und sumpfigen Enge unmöglich, also zerschnitt man ihn in wochenlanger Arbeit bei Kerzenlicht (Elektrizität war damals noch unbekannt) und großer Wärme. Als er durchschnitten und mühevoll abgedeckt war, ergab sich der unglückliche Zufall, daß man das Fußende freigelegt hatte. Erst als der andere Deckelteil abgenommen worden war, lag der ganze Doppelsarg frei, aber im Wasser. Petrie schrieb:

»So hoben die Männer den schweren Holzsarg hoch genug und montierten ihn so fest, daß zwischen Wasserspiegel und Boden des Sarges wenig Raum zum Arbeiten blieb. Dann verbrachte ich wieder einen schauerlichen Tag, an dem ich rittlings auf dem inneren Sarg saß, unfähig, meinen Kopf zu drehen, um nicht die bittere Lauge, in der ich saß, zu schmecken. Obgleich ich den ersten Sargdeckel herausbekam, war der innere fest an seinem Sarg befestigt. Wenn ich auch alles versuchte, ihn loszumachen, saß er doch so fest in einem Sandbett, daß Heben und Graben mit den Füßen zwecklos war. Er war so tief im Wasser, daß er mit den Armen nicht erreicht werden konnte. Die Notwendigkeit, alles dem Gefühl nach zu tun, die Unmöglichkeit, zu sehen, was unter dem schwarzen Wasser geschah, machten die Tage langweilig.«

Der Sarg war schlicht und nicht verziert. Petrie bohrte deshalb kleine Löcher und steckte Bolzen hinein, band daran Seile und ließ dann die Last hochziehen, bis der Sarg nachgab.

»Und dann kam die letzte und ersehnte Szene, für die unsere monatelange Arbeit letzter Ansporn war: das Auswickeln der Mumie Horutas. Stück für Stück wurden die verpechten Streifen gelöst und dabei kostbare Amulette freigelegt. Der Goldring am Finger der Mumie, köstlich eingelegte Goldvögel, getriebene Goldfiguren, schöne Statuetten aus Lapislazuli, Amulette aus Beryll und Karneol, all der Reichtum an Talismanen belohnte unsere Augen mit dem Anblick, der nie von anderen archäologischen Wundern übertroffen worden ist.«

Das schrieb Petrie dankerfüllt über das gefundene Grab, und er ahnte wohl nicht, daß Horuta nur ein armer Schlucker war, an dem gemessen, was spätere Zeiten freigaben.

Das Forschungsergebnis in anderen Pyramiden reihte neue Enttäuschungen an die alten. So gab man sich mit dem zufrieden, was ihre zahlreichen Inschriften vermittelten, und das war nicht wenig. Dieses »Buch der Toten« brachte historische Aufklärungen von großem Wert. Es erzählte die Namen der Erbauer, von ihren Regierungszeiten und Methoden. Ferner berichteten die Hieroglyphen von den früheren Königsgeschlechtern, daß sie verachtet und gehaßt waren, weil sie so große Pyramiden gebaut und die Scharen der Arbeiter schlecht ernährt hatten.

Wichtig sind jene Inschriften, die vom Diesseits und Jenseits berichten. Danach war das Leben des Menschen dem Abbild des Sonnenlaufes vergleichbar. Die Seele ist der Ausfluß des göttlichen Sonnenstrahls. Der Sonnenstrahl, himmlischen Ursprungs, tritt in den Leib des geborenen Erdenkindes ein, und nach der Auflösung des Körpers kehrt er zurück zur ewigen Gottheit, zum Urquell des Lichts. Des Menschen Lebenslauf ist seinem Inhalte nach ein integraler Teil kostbaren Sonnendaseins.

Der Mensch wird geboren im Osten und geht unter im Westen wie die Sonne. Nach seinem Tode und Untergang muß der menschliche Lichtträger dem Laufe der Sonne in die Nachtregion folgen, um am Ausgangspunkte sich im Osten mit der Gottheit zu vereinen und in das ewige Licht einzugehen. Seine Wanderung nach diesem Ziel schlägt die umgekehrte Richtung des Lebenslaufes ein. Von West nach Ost wandelnd, legt er die Reise der Toten zurück.

Das ist das Hauptthema dieser Inschriften. Dann berichten die Texte noch vom Dasein nach dem Tode. Es werden zum Beispiel Gestirne genannt, die der Verstorbene auf seinem Wege von Ost nach West schauen durfte; es werden ferner unterirdische Regionen und Bewohner dieser himmlischen Nachwelt beschrieben und vieles andere mehr. Nun wissen wir, weshalb man Pyramiden, Totentempel und Gräber im Westen des Nils errichtete. Im Westen war das Reich der Toten, dort ging die Sonne unter. Sodann künden Inschriften noch von einem Gesetz, das die chronologische Bau- und Reihenfolge der Pyramiden von Norden nach Süden regelte.

Danach baute der älteste Pharao seine Pyramide im höchsten Norden, seine Nachfolger schlossen sich südwärts an. Das ist ein wichtiges Faktum für die historische Forschung. Es zeigt sich, daß überhaupt der historische Gang der Geschichte Ägyptens die Richtung von Nord nach Süd genommen hat. Memphis (bei Kairo) war die erste Zentrale Ägyptens. Danach verlagerte sich alles nach Theben im Süden. Je weiter südwärts, desto jünger Geschichte und Bauwerke, die jüngsten befinden sich in Äthiopien, die Pyramiden von Meroe, als letzte Ausläufer altägyptischer Kultur.

Wie und wo man auch immer eine Pyramide erbaute, in jedem Falle war sie Grab und Machtstätte eines Glaubens. Dome und Kathedralen sind Sammelstätten einer frommen Gesinnung. Die heiligen Bezirke der Pyramiden waren Sammelstätten des Volkes, das in zeremonienreichen Opferfesten der Seelen und Verstorbenen gedachte.

Im Jahre 1943 fanden Ausgräber eine Truhe aus der Zeit um 900 v. Chr.; diese war angefüllt mit Marabufedern, die der grausame Baumeister Ephara gesammelt hatte. Doch, wichtiger noch, in ihr lag ein Papyrus, in welchem von »sechs geheimen Sklavensphinxen« die Rede ist. Zehn Jahre lang haben sich die Forscher den Kopf zerbrochen, wo diese Sphinxe gestanden haben und welche Bedeutung sie hatten. Wieder einmal schuf ein Zufall Aufklärung: im Jahre 1952 passierte eine Handelskarawane, geführt von Omar el Hawari, eine Gruppe von Hochdünen in der südlibyschen Wüste, als sie sich vor einem schweren Sandsturm schützen mußte. Dabei gelangte sie zu einem steinernen Menschenkopf, den der Sandsturm freigeweht hatte; er gehörte zu einer etwa 20 Meter hohen Sphinx aus rotem Sandstein mit 80 Meter langem Löwenleib. Hier fand die Karawane Schutz.

Wieder heimgekehrt, alarmierte Hawari die Ägyptologen. Professor Taminaruk kletterte mit Hilfe einer Leiter in eine 15 Meter hoch gelegene Öffnung und erreichte über eine zerfallene Steintreppe das Innere des Bauwerks. Dort bot sich ihm ein entsetzliches Bild: in den Kuppelsälen baumelten zahlreiche Lederriemen von der Decke. An ihren Schlingen hingen noch verdorrte menschliche Fuß- und Beinknochen, Hunderte von Schädeln und Knochen deckten den Boden. Ob hier Sklaven nach getaner Arbeit zur Hütung eines Geheimnisses an den Füßen aufgehängt worden oder ob sie das Opfer einer Strafexpedition waren, ist nicht geklärt.

Man entdeckte noch fünf weitere Sphinxe dieser Art.

Die Sphinx von Gizeh ist die größte von allen, vielleicht wurde sie von Cheops errichtet. Unter ihr befand sich im felsigen Erdreich ein Tempel, möglicherweise das Heiligtum der Toten von Gizeh oder ein Totentempel des Cheops selbst.

Das Gesicht der Sphinx von Gizeh ist leicht beschädigt; man sagt, Mamelucken hätten im 18. Jahrhundert aus Haß gegen das heidnische Altertum das Monument mit Kanonen beschossen; erwiesen ist das allerdings nicht.

Die Sphinxe sind als mystische Hüter und Schutzgeister für die Tempel und Totenwohnungen aufzufassen. Oft tragen sie anstatt eines Menschenkopfes einen Widderkopf (Kriosphinxe).

Es sei noch gesagt, daß die Ägypter zwei Arten von Tempeln kannten: Göttertempel und Totentempel. Den Göttern höherer Grade erbaute man große Tempel, den größten für den Reichsgott Amun, den Amuntempel. In diesen Tempeln wurden die Götter geehrt und ihnen große Opfer dargebracht. Die Totentempel wurden in einem Gräberbezirk für große Tote errichtet. In ihnen verehrte man die Verstorbenen und legte auf den Altären Opfergaben nieder, besonders Lebensmittel, die der Tote im Jenseits benötigte. In den Tempeln walteten zahlreiche Priester, Priesterinnen und Tempeldiener ihres Amtes. Die Tempel aus dem Altreich sind sehr verfallen, die des Mittleren und Neuen Reiches gut erhalten.

HEILIGTÜMER UND HAREMSNÄCHTE

Das Alte Reich war am Ende des 3. Jahrtausends untergegangen, innere und äußere Zerrüttung hatte sein Ende herbeigeführt. Es folgte das Mittlere Reich.

Gott Amun und seine Gemahlin Mut waren oberste Gottheiten geblieben. Ihnen zu Ehren errichtete man den Tempel von Karnak, dem sich weitere Tempel anschlossen. Desgleichen in Luxor. Von ihrer Großartigkeit kann man sich kaum eine Vorstellung machen. Allein das Ramesseum, von Ramses II. erbaut, enthielt einen riesigen Säulensaal. Drei hohe Mittel- und sechs Seitenschiffe, zwei Reihen granitene Säulen, je 24 Meter hoch, und 134 Säulen, in langen Kolonnen doppelreihig aufgestellt, drückten eine gewaltige politische Macht aus.

Im Jahre 1899 stürzten plötzlich elf Säulen nieder. Als der Ägyptologe Legrain sie wieder aufgerichtet hatte, entdeckte er im Tempelgewölbe mehr als tausend Statuetten. Jahre danach fand man noch zahlreiche Götterfiguren, 779 aus Stein und 1700 aus Bronze. Sie waren im Laufe vieler Jahre als Opfergaben auf den Altären des Tempels niedergelegt worden.

Vor den Tempeln gab es eine Fülle von Pylonen, Obelisken, Statuen und Sphinxstraßen. Der erste Pylon ist aus 15 Meter dickem Mauerwerk erbaut, 113 Meter lang, 50 Meter hoch. Mehrere solcher Pylonen bildeten das Riesentor. Vor diesem wieder standen Obelisken. Gewaltig auch die Statuen. Ramses ist mehrfach in Granit gemeißelt zwischen den riesigen Säulen zu sehen. Lange Alleen, zu beiden Seiten mit Sphinxen in Widdergestalt flankiert, führten zu den Tempeln.

In Abu Simbel baute man den Tempel vollkommen in das Felsgestein hinein, einen Saal von 50 mal 50 Metern, mit riesigen Statuen an den Seitenwänden. Auch der Tempel von Deir-el-Bahri im »Tal der Könige« läßt Macht und Stärke erkennen. Das Heiligtum ist in die Bergwand hineingetrieben, während die Säulen davor frei stehen. Dieser Tempel wurde von Königin Hatschepsut erbaut, die mit ihrem Bruder Thutmosis III. verheiratet war. Die Geschwisterehe endete jedoch in bitterem Haß.

Pyramiden konnten nicht mehr gebaut werden, denn die Westseite Thebens, wo man die Totenstadt errichten wollte, war von Gebirgszügen eingeschlossen; teilweise rückten die Berge hart an den Nil heran. Durch Erfahrung klug geworden – Pyramiden waren Dieben weithin sichtbare Zeichen –, erdachte man für die großen Toten ein anderes Grabsystem: das Felsengrab.

Das »Tal der Könige« bei Theben, am Westufer des Nils, ist ein sich weithin erstreckendes gebirgiges Wüstengebiet mit vielen Schluchten und Tälern, also sehr geeignet dafür, versteckte Gräber anzulegen. Der Sitte gemäß ließ jeder Pharao mit dem Antritt seiner Regierung den Bau seines Grabes beginnen. Man trieb zunächst einen langen Stollen in das Kalksteinmassiv, einen schräg abwärts verlaufenden Gang von 10 bis 20 Meter Länge, dann folgte ein System von geräumigen Kammern (Vorrats- und Schatzkammern), schließlich der Raum für den Sarg. Die Grabanlage eines Königs mußte sechs bis acht Kammern enthalten. Thutmosis I. aus der 18. Dynastie hat mit der Sitte gebrochen, Grab und Totentempel nebeneinander zu bauen. Sein Baumeister Ineni errichtete einen weithin sichtbaren Totentempel und zwei Kilometer entfernt versteckt das Felsengrab seines Herrn. Eine Inschrift im Grab Inenis besagt: »Ich allein überwachte den Bau des Grabes für Seine Majestät, niemand wußte es, niemand hörte etwas.«

Mit dem Bau waren nur etwa 150 Sklaven beschäftigt; im Interesse der Geheimhaltung war der Kreis der Mitwisser klein gehalten. Nach Beendigung der Bauarbeiten wurden alle Arbeiter umge-

bracht. Unter solchen Umständen sind wohl alle Gräber für Könige, Königinnen, Prinzen und Würdenträger, Priester und Priesterinnen im »Tal der Könige« erbaut worden.
War der König gestorben, füllte man alle Kammern mit Kunst- und Gebrauchsgegenständen, Statuen, Statuetten, Schmuck aus Gold und Silber, Kleidern, Utensilien, Waffen und sehr vielen Behältern mit Nahrungsmitteln aller Art. Hatte dann die Beisetzung in aller Stille stattgefunden, vermauerte man die einzelnen Kammern mit leichten Wänden und drückte in den frischen Mörtelputz mehrmals das Siegel des Königs ein. Dann schüttete man Gang und Eingang bis zur Unkenntlichkeit zu; nun konnte der König bis in alle Ewigkeit ruhen. Ein feierlicher Abschied von dem Verstorbenen mag im Königspalast oder in einem Tempel stattgefunden haben, nicht aber am Grab, aus Gründen der Geheimhaltung. Dennoch standen im Jahre 1875 siebenundzwanzig Gräber offen, alle waren geplündert und leer. Wie Inschriften bekunden, geschahen die Diebstähle bereits im Altertum.
Wurden die Diebe gefaßt, machte man ihnen den Prozeß. Ein Papyrus der Amraser Sammlung in Wien berichtet von harten Strafen für Grabraub. Eine andere »Prozeßakte« besagt, daß einmal ein Verfahren mit Milde behandelt und dann sogar eingestellt wurde, um einen Skandal zu vermeiden. Hohe Persönlichkeiten waren mit den Dieben Hand in Hand gegangen, oder Beamte hatten ihrer Aufsichtspflicht nur mangelhaft genügt.
Brugsch nannte aus dem Papyrus sogar jene Personen, die in diesen Fall verwickelt waren. Außer einigen Priestern waren es: Peser, Vorsteher der Hauptstadt Theben am Ostufer des Nils; Pewero, Verwalter der Totenstadt Theben am Westufer, schließlich Chamwese, Wesir der beiden Theben. Er war es, der die Anzeige niedergeschlagen und die Korruption und die Dieberei in seinem Interesse gedeckt hatte.
Wenige Jahre danach faßte man eine fünfköpfige Bande auf frischer Tat: den Sargtischler Iramun, den Steinmetz Hapi, den Wasserträger Kemwese, den Bauer Amenheb und den Sklaven Ehenufer. Eingesperrt, ließ man sie dürsten, hungern und mißhandelte sie. Mit Doppelruten zerschlug man ihnen Fußsohlen und Handflächen so hart, daß die Haut aufriß und das Blut lief. So machte man sie reif für das Protokoll, das entsprechend lautete:
»Wir öffneten ihre Särge und fanden die erhabenen Mumien Seiner

Majestät und Gemahlin. Wir fanden eine große Zahl von Amuletten und Schmuck aus Gold. Den Kopf des Königs bedeckte eine goldene Maske. Wir rissen alles Gold von der Mumie Gottes ab, ebenso das Gold von der Königin und teilten es in fünf Teile.«
Das Gericht verfügte schwerste Strafen. Interessant ist an der Sache nur, daß man schon im Altertum die Kleinen hängte und die Großen laufenließ. Solche Diebereien und Korruptionen am laufenden Band erfolgten in der 20. und 21. Dynastie, sie waren deutliche Symptome für den Verfall des Reiches.
Der Abbott- und der Amherst-Papyrus berichten ausführlich über einen Prozeß: Der Kupferschmied Peichert ist Angeklagter; in einem Lokaltermin führte man ihn mit verbundenen Augen in das Grab des Königs Sechmeré. Hier löste man die Augenbinde, und nun mußte Peichert genau beschreiben, wie er die Dieberei begangen, was er gestohlen und mit dem Diebesgut gemacht hatte. In dem Papyrus heißt es weiter, daß der Dieb streng verhört wurde; man hat ihn geschlagen, an einen Pfahl gebunden und gedroht, ihm Nase und Ohren abzuschneiden, wenn er nicht die Wahrheit sage. Er hat dann ausgesagt und seine Kumpane angegeben, denen ebenfalls der Prozeß gemacht wurde.
Jeder Mißbrauch ruft eine Gegenaktion hervor. Es ist daher einleuchtend, daß der prunkvolle Totenkult der Ägypter, dieses Leben für den Tod, eine gewaltige Gegenbewegung auslösen mußte. Gold unter der Erde war nicht der richtige Schutz für die Ruhe eines Toten.
Im Jahre 1880 stießen Forschungsreisende bei ihrem Besuch Thebens auf Altertümer, die von Althändlern feilgeboten wurden. Es waren Statuetten darunter, sogar ein Sarg mit einer Mumie. Die Quelle der Funde konnte man jedoch nicht ausfindig machen. Im Juli 1881 geschah dann folgende Geschichte, die sich so spannend wie ein Kriminalroman liest.
Ein Amerikaner namens Baton, kein Ägyptologe, aber ein erfahrener Sammler von Altertümern, weilte zu dieser Zeit in Ägypten. Eines Tages kaufte er – natürlich im Schwarzhandel – einen Papyrus von seltener Schönheit. Er nahm ihn, Zollkontrolle und Polizeibestimmungen mißachtend, in seine Heimat mit. Dort erfuhr er von einem Fachgelehrten, daß er tatsächlich eine kostbare Antiquität erworben hatte, die außerdem interessante Hinweise gab.
Jener Fachgelehrte schrieb den Sachverhalt an Professor Gaston

Maspéro, der das Museum in Kairo leitete. Dieser war darüber sehr bestürzt, weil dem Museum erneut ein wichtiger Fund verlorengegangen war. Jahrelang tauchten auf dem Schwarzmarkt in geheimnisvoller Weise solche wertvolle Kleinodien auf, deren Quelle niemand kannte. Forschte man nach, stieß man stets auf den großen Unbekannten.

Maspéro war auch deshalb aufgeregt, weil der Papyrus, dessen Text der Fachgelehrte übersetzt hatte, aus dem Grabe eines Königs der 21. Dynastie stammte, von dem die Wissenschaft keine Kunde hatte. Aus diesem Grab waren aber noch andere Stücke auf dem Schwarzmarkt angeboten worden. In den Kreisen der Archäologen fragte man besorgt: Wer hat das Grab entdeckt, wo ist es entdeckt worden? Sind moderne Grabräuber am Werk? Alle diese Rätsel verlangten nach Klärung. Und weil die ägyptische Polizei versagt hatte, ging Maspéro eigene Wege.

Eines Tages entsandte er einen Assistenten nach Theben. Dieser junge Mann gab sich nicht als Archäologe zu erkennen, sondern mimte den wohlhabenden Touristen. Er wohnte in einem vornehmen Hotel, kaufte in diesem und jenem Basar einige antike Stücke, zahlte gut und spendete obendrein noch Trinkgelder. In den Basaren war dieser Fremde bald das Tagesgespräch; die Händler pirschten sich an ihn heran.

Eines Tages bot ein Händler dem Fremden eine Statue an. Obwohl er sofort ihren Wert und ihr Alter von 3000 Jahren erkannte, obwohl er aus ihrer Inschrift ersah, daß die Figur aus dem bewußten Grab der 21. Dynastie stammte, blieb er beherrscht, heuchelte Interesselosigkeit und äußerte sich abfällig über das wertvolle Stück.

Nach dem Feilschen kaufte er zögernd und gab zu erkennen, daß er noch größere Stücke erwerben möchte. Noch am gleichen Tag stellte der Händler eine Verbindung zu dem wohlhabenden Araber Abd-el-Rasul her, der dem Fremden sogleich einige Altertümer kleinerer Art zeigte. Und nach Tagen, als das Vertrauen gewachsen war, bot der Araber einige große Stücke an, unter anderm eine echte Mumie der 21. Dynastie. Das war das auslösende Moment: Der Assistent ließ den Araber verhaften.

Direktor Maspéro und Vizedirektor Emil Brugsch verhörten Mohammed Rasul, doch vergebens: »Rasul leugnete alle Handlungen, die ich ihm nach Aussagen von Touristen vorhielt und die unter das

Strafgesetz fielen: nämlich heimliche Grabungen, unerlaubter Verkauf von Altertümern und das Aufbrechen von Särgen, die dem ägyptischen Staat gehörten. Aber alles freundliche Zureden, alle Drohungen und Geldangebote blieben erfolglos.« So hieß es in dem Protokoll. Rasul war verdächtigt, Grabräuberei begangen zu haben: er wurde den Behörden zum Verhör übergeben.

Der Mudir von Theben war für seine Strenge bekannt. Zwei Monate lang hatte er Rasul vernommen und oft gepeinigt, aber der Verdächtigte leugnete, ebenso wie seine Entlastungszeugen. Rasul wurde wegen Mangels an Beweisen aus der Haft entlassen; zahlreiche Narben aber waren noch lange die Zeichen erlittener Mißhandlungen. Für den Assistenten war die Freilassung peinlich, denn er hatte in Telegrammen von der Verhaftung des Grabräubers gesprochen, die Zeitungen brachten den Fall, nun mußte widerrufen werden.

Doch der Assistent war überzeugt und beschwor den Mudir. Dieser bedeutete dem Fremden, er möge abwarten. Nach wochenlangem vergeblichen Warten erkrankte er und mußte das Bett hüten.

Da geschah das Unerwartete. In Rasul regte sich das Gewissen, er ging zum Mudir und legte ein Teilgeständnis ab. Wieder begannen Verhöre. Nun ergab sich, daß das ganze Dorf Kurna, Rasuls Heimat, aus passionierten Grabräubern bestand, deren »Gewerbe« sich von dem Vater auf den Sohn vererbt hatte. Diese Verwandtschaft lebte in Wohlhabenheit, denn sie hatte eine geheimnisvolle Quelle, aus der sie ein Stück nach dem andern verkaufte. Die Quelle, das Verlies, wußten aber nur Rasul und einige mehr. Durch gegenseitige Schweigepflicht war das Geheimnis gesichert. Nun sollte es gelüftet werden. Rasul wurde Straffreiheit zugesichert und eine gute Belohnung, wenn er der Wissenschaft zuliebe das Versteck endlich den Forschern und damit der Welt verrate.

Der Assistent war noch krank, deshalb entsandte das Museum wieder Brugsch nach Theben. Hier erhielt er von Rasul, der ängstlich und mißtrauisch war, zunächst ein Paket mit vier Kanopen der Königin Ahmes Nefertari und drei Papyrusrollen aus Gräbern anderer Königinnen. Das war ein guter Auftakt; nun führte Rasul den Vizedirektor nach Deir-el-Bahri, wo er in drückender Hitze das Versteck enthüllte. Was dann folgte, war sensationell und verschlug der Welt den Atem.

Brugsch fand im schluchtenreichen Tal einen Winkel, und in diesem einen Einstieg in das felsige Erdreich. Es führte ein sehr schräger Schacht 11 Meter hinab, unten schloß sich ein Gang von 60 Metern an. Dazu eine geräumige Kammer von 8 Metern im Geviert; hier zweigte noch ein Gang von 80 Meter Länge ab. Eine merkwürdige Anlage, ziemlich roh ausgeführt. Wer hatte sie geschaffen und zu welchem Zweck und wann?

Als Brugsch mit einem Begleiter bei Kerzenlicht durch die dunklen Katakomben schritt, war ihm eigenartig zumute. In dem Gang fand er einen Sargkasten, dann noch einen. Auf dem Boden verstreut lagen kleine Kästen mit Statuetten, Kanopen und Krügen. Aber bald traute er seinen Augen nicht, er erlebte die größte Überraschung seines Lebens: eine Kammer voll Antiquitäten, wie Särgen, Mumien und Grabsteinen. Im flüchtigen Lesen tauchten Inschriften auf wie Amenophis I., Thutmosis II., Ahmose I., Thutmosis III., Sethos I. und Ägyptens größter Pharao, Ramses II.

Brugsch glaubte zu träumen. Wie war er in diese erlauchte Gesellschaft gekommen, von der man sonst nur die Namen kannte? Zwei Stunden verweilte er in diesem Verlies. Zwar war die Luft schwül und muffig, aber das hatte der Forscher nicht bemerkt, so glücklich war er über diesen überraschenden Fund.

Für den nächsten Tag waren hundert Araber bestellt; unter starker Bewachung begann das Ausräumen des Versteckes. Bei 35 Grad Hitze war diese Arbeit kein Vergnügen. Sie wurde aber reich belohnt; denn 32 Särge mit Mumien ehemaliger Könige, Königinnen, Höflinge und Hoherpriester waren der Lohn dieser Mühsal. Dazu noch Mumien, die in der Kammer offen umherlagen. Ferner fand er Kisten voller Statuetten, Salbgefäße und Fayencen, Körbe mit Früchten, einbalsamiertes Fleisch von Rindern, Becher aus buntem Glas, Perücken, Krüge, Totenleinwand und anderes mehr. In einem Sargkasten lag eine einbalsamierte Gazelle, das Lieblingstier einer Prinzessin. Manche der Särge waren so schwer, daß sie von 14 Mann getragen werden mußten. Später stellte sich heraus, daß es Doppelsärge waren. Sarkophage befanden sich nicht in dem Versteck.

Professor Brugsch teilte die gefundenen Altertümer in zwei Gruppen. Särge und Mumien gehörten der 17., 18. und 19. Dynastie an. Namen, Rang und Titel folgen so, wie Brugsch sie einst übersetzt und bezeichnet hatte.

1. Sarg und Mumie des Königs Soknunra der 17. Dynastie
2. Sarg der Frau Raai, Amme der Königin Nofritari. Anstatt ihrer Mumie lag die der Königinmutter Ansri in dem Sarg
3. Sarg und Mumie des Königs Ahmose I., Mumie 1,65 m
4. Riesiger Sarg (3,17 m lang) mit Einsatz und Mumie der Königin Nofritari, Gemahlin Ahmoses I., Mumie 1,67 m
5. Sarg und Mumie des Königs Amenophis I., Mumie 1,68 m
6. Sarg und Mumie des Prinzen Siamun, Sohn Ahmoses I.
7. Sarg (ohne Mumie) der Prinzessin Sitamun
8. Sarg des »Majordomus der Königin« Sonu
9. Sarg und Mumie der Prinzessin Sitka, Mumie 1,58 m
10. Sarg und Mumie der Königin Honttimhu, Tochter Amenophis' I.
11. Sarg (ohne Mumie) der Prinzessin Mashonttimhu
12. Sarg Thutmosis' I. mit der Mumie des Königs Pinotem
13. Sarg und Mumie der Königin Ahotpu
14. Sarg und Mumie Thutmosis' II., Mumie 1,77 m
15. Kleiner Holzkasten, mit Elfenbein ausgelegt, mit Namen der Königin Hatschepsut, deren Leber enthaltend
16. Sarg und in drei Stücke zerbrochene Mumie Thutmosis' III., Bruder und Gatte der Hatschepsut
17. Sarg König Ramses' I., aber die Mumie unbekannt
18. Sarg und Mumie König Sethos' I.
19. Sarg und Mumie Ramses' II., Mumie 1,80 m

Außer diesen Särgen und Mumien sind noch andere hoher Beamter gefunden worden, ebenso noch viele Gegenstände aus derselben Zeit. Die der zweiten Gruppe gehören der 20. und 21. Dynastie an. Es sind die Priesterkönige, Zeitgenossen Davids und Salomos aus biblischer Zeit.

20. Sarg und Mumie der Königin Notemit, 1,65 m
21. Sarg und Mumie König Pinotems, Mumie 1,54 m
22. Sarg und Mumie des Priesters und Generals Pinotems
23. Sarg und Mumie der Königin Tina-Hathor Honttaui
24. Sarg und Mumie des Oberpriesters und Generals Masahirti
25. Sarg und Mumie der Königin Makera und ihrer bei der Geburt verstorbenen Tochter, Mumie 1,50 und 0,45 m
26. Sarg und Mumie der Königin Isemheb, 1,62 m

27. Sarg und Mumie der Sängerin Tanhiri
28. Sarg (ohne Mumie) des Richters und Schreibers Nibsoni
29. Sarg und Mumie der Prinzessin Nsi-chonsu
30. Dreifacher Sarg mit Mumie des Prinzen Zotptahefanch
31. Drei unbekannte Särge ohne Mumien

Mohammed Rasul bekam seine vereinbarten 500 Pfund Sterling für die Preisgabe des Versteckes. Als Brugsch dann an Bord eines Nildampfers mit all den Reliquien Luxor mit dem Ziel Kairo verließ, folgten am Ufer Fellachenfrauen mit aufgelösten Haaren unter Klagegeschrei, wie es schon der Totenbrauch des Altertums vorschrieb. Brugsch aber mußte sich abwenden und fragen, ob er nun auch ein Grabschänder sei, weil er die Mumien in ihrer Ruhe gestört und für jedermann sichtbar an das Licht der Sonne geholt hatte.

Zahlreiche Pharaonen waren gefunden, alle ausgedörrt und zerbrechlich. Manche Mumie war zerstört, keine hatte einen Schmuck an sich. Thutmosis war in Stücke zerbrochen, das Leinen an der Brust aufgerissen; denn dort hatte man einst Gold vermutet. An anderen Mumien waren Spuren von chirurgischen Eingriffen erkennbar. Das Gesicht Ramses' I. war mit Pusteln bedeckt, ein Zeichen, daß er an Blattern gestorben war. König Spitah hatte einen Klumpfuß, König Senken-Ré war sichtlich erschlagen worden. Wir wissen, daß er im Kampfe gegen die Hyksos den Tod gefunden hat. Bei einigen Männern war der Phallus vorgezogen und mit Leinen besonders eingewickelt.

Alle Mumien waren einst in den Gräbern beigesetzt, die schon Strabon leer gesehen hatte, das war jetzt mit Sicherheit geklärt. Weshalb die Särge und Mumien verschleppt und anderweitig versteckt wurden, klärten nun schriftliche Zeugnisse auf:

Während der 20. Dynastie, um 1150 v. Chr., erlebte Ägypten eine Periode des Verfalls; von der einstigen Großmacht war wenig geblieben, und die Verarmung nahm immer mehr zu. In solchen Zeiten ist auch oft die Ordnung eines Staates gelockert; dies wußten Gesindel und Diebe zu nutzen. Unter den letzten Ramses-Pharaonen, auch Zeit der Ramessiden genannt, nahm die Raublust bedenkliche Ausmaße an. Organisierte Diebesbanden fanden die Eingänge zu den Gräbern und plünderten; selbst die Heiligkeit der Leichen hielt sie nicht vom Raube ab. Man riß die Mumien auf, zerbrach sie und durchsuchte sie nach Schmuck.

Jedenfalls blühte unter den Priesterkönigen das Diebesgewerbe. Zeitweise wurden königliche Kommissionen ernannt. Sie sollten die geplünderten Gräber möglichst wieder restaurieren, einzelne Inschriften bekunden das. Schließlich blieb nichts anderes übrig, als die Gräber, besonders die abgelegenen, zu räumen.

Deshalb brachte man Särge und Mumien weg, um sie im bescheidenen Familiengrab zu verstecken. So wurde die Leiche Ramses' II. in das Grab seines Vaters Sethos' I. gebracht. Als auch dieses aufgebrochen wurde, verlegte man die Leiche nach dem Grab einer Königin Inihapu, bis sie dann gleich anderen geretteten Mumien im Grabe Amenophis' I. eine Zuflucht fand. Das alles haben getreue Priester sehr gewissenhaft auf den einzelnen Mumien notiert.

Dieses Flüchten von Grab zu Grab hat sich als zwecklos erwiesen. Schien die Ruhe hergestellt, fanden sich bald wieder Diebe ein. Unter dem Pharao Herihor hörte dieses Versteckspiel auf. Was von den Mumien noch zu retten war, versteckte man an einer Stelle, die keine Diebe finden würden.

Unweit des Tempels Deir-el-Bahri ist das Berggestein sehr mürbe; hier wurden deshalb Gräber angelegt. Hier bohrte man den oben erwähnten Schacht, die Kammern und Gänge. Ohne Zeremoniell, in nächtlicher Heimlichkeit nahmen getreue Priester den »Umzug« der Mumien vor.

Herihor und seine Nachfolger haben auf Gräber verzichtet und ließen sich in diesem Versteck bescheiden und ohne Prunk beisetzen. Dreitausend Jahre sind dann über sie hinweggezogen, bis sie aufgefunden wurden und in königlicher Gesellschaft eine Reise auf einem Nildampfer nach Kairo antreten sollten.

Im Jahre 1898 fand der Franzose Loret ein zweites Versteck. Als Forscher das längst bekannte Grab des kriegerischen Amenophis II. genau untersuchten, entdeckten sie eine vermauerte Kammer. Sie beherbergte neun Mumien, Königsmumien der 18. und 19. Dynastie, unter ihnen Thutmosis IV. und seinen berühmten Sohn Amenophis III., dem eine lange Regierungszeit von 1413 bis 1377 v. Chr. beschieden war. Ägypten reichte damals vom Euphrat bis zum Negerlande Rari, weit nach Äthiopien hinein.

Amenophis II. war der einzige Pharao, den man 1898 in seinem Grab und Sarkophag gefunden hatte; deshalb ließ man die Mumie im Grab und erfüllte die Wünsche derer, die nach Pietät riefen. Auf der Mumie lagen vertrocknete Blumengewinde, vor 3400 Jahren

von liebenden Händen niedergelegt. Das war alles, alle anderen Dinge fehlten. Dann versah man auch dieses Grab mit einer eisernen Gittertür und gab es Wächtern in Obhut.
Zwei Jahre ging alles gut. Da meldeten die Wächter, man habe sie überfallen und eine bewaffnete Bande sei in das Grab eingedrungen. Der junge Howard Carter, Inspektor der Altertümer im Bezirk von Theben, eilte sofort an den Tatort und fand, daß der König aus dem Sarkophag hervorgezerrt war und auf dem Boden lag; das konnten nur »Fachkundige« getan haben . . . Sicher waren die Einbrecher enttäuscht, denn das Gold der Mumie hatten ihre Kollegen bereits vor Jahrtausenden eingeheimst. Aber ein kleines Modellboot, das in der Vorkammer stand, hatten die Diebe denn doch mitgenommen.
Carter untersuchte die Schlösser; sie sahen unbeschädigt aus, und doch waren sie aufgebrochen. Alles ließ vermuten, daß die Wächter mit im Bunde waren. Carter maß die Fußabdrücke; ein Polizeihund verfolgte ihre Spur nach Kurna vor das Haus, in dem nach zwanzig Jahren immer noch Rasul wohnte. Die gemessenen Fußabdrücke stimmten mit denen Rasuls überein. Die Katze läßt das Mausen nicht, doch dem schlauen Rasul konnte nichts bewiesen werden.
Mehr als zehn Jahre später wurde unter Rasuls Enkeln die Räuberei fortgeführt; es bildeten sich sogar Banden. Eines Tages entdeckte eine Bande in einer abgelegenen Hügelwand ein Grab. Als eine andere Bande davon hörte, ging sie mit Flinten gegen die Entdecker vor und vertrieb diese. Von diesen Dingen, die einem Wildwestfilm glichen, hörte der Archäologe Carter. Er schrieb:
»Ich rüstete meine Arbeiter aus und zog mit ihnen im Mondschein auf den Bergrücken von Kurna, 300 m hoch. Als wir um Mitternacht das Ziel erreicht hatten, zeigte der Führer meiner Gruppe auf ein befestigtes Tau, das von einem senkrechten Felsen herabhing. Wenn wir schwiegen, hörten wir unten die Räuber arbeiten. Ich schnitt das Seil ab, es rauschte hinunter und ein Entkommen der Diebe war unmöglich. Dann ließ ich ein selbst mitgenommenes Seil hinab und glitt an diesem nach unten. So in das Nest der Diebe zu gelangen, war bestimmt kein angenehmer Zeitvertreib. Acht Diebe waren am Werk, und es gab sehr ungemütliche Augenblicke. Ich stellte sie vor die Wahl, entweder sich an meinem Seil zu entfernen oder zu bleiben, wo sie waren. Sie nahmen Vernunft an und entfernten sich, den Rest der Nacht verblieb ich in dem Grab . . .«

Carters Mut verdient Beachtung. Das entdeckte Grab barg keine Schätze, nur einen fertigen Sarkophag aus Kristallsandstein, einst für die Königin Hatschepsut bestimmt, deren großartiger Totentempel auf der Rückseite des Bergrückens noch heute sehenswert ist. Man hatte einst die Absicht, vom Tempel zum Grab einen Gang durch das Bergmassiv zu treiben.

Das Dorf Kurna, mitten im Gräberfeld von Theben gelegen, gab es schon im Altertum. In ihm mögen einst Einbalsamierer, Handwerker und Wächter der Totenstadt gewohnt haben. Die heutigen Fellachen in Kurna geben sich gern als direkte Nachkommen der Ureinwohner aus; daß Kurna auch die Urheimat der Diebe ist, weisen sie entrüstet zurück. Obwohl sie mohammedanischen Glaubens sind, üben sie sich doch gern in der alten Religion. Das frühe Christentum ist an ihnen spurlos vorübergegangen, und der Islam haftet nicht fest. Am Feiertag ihres Ortsheiligen Jusuf l'Haggah tragen die Männer in einer Prozession das Modell einer Totenbarke auf ihren Schultern; Geistliche, Soldaten, Musiker, Sänger und Tänzer begleiten den Zug, wie es einst zur Zeit des Gottes Amun geschah. Bestatten sie heute einen ihrer Toten, dann klagen die Frauen wie zur Pharaonenzeit und lassen ihre schauerlich hohe und schrille Klage weithin hören.

Doch nun weiter zu dem kriegerischen Amenophis III., dem Großvater Tut-ench-Amuns. Es ist schriftlich überliefert, daß er aus einer Herde von 170 Wildstieren 75 Stiere niederstreckte, wobei seine Soldaten Zutreiberdienste leisteten. Ferner soll er 100 Löwen, Krokodile und Nilpferde erlegt haben. Er war der Vater des Ketzerkönigs Echnaton, der die Verehrung Amuns durch die des Aton ablöste.

Seine Mumie wurde mit zwei anderen in einem Sarg aus späterer Zeit, der die Namen dreier Könige trug, gefunden. Leider konnte seine Mumie nicht identifiziert werden. Die Tatsache, daß man selbst die Mumien von Königen verstecken mußte – war es doch seit Jahrtausenden ein Gebot, an den Gräbern der Toten zu opfern –, ist das schmachvolle Zeichen dafür, daß der Staat sich selbst aufgegeben hatte.

Die Entdeckung der beiden Verstecke ist eine merkwürdige Geschichte, aber auch ein großer Gewinn für die Archäologie; denn die Mumien sind Reliquien ersten Ranges. Vor jenen Thutmosis' III., Ramses' des Großen und Sesostris' jedoch hört die Ehrfurcht auf, wenn man erfährt, daß ihre staatspolitischen Leistungen eine einzige Kette von Mord und Tyrannei waren. Ägypten hätte den Herrschern des Abendlandes eine Schule sein können, in der sie lernen sollten, wie wenig beständig äußere Macht ist. Nirgends wird das Vergängliche deutlicher als hier.

Der Sand Thebens birgt auch noch viele andere Geheimnisse. Im Jahre 1951 gelang es dem ägyptischen Archäologen Dr. Mahomet Goneim, einen Plan der alten Pharaonenresidenz zu entwerfen. Ein Teil der zwanzig Meter tief im Sand versunkenen Tempel ist bereits freigelegt worden.

Die ägyptische Regierung hat dem Gelehrten mehr als tausend Fellachen zur Verfügung gestellt; trotzdem kann man nicht damit rechnen, daß die Stadt Theben vor den nächsten dreißig Jahren völlig aus dem Wüstensand wiedererstehen wird.

Die letzten Grabungen Goneims haben die Archäologie um einen großen Schritt weitergebracht, denn er hat u.a. eine von Sphinxen flankierte Allee entdeckt, deren Bildwerke Menschenköpfe tragen.

Diese Allee ist aus rotem Sandstein erbaut. Sie ist zwei Kilometer lang, und die alabasterhellen Sphinxe säumen sozusagen den »roten Teppich«. Seinerzeit war sie das Symbol der Größe und Macht Ägyptens. Hier trafen die Mächtigen der Erde einander und hier spielten sich die religiösen Feste ab. Hier warfen auch die Könige Goldstücke aus ihren Prunkkarossen in die Menge.

Ganz in der Nähe entdeckte Goneim das Grab des Königs Montemhet der 26. Dynastie, der um 525 v.Chr. regierte. Man plant nun, das Zentrum Thebens nach den Plänen und Ideen Goneims zu rekonstruieren. Man sucht noch nach dem Grab der Kleopatra und Alexanders des Großen, nach dem man schon seit langem in der nach ihm benannten Stadt Alexandria forscht. Der große Mazedonier starb 323 v.Chr. in Babylon. Seine Leiche wurde einbalsamiert und in einem Sarg aus massivem Gold beigesetzt. Man behielt diesen zwei Jahre in Babylon, wo er Gegenstand größter Verehrung war. Dann sandte man ihn nach Ägypten, um ihn in der Oase Amon aufzustellen, aber König Ptolemaios ließ in Alexandria einen prächtigen Tempel errichten und ordnete dort königliche Bestattungsfeierlichkeiten an. Später verkaufte ein Nachkomme Ptolemaios' den Goldsarg und ließ ihn durch einen solchen aus Glas ersetzen, damit die Mumie sichtbar wäre.

Jahrhunderte später pilgerten römische Feldherren nach Alexan-

dria, um dem großen Herrscher ihre Ehrfurcht zu erweisen. Augustus ließ am Sarg eine Fülle von Blumen und Kränzen niederlegen. Septimius Severus ließ den Sarg einmauern. Zu dieser Zeit war Alexanders Mumie fünfhundert Jahre alt und noch völlig konserviert. Marcus Aurelius Caracalla, der Sohn des Septimius Severus, ein gefürchteter Despot, der die Hälfte der alexandrinischen Bevölkerung ausrotten ließ, befahl die Wiederöffnung des Grabes und die Zurschaustellung des Sarges. Die Ägypter befürchteten einen Akt der Profanierung, aber als sich der römische Kaiser vor der sterblichen Hülle Alexanders des Großen befand, nahm er alle seine Kleinodien ab, legte sie auf dem Sarg nieder und befahl, das Grab neuerlich zu schließen.
Im Jahre 272 n.Chr. wurde die Umgebung Alexandrias zerstört, und das Grab Alexanders geriet in Vergessenheit.

Grabinschriften geben uns Einzelheiten über das Privatleben der Pharaonen. Wir haben erfahren, daß Thutmosis III. ein großer Sportsmann war – und auch ein großer Schürzenjäger. Auch seine Gattin wußte dem Leben viele Freuden abzugewinnen. Wenn es wahr ist, was die Klatschmäuler in den Hafenkneipen, Weinstuben und Freudenhäusern einander erzählten, hätte sie die Lehrmeisterin Katharinas der Großen von Rußland sein können. Sie soll eine Prinzessin aus Mitanni gewesen sein. Die Sage berichtet, sie sei eine Vogelfängerin gewesen, die im Schilf- und Papyrusdickicht gejagt habe. Dort lernte sie der Pharao während einer Jagd kennen und machte sie später zu seiner Gattin. Intimus der Pharaonin war ein Oberpriester. Nicht selten aber hat sie mit jungen Priestern bei Mondschein im Teich der Lotosblumen gebadet.
In manchen Zeiten war es Mode, daß sich Damen der Gesellschaft und Kurtisanen schminkten. Eine Massage des ganzen Körpers mit Salben und Fetten ging voraus. Im Gesicht folgten Auflagen bunter Farben, Rot für die Lippen, Gelb für die Wangen und zartes Grün unter den Augen. Die Nägel an Fingern und Zehen zeigten Bemalung. Die Kosmetik blühte, um die fliehende Schönheit zu erhalten. Die Ägypter kannten Bleiweiß, Zinnober und Antimon; sie rösteten Bleisulfat und Kohle, selbst Fettschminken wurden verwendet, Grünspan und Harz. Es sind Schminknäpfe und Puderdosen gefunden worden, keine Dutzendware, sondern kunstvoll angefertigt. Für das Rot wurde Henna verwendet.

Aus Zwergsträuchern, die auf den Feldern angebaut wurden, gewannen die Alten diese beliebte Farbe. In ein Hemdkleid aus dünnem, feinstem Leinen gehüllt, das alle Attribute weiblicher Reize erkennen ließ, lustwandelten dann die Evastöchter jener Zeiten unter den lauschigen Palmen am Nil.

Vornehm war in jener Epoche ein glattrasierter Frauenschädel. Aber nicht immer trug die mondäne Schöne ihren Kahlkopf zur Schau; oft war es geboten und vornehm, eine langhaarige Perücke zu tragen; dadurch blühten die Künste des Figaro. Von einer Pharaonin wurde erzählt, daß sie sich gern in einer Sänfte ins Freudenviertel tragen ließ, durch den Wechsel der Perücken aber unerkannt bleiben wollte. In Weinstuben und Freudenhäusern nannte man sich Bruder und Schwester (soviel wie Geliebter und Geliebte) und gab sich allen Genüssen des leichten Lebens hin.

Im Reichtum war das Leben erträglich. Für Gold konnte man sich Sklaven kaufen, Männer und Frauen zum Arbeiten, Kinder und junge Mädchen für die Gelüste.

Um den Gesetzen der Götter Nachdruck zu verleihen, bediente man sich der Geißel. Sie war von jeher Symbol der obersten Gewalt. Sklaven zu prügeln ist eine uralte Sitte; die Geißel, das furchtbare Instrument, mag wohl besonders dafür erfunden worden sein. Sie bestand aus fünf Lederriemen, in deren Ende Metallkugeln eingeflochten waren. Schon beim ersten Hieb floß Blut.

Kriegsgefangene und solche, die durch Verkauf ihre Freiheit verloren und nach Ägypten kamen, wurden Sklaven. Um sie als solche zu bezeichnen, schlitzte man ihnen Nase und Ohren an oder brannte ihnen ein Zeichen auf die Stirn, das mit schwarzem Pulver eingerieben wurde; so waren sie zeitlebens gebrandmarkt.

Herodot schildert in Kapitel 40 seines zweiten Bandes die Dekadenz der alten Ägypter, denen das Geißeln, auch des eigenen Körpers, Lust und Befriedigung schuf:

»Und wenn sie zu Ehren der Göttin Isis gefastet haben, dann opfern sie. Wenn das Opfer brennt, schlagen sich alle, und wenn sie sich geschlagen haben, tragen sie sich von den Überresten des Opfers ein Mahl auf.«

In Kapitel 61 berichtet er:

»Als sie das Fest der Isis in der Stadt Bubastis begingen, schlugen sich Männer und Frauen während des Opferns. Doch den wahren Grund, um dessentwillen sie sich schlagen, wäre mir Sünde zu sagen; ich will ihn nicht nennen, weil mich ein Priester vertraulich in die schändlichen Geheimnisse eingeweiht hat. Sämtliche Karier aber, die in Ägypten wohnen, tun noch mehr, denn sie schlagen sich gegenseitig mit scharfen Messern.«

Kein Pharao regierte ohne die Embleme des Krummstabs als Zeichen des Glaubens und der Geißel als Zeichen der Macht. Unter ihnen wurden die Armen immer ärmer, die Reichen immer reicher, die Mächtigen immer mächtiger, und vor allem die Priester, die über allen anderen standen, führten ein herrliches Leben.

Es war nur natürlich, daß diese Mißstände früher oder später zu einer Revolte der Unterdrückten führen mußten. Nach dem Ende der 6. Dynastie, um 2300 v. Chr., brach mit der Gewalt eines Orkans ein Aufstand aus, der das Land verwüstete. Es kam eine Zeit, die den leidgeprüften Ländern Europas nur zu sehr vertraut ist: die Heiligkeit der Könige hörte mit einemmal auf, desgleichen die der Tempel. Man zerbrach die Bilder der Herrscher und zerstörte die Gotteshäuser. Alle Ehrfurcht kehrte sich ins Gegenteil um. Die sonst so bewunderungswürdige Ordnung, die keines Zügels zu bedürfen schien, stand auf dem Kopf, und das »Goldene Zeitalter« war zu Ende. Der Feind kam aus dem Inneren des eigenen Landes und wütete nicht gegen einen Stand, sondern gegen alle besitzenden Stände. Nicht Vorrechte wurden abgeschafft, sondern jegliches Recht. Die Reichen mußten betteln gehen, die Armen lagen auf seidenen Pfühlen. Bruder stand gegen Bruder, der Sohn gegen den Vater. Fremde hatten sich eingeschlichen, Rücksichtslosigkeit nahm überhand. Das Morden war groß, der Nil war rot von Blut.

Zahlreiche Inschriften berichten von diesem Geschehen, und die Verstümmelungen der Tempel und Götterbilder reden ihre eigene Sprache.

Als König Phiops I. aus der 6. Dynastie, der das hohe Alter von 93 Jahren erreichte, sich bereits im körperlichen und geistigen Verfall befand, trat der Weise Ipu-wer vor ihn und berichtete ihm über die wahre Lage im Lande:

»Es ist doch so: der Nil flutet, und doch bearbeitet keiner den Akker. Ein jeder sagt: Wir wissen ja nicht, was im Lande geschehen wird. Es ist doch so: niemand lacht mehr, Trauer zieht durch das Land. Es ist doch so: das Land ist voll von Banden. Man geht zum Acker nur mit dem Schild bewaffnet. Es ist doch so: der Bogenschütze ist gerüstet. Übeltäter sind überall; es gibt keinen Mann von

gestern mehr. Es ist doch so: Bettler sind zu Herren geworden. Wer sich keine Sandalen machen konnte, ist jetzt begütert. Es ist doch so: die Herzen sind gewalttätig, Unheil ist übers Land gekommen. Es ist doch so: Elend herrscht im Lande; es gibt niemanden mehr in weißen Kleidern. Es ist doch so: das Land kehrt sich um wie eine Töpferscheibe; der Räuber ist ein Herr von Besitz. Es ist doch so: der Fluß ist voll Blut; will man aus ihm trinken, schreckt man zurück. Es ist doch so: Hallen, Säulen und Mauern sind umgestürzt; mögen die Fundamente des Staates fest bleiben. Es ist doch so: das Lachen ist nicht mehr, überall ist Jammern. Es ist doch so: jeder Asiat ist heute ein Mann von Bedeutung; die aber einst stolze Ägypter waren, sind jetzt wie Nomaden. Es ist doch so: der Tumult kommt nicht zum Ende, es ist kein Ende des Aufruhrs.
Die Vornehmen sind voll Klagen, die Geringen freuen sich und sagen: Wir wollen die Vornehmen aus unserer Mitte jagen, sie sollen hungern und in den Mühlen arbeiten. Ihre Toten werden in den Fluß geworfen, ihre Söhne sind nicht zu erkennen. Groß und klein sollen sagen: Ich wünsche, ich wäre lieber tot. Die Kinder der Vornehmen sollen an die Wände geschlagen und die Säuglinge in die Wüste geworfen werden.
Jetzt reden die Sklavinnen, sie tragen den Schmuck der Damen, diese gehen in Lumpen, sie betteln, hungern und nehmen den Schweinen das Futter weg. Fremde dringen ins Land, rauben und morden, Städte werden zerstört, die Gräber werden aufgebrochen und die Mumien der Vornehmen hervorgezerrt. Ach, möchte alles ein Ende haben und kein Mensch mehr geboren werden.
Siehe, die Armen sind zu Reichen geworden, die Vornehmen haben nichts mehr. Wer sonst kein Brot hatte, besitzt jetzt eine Scheune; alles, was darin liegt, hat einem Reichen gehört. Wer sonst kein Öl zum Salben seines kahlen Kopfes brauchte, hat jetzt Krüge voll Myrrhen. Die Armen sind jetzt reich und spenden den Göttern Weihrauch. Die Reichen liegen schutzlos im Winde und haben keine Betten mehr. Doch das Widerlichste von allem: der, der einst nichts hatte, besitzt jetzt Schätze, und der Fürst lobt ihn, selbst die Räte verbeugen sich vor dem neuen Reichen. Frauen, die bisher ihr Gesicht im Wasser spiegelten, haben jetzt den Spiegel der Vornehmen aus Bronze. Die Frauen sind unfruchtbar und nicht mehr schwanger, die Vornehmen sind voll Trauer, die Geringen voll Freude . . .«

Diese Klagen sind im sogenannten Leidener Papyrus Nr. 344, 1903 von H. O. Lange übersetzt, festgehalten und als »Rede Ipus des Edlen« bezeichnet.

Nach 34 Jahren wurden die durch den Aufruhr eingeleiteten Reformen, die Abkehr vom Glauben an das Jenseits, zum Scheitern gebracht. Doch diese Idee hat im ägyptischen Geistesleben nachhaltig weitergewirkt, bis sie 1 100 Jahre später von Pharao Echnaton, dem ersten Sozialreformer, wieder aufgegriffen wurde.

Das Reich hat die Belastungsprobe überstanden, aber Voraussetzungen für Revolutionen und Umwälzungen gab es immer wieder. Die Masse des Volkes, durch eine Priesterreligion zu totaler Fügsamkeit erzogen, sprengte gelegentlich die Fesseln und lehnte sich gegen seine Peiniger auf. Außer den sozialen Revolutionen gab es auch religiöse und geistige Erhebungen.

Diese Epoche, die sich über Jahrhunderte erstreckte, wird das »Zeitalter der ägyptischen Revolution« genannt.

SKLAVE, ARBEITE ODER STIRB!

Sind heute Stahl, Kohle und Öl das A und O allen Daseins, waren es damals Steine und Sklaven. Neben der Landwirtschaft waren die meisten Menschen im Bauwesen eingespannt. Alle Bauwerke zu Ehren der Gottheit, des Totenreiches und vielfach noch für die Herrscherschicht waren aus Stein. Der Stein und seine Facharbeiter hatten daher ihren eigenen Gott.

Ägyptens Boden lieferte Granit, Basalt, Kalkstein, Sandstein, Porphyr und Alabaster, dazu manche Edelsteine und auch Gold. Wilkinson hat ein altes Goldbergwerk entdeckt, mit den Fundamenten von 1320 Hütten und einem Tempel.

Das edelste Metall war den Ägyptern das Gold; sein Glanz wurde mit dem Leuchten des Sonnenstrahls verglichen. Gott Ptah galt in Memphis als Schutzpatron der Goldschmiede. Sein Heiligtum führte deshalb den Namen der Goldschmiede, und sein jeweiliger Oberpriester die Bezeichnung eines »Werkmeisters« im Dienste des Gottes.

Die Gebirge am Roten Meer und in Ostafrika sind uralte Goldquellen. Aber auch das Gold von Koptus am Nil, das Gold von Ombos oder von Kusch aus Äthiopien wird in alten Quellen erwähnt. Untersuchungen solcher Goldbergwerke in Ägypten und Nubien ge-

ben Auskunft über die Art der Ausbeute. Man fand heilige Grotten, Götterkapellen, Arbeiterwohnungen, Zisternen, artesische Brunnen, Granitmahlsteine, Granitrinnen zum Waschen des zerstampften Golderzes und vieles mehr.
Es ist klar, daß eine solche Kolonie von Bergleuten in der Mehrzahl aus Kriegsgefangenen, Sklaven und Verbrechern bestand, die kein angenehmes Dasein führten. Der klassische Schriftsteller Diodor hat das bestätigt. Was aber Ägypten selbst nicht an Gold und anderen Metallen hatte, lieferte der Tauschhandel oder gaben seine Kolonialvölker als Tribute.
Eine Tempelstele berichtet, wie eine Expedition in ein fernes Land gezogen war, um dort Kupfer abzubauen. Ein Oberpriester mit seinem Stab von Beamten, Offizieren, Soldaten und 50 Gendarmen war vorausgezogen. Brugsch übersetzte dann weiter: »500 Krieger, 200 Unteroffiziere, 800 ausländische Schiffer von Äan, 2000 Arbeiter von den Domänen des Königs.« Ferner waren Facharbeiter dabei. Eine Expedition von 8368 Mann war nach Sinai gezogen, um Kupfer zu holen.
Sinai liegt jenseits des Roten Meeres, deshalb waren Schiffer in der Expedition anwesend. Sklaven waren angeblich nicht dabei, sie wären vielleicht desertiert. In einem der Täler von Sinai steht heute der Besucher plötzlich vor einem Relief in einer Felswand. Es zeigt den Pharao mit erhobener Waffe, im Begriff, den Schädel eines asiatischen Gefangenen einzuschlagen, den er vor sich auf die Knie gezwungen hat. Es ist ein Denkmal brutaler Kraft, eine Besitzerklärung durch das Recht des Siegers, und diente als gebieterische Kunde an die Asiaten, daß der Pharao von Ägypten nach Asien herübergekommen sei, um von den umliegenden Kupfer- und Türkisminen Besitz zu ergreifen.
Alle Steinbrüche waren im Besitz der Pharaonen und Tempel. Chef der Zentralverwaltung war der Fürst von Theben, umgeben von einem Stab von Priestern und Beamten. Benötigte eine Stadt- oder Gauverwaltung Steine für ein Werk, dann unterzeichnete der Pharao ein Dekret, und es setzten sich Zehntausende »mit Gott für Pharao und Ägypten« in Bewegung. In den Reihen der Sklaven arbeiteten auch Verbrecher. Wie leicht konnte ein Unterdrückter zum Verbrecher werden, eine Auflehnung gegen einen Priester oder Glaubenskult genügte schon, und das bedeutete Qualen und sicheren Tod.

Wo weder Baum noch Strauch gedeiht, wo die Sonne gnadenlos vom wolkenlosen Himmel herabbrennt, in solchen Brüchen, heute vom Wüstensand verweht, war das Arbeitsfeld. Der Ausdruck »Proletariat« wird schon im alten Ägypten auf Menschen niederen Standes angewandt, die nichts besitzen, nicht lesen noch schreiben können, niedergehalten im Ausbeutungsprozeß, für die Gottheit. Facharbeiter, wie Steinmetzen, Bohrer, Polierer, hatten es natürlich leichter und entsprechend besser.

Brunnen und Zisternen waren wichtige Anlagen bei den Steinbrüchen. Aber nicht immer waren sie vorhanden; dann herrschte Wassermangel, und das Dasein war noch schwerer. In solchen Fällen mußten Lasttiere und lange Kolonnen von Wasserträgern auf ihren Rücken das Wasser herbeischaffen.

Unfiltriert dem Nil entnommen, wurde es dann kilometerweit in der Sonnenhitze in Lederhäuten transportiert. Natürlich war das gesundheitsschädlich. Jeder Arbeiter bekam eine bescheidene Zuteilung, das Quantum bestimmte der Vorrat.

Legion war die Zahl der Geknechteten, die hier an Malaria erkrankten und im Fieberwahn dürstend dahinsiechten. Wer krank war, sich im Fieber schüttelte und deswegen weniger Arbeit leistete, war wieder von der Gunst eines Aufsehers abhängig. Nur dieser stellte die Diagnose, ob krank oder Drückeberger, nur dieser hatte eine Medizin: seine Peitsche. Ärzte und sogenannte Medizinmänner mit Zauberformeln gab es nur daheim für die besseren Schichten, nicht aber in den Steinbrüchen.

Aber möge an dieser Stelle eingeflochten sein, daß die Medizin über ein Wissen verfügte, das von genauer Beobachtung zeugt. Der sogenannte »Medizinische Papyrus« spricht von 48 chirurgischen Operationen. Der damalige Schreiber erwähnt, daß die Kontrolle der unteren Gliedmaßen vom Gehirn her erfolgt; dem Europäer kam diese Erkenntnis erst vor 400 Jahren.

Ein anderer Papyrus erzählt von Blinddarm, Anämie, Gallensteinen, Rückenmarkschwindsucht, nicht aber von Syphilis. Zahnfäule ist zunächst unbekannt, später wird sie erwähnt, ein Zeichen fortschreitender Zivilisation. Im Ebers-Papyrus sind einige Hunderte Medikamente verzeichnet. Aber diese echten Medizinen waren nur in geringer Zahl vorhanden und nur für die wohlhabende Schicht. Die Masse der Unterschicht begnügte sich mit Ärzten, denen die Zauberei besser lag. Ihre Rezepte waren meistens sehr naiv. Um das

Grauwerden des Haares zu verhindern, müsse man einen Aufguß vom Haar eines schwarzen Kalbes verwenden.
Amputationen von Gliedmaßen oder eiternde Wunden, die nicht heilen wollten, wurden mit dem Brenneisen behandelt. Gegen die Schmerzen solcher Torturen wurde der Patient »chloroformiert«, durch scharfe Gifte verlor er die Besinnung, manchmal für immer. Minderbemittelte und Sklaven mußten Schere, Brenneisen und Zange ohne Betäubung hinnehmen, für sie blieben nur Kräuter und Zauberei. Sehr geachtet war der Schädelarzt, der Chirurg des Altertums.
Viele Krankheiten waren von Dämonen bedingt. Diese bösen Geister saßen wie Ameisen im Kopf und mußten vertrieben werden. Gelang es nicht durch Zauberei, griff der Schädelarzt ein. Mit Steinwerkzeugen öffnete er den Schädel, entfernte einiges und damit den bösen Geist. Wer drei Tage nach dieser Operation noch lebte, hatte Glück. Wurde der Kranke gesund, erreichten Anerkennung und viele Gaben den Arzt und auch Gott Amun. Gewisse Verwandte spendeten dem Arzt guten Lohn, wenn er lästige Greise oder alte Kranke so behandelte, daß sie bald »hinübergingen« zu Gott Osiris. Die Ärzte halfen sich oftmals gegenseitig ihre Patienten begraben und steckten mit Bestattungsunternehmern unter einer Decke.
Mußte der Schädelarzt einen hohen Würdenträger behandeln, war es Pflicht, eine Operation zu üben. Dieses Experiment, an einem Sklaven ausgeführt, diente zugleich den Studierenden aus dem »Haus des Lebens«. Zuvor betäubt, gefesselt und den Kopf in ein Schädelgestell gespannt, mußte das Opfer herhalten. Die Notwendigkeit der Sterilisierung war wohl bekannt; man wusch sich, und ein Assistent läuterte am Feuer die Instrumente. War der Schädel rasiert, schnitt der Arzt die Kopfhaut auf und schob sie beiseite. Wenn die Blutung nicht durch Zauberspruch aufhörte, wusch ein Assistent das Blut weg, die Äderchen brannte er mit einem glühenden Draht ab. War das Scheitelbein entblößt, öffnete der Arzt den Schädel. Mißglückte die Operation – meist starb der Patient schon in der »Narkose« –, dann folgte eine neue Versuchsoperation. Hirnkranke heilten die Götter, nur wenige Ärzte waren dafür vorgesehen. Waren die Götter ungnädig, mißlang die Operation. Ärzte für Zähne und Ohren, Handaufleger, Entbindungswächter, Handhaber des heiligen Messers, so spezialisierte sich dieser Stand, der unter dem Schutze Imhoteps stand, des Schutzherrn von Memphis.

Wie schon angedeutet, nahm in der Medizin die Zauberei einen breiten Raum ein. In der niederländischen Universität Leiden wird eine Papyrusrolle aufbewahrt. Dieser »Brief« ist 3,14 Meter lang und 25 Zentimeter hoch. Er läßt erkennen, daß er für ägyptische Gnostiker bestimmt war. Sprache und Inhalt, sofern er Gottheiten wie Osiris, Isis, Horus, Anubis, Seth und viele mehr berührt, lassen keinen Zweifel zu.

Das Schriftstück zeigt Vorschriften auch für Beschwörungen und Zaubermittel. Der Beschwörende gibt sich selbst die Bezeichnung einer Gottheit, um den bösen Dämon zu veranlassen, den ihm erteilten Befehl auszuführen. So sagte er zum Beispiel: »Ich bin Horus, der Bruder der Göttin Isis, der herrliche Knabe, den Isis liebt, und der von seinem Vater Osiris-Onnofer begehrt wird.« Die Widerspenstigkeit des Dämons soll also durch die Täuschung, daß der Beschwörer Gott Horus selbst ist, gebrochen werden.

Zu solcher Zauberei gehörten dann allerlei Geräte, Schalen, Lampen. »Hast du eine saubere Lampe herbeigebracht, die nicht mit Gummiwasser gefüllt ist, so fülle sie mit reinem Öl und hänge sie an der Wand im Osten auf. Dann stelle einen reinen, unschuldigen Knaben vor sie hin, rufe über ihn die Beschwörungsformel bis zu sieben Malen. Erwecke ihn wieder und frage ihn also: ›Was hast du gesehen?‹ Antwortet er: ›Ja, ich schaute die Götter im Umkreis der Lampe‹, so werden sie alles beantworten, wonach sie befragt werden.« Solches und noch mehr verrät der Papyrus über die Art der Zauberei, jenes Mittel, an das so viele naive Menschen glaubten.

Eine gewisse »Krankheit« konnten weder Medizinmänner noch Zauberer abwenden, es war der Hunger, die typische Krankheit der Armen. In ihrer Speisenfolge gab es meistens nur Brot, Reis und Zwiebeln, aber nie im Überfluß, bestimmt dann nicht, wenn der Nil die Felder nicht überschwemmte und Mißernten die Folge waren. Das kam oft vor, die Bibel weiß von vielen Hungersnöten zu berichten. In der Bibel (1. Moses 41) heißt es: »Da nun ganz Ägypten Hunger litt, schrie das Volk zu Pharao um Brot.«

Nahrungsmittel mit hochwertigen Eiweißstoffen, wie frisches Fleisch und Milch, erhielten die Ärmsten wohl kaum. Die Männer glichen deshalb lebenden Skeletten, ähnlich erging es den Frauen.

Auch in den Goldbergwerken schrien die Leiden zum Himmel. Hier arbeiteten Gefangene, zwei oder drei aneinandergekettet, in dunklen Schächten bei Tag und Nacht. Öllampen vor der Stirn tragend und von Antreibern bewacht, schlugen die Unglücklichen mit primitiven Werkzeugen das goldhaltige Gestein ab. Kinder trugen es ans Tageslicht zu alten Leuten, die es in Mörsern zerstießen, während Frauen und Greise es in Handmühlen zermahlen mußten. Das Waschen besorgten vertrauenswürdige Gruppen. Sklaven in den Goldmühlen waren entweder geblendet oder überhaupt blind. Revolten schienen gegen diese Methoden kaum möglich, denn überall waren als Bewacher fremdsprachige Barbaren eingesetzt, Sklaven gegen Sklaven, ein alter Brauch.

Es mag in Ägypten wohl immer einige hunderttausend Sklaven gegeben haben, die man zu Arbeitstieren gemacht hatte. Sklave wurde man durch Gefangenschaft oder Geburt. Waren diese Quellen nicht ausreichend, zumal es weniger weibliche als männliche Sklaven gab, wurden sie gekauft. Der Sklavenhandel blühte überall, die Bibel weiß auch davon zu berichten. Viele Sklaven wurden zu Handwerkern ausgebildet, die es wohl etwas besser hatten. Es gab Verleiher, denen tausend und mehr Sklaven gehörten, die »vermietet« wurden. Sklaven in Haushaltungen hatten es besser, manchmal gut. Neger und Eunuchen waren besonders treu. Es gab Frauen, die sich Sklaven als Liebhaber hielten. Der Sklavenhalter durfte seinen Sklaven beliebig hart strafen, töten nur, wenn ein priesterliches Urteil vorlag. Allgemein hatten es die Sklaven hart; ohne Sklaven würde es kein Ägypten gegeben haben, wie wir es kennen.

Drakonische Mittel wurden auch gegen die Arbeiter des Transportwesens angewandt. Wer heute die riesigen Granitsäulen, Statuen, Sarkophage, Obelisken und Steinquadern sieht, fragt sich, wie die Alten ohne Maschinen und Schienen solche Kolosse anfertigen und kilometerweit bewegen konnten. In Assuan gibt es Steinbrüche, die mehr lehren als manches Buch.

Für den Pharao Mentuhotep zog eine 10000-Mann-Expedition nach den Steinbrüchen von Hammamât, um einen Steinblock für den Sarkophag des Königs zu beschaffen. Eine mühsame Arbeit. Aber Gott Min, der Schutzherr des Steinbruches, war dem Leiter des Zuges gnädig. Er sandte eine Gazelle. Diese lief dem Zug voran und legte sich, als man sie fangen wollte, auf einen Steinblock, gerade groß genug für den Sarkophag. Durch diesen Zufall konnte die Expedition schnelle Arbeit leisten und schon nach 25 Tagen ohne Verluste zurückkehren.

Im holzarmen Ägypten konnte man keine Wege mit Baumstämmen

und Bohlenbelag anlegen; deswegen waren Kanäle und Steinwege die einzigen Transportwege für schwere Güter. Diese sind wahrscheinlich auf grundfesten Steinstraßen bewegt worden, die später der Sand begraben hat. So ruhte zum Beispiel ein Koloß mit seinen 45 Tonnen auf einem schweren Schlittengestell. Tausend Arbeiter und mehr waren der Vorspann, dazu die nötigen Antreiber. Auf dem Granit stand, gleich einem Galeerenbootsmann, ein anderer Antreiber und gab durch Klatschzeichen den Takt an. Jedesmal bewegte sich die Last um einen, zwei oder drei Zentimeter, manchmal mehr, manchmal gar nicht. Viele Kilometer aber war der Stein zu transportieren. Das hat dann Monate und Jahre gedauert; viele solcher Transporte waren notwendig für einen Bau, und Bauten gab es viele.

Zum Transport des Monolithen von Sais aus den Granitbrüchen von Elephantine benötigten 2000 Sklaven drei volle Jahre, und dieser Stein war nur klein.

In Assuan gibt es einige aufschlußreiche Steinbrüche. Hier wurden alle edlen Granite gebrochen, die mit Quarz, ziegelrotem Feldspat oder schwarzem Glimmer durchsetzt waren. Und in diesen Steinbrüchen liegen noch heute halbfertige Blöcke für Statuen und Sarkophage am selben Platz, wo man sie vor Jahrtausenden aus dem Fels gesprengt hat. Man kann erkennen, auf welche einfache Weise die Steinmetzen des Altertums die Blöcke zu brechen verstanden: Sie schlugen zu diesem Zweck mit kupfernen Werkzeugen 15 Zentimeter tiefe Löcher in einer Linie in den Stein. In diese wurden Holzkeile getrieben, immer wieder angefeuchtet und zum Quellen gebracht. Diese übten einen gleichmäßigen, aber gewaltigen und anhaltenden Druck aus. Schließlich löste sich auf diese Weise der Steinblock in roher Form aus dem gewachsenen Gestein.

Um 1836 brachten die Franzosen einen Obelisken von Luxor nach Frankreich. Wie stolz war man doch auf die Leistung des Architekten Lebas, der mit modernen Hilfsmitteln den 250 Tonnen schweren Koloß von Luxor an das Nilufer brachte! Ein Höhenzug mußte zu diesem Zweck durchstoßen werden. Als der Obelisk in Paris auf der Place de la Concorde wiedererrichtet wurde, verewigte man durch eine Inschrift am Sockel, wie man das schwierige Problem gelöst hatte. Den Ägyptern schienen solche Transporte nicht erwähnenswert, denn keine ihrer Inschriften spricht von der Art, wie sie ihre riesigen Steinblöcke beförderten.

Auch außerhalb des Sklavenstandes lebten die Menschen im alten Ägypten nicht in beneidenswerten Umständen. Ihre dicht aneinandergereihten Lehmhütten, mit einer Pritsche, einigen Matten und schäbigen Tongefäßen versehen, waren Asyle ohne Licht und Luft, voll Ungeziefer und Bakterien. Auf den großen Landsitzen am Nil lebten die Massen etwas freier und nicht so zusammengedrängt; doch die Entlohnung war gering und die Lasten recht hoch. Oft wurden die Ärmsten von korrupten Beamten betrogen. Obwohl sie die unterste Stufe der menschlichen Gemeinschaft darstellten, bildeten sie die Grundlage des Staates und seiner Wirtschaft. Mancher von ihnen ist ein tüchtiger Handwerker, Künstler, Baumeister oder Führer geworden und bisweilen zu hoher Stellung aufgerückt.
Freilich muß man bedenken, daß die Lebensbedingungen in der jahrtausendealten Geschichte Ägyptens nicht gleichmäßig gewesen sind. Die Zeiten waren wechselvoll, bisweilen erträglich, dann wieder hart. Schwer waren sie im Frieden, schlimm während eines Krieges. Ägypten wurde in eine Reihe Kriege verstrickt. Mancher Pharao regierte in langen Friedensjahren, andere wieder führten einen Krieg nach dem anderen.
Zum Beispiel litt Ägypten während einer asiatischen Invasion mehr als hundert Jahre unter einer furchtbaren Anarchie. Danach ging die Macht an einen Gaufürsten über, der in Hermonthis saß. In der Nähe lag eine Provinzstadt, von den Griechen später Theben genannt. Hier nahm unter Pharao Mentuhotep die 11. Dynastie ihren Ausgang, damit begann das Mittlere Reich. Diese politische Machtverschiebung vom Norden nach dem Süden vollzog sich aber nicht augenblicklich. Es gab viele Kämpfe, in denen Fürsten gegen Fürsten und Priesterkasten gegen Priesterkasten standen; sie lösten einen Bruderkrieg nach dem andern aus.
Amenophis I. verlegte seinen Sitz nach dem kleinen Ort Itjtowe, von hier konnte er die Gaufürsten des Nordens besser beherrschen. Dieser König, Gründer der 12. Dynastie, 1991 v. Chr., war einer der größten seiner Zeit. In einer Inschrift, von Breasted übersetzt, heißt es:
»Er stellte das Land wieder her, das er zerstört vorfand. Er gab zurück, was eine Stadt der anderen geraubt hatte, und veranlaßte, daß sie ihre Grenzen achtete, indem er ihnen Grenzsteine nach den Himmelsmaßen setzte und die Gewässer den Urkunden gemäß voneinander schied, denn er liebte die Gerechtigkeit.«

Das Mittlere Reich wurde zum Feudalzeitalter. Aber die Könige, wie Amenemhet II., Sesostris I. und II., übten noch nicht selber wieder die Macht aus, sondern regierten durch die Gaufürsten, die jedoch dem Pharao Soldaten stellten, die »Gefolgsleute seiner Majestät«. Es gab damals viele Feldzüge. Sesostris I. führte den Krieg über den zweiten Katarakt hinaus. Amenemhet II. öffnete durch einen Krieg wieder die Goldbergwerke in Sinai, und Sesostris II. ließ durch den Nilkatarakt einen breiten Weg sprengen, damit seine Kriegsgaleeren nilaufwärts fahren konnten. Er drang bis Syrien vor; damit begann ein Zeitabschnitt der Eroberung fremder Länder.

König Kamose kämpfte gegen die Hyksos; König Ahmose führte die Kämpfe siegreich fort. In dieser Zeit gab es auch einen Admiral gleichen Namens. Aus seiner Grabinschrift entnehmen wir:

»Mein Vater war Offizier in Elkab, ich wurde Offizier auf dem Schiff ›Wildstier‹. Ich war mutig und bekam das Gold der Tapferkeit. Dann kam ich zur Nordflotte auf das Schiff ›Glanz in Memphis‹. Als ich bei Auaris kämpfte, erbeutete ich die Hand eines Kriegers, wieder bekam ich Gold. Ich habe siebenmal Gold für Tapferkeit bekommen, Halsketten und Löwen.«

Dieser nüchterne Bericht eines Admirals, hier gekürzt wiedergegeben, ist ein Stück Weltgeschichte, denn diese Kämpfe leiteten noch viel größere Machtkämpfe der 18. Dynastie ein. Alle wurden, so besagen es die Inschriften, zu Ehren der Gottheit geführt, alle Kriege brachten Tribute, Gold und Sklaven.

In dieser Zeit begann Ägypten sein Kolonialreich aufzubauen. Der Ägyptologe Prof. Dr. Breasted sagte: »Die Ägypter waren ein Herrenvolk, die Engländer des Altertums. Sie eroberten zahlreiche Länder und machten sich ihre Völker untertan.«

Ägyptens Handel und Schiffahrt blühten und brachten dem Mutterland Reichtum. Dies war auch die Zeit, in der man den Bau einer Wasserstraße zwischen dem Nil und dem Roten Meer plante.

Aristoteles und auch Plinius berichten, daß der Bau dieses Kanals unter Sesostris I. begonnen wurde. Später glaubte er, der Wasserspiegel des Roten Meeres liege höher als der des Nils; deshalb wurde der Kanalbau eingestellt, um zu vermeiden, daß sich das Salzwasser mit dem Nilwasser vermische und dieses verderbe. Schließlich ist der Kanal doch fertig geworden, denn wir haben Kenntnisse von einer schwungvollen Handelsschiffahrt zwischen Ägypten und den

Ländern Asiens und Afrikas; insbesondere wird Punt, das »Land des Weihrauchs«, immer wieder erwähnt.
Dieser Kanal war auch zu Ramses' II. Zeit vorhanden, später ist er versandet.
In Diodors *Bibliotheca historiae*, 1, 33, noch besser aber in Herodot, II, 112, wird ausführlich von einem zweiten Kanal berichtet, der viel später unter Necho gegraben wurde.
»Derselbe ist eine Fahrt von vier Tagen lang und so breit, daß zwei Dreiruder nebeneinander daherfahren können ... Der Ringgraben aber ist viel länger, weil er mehr Krümmungen hat. Bei dem Einstechen unter Necho gingen 120000 Ägypter verloren.«
Dieser Kanal, der 80 Kilometer durch die Wüste verlief, versandete ebenfalls, aber während der Schlacht von Actium, 31 v. Chr., war er noch vorhanden und bot Kleopatras Flotte einen Weg zur Flucht ins Rote Meer.
Von 1859 bis 1869 wurde der Suezkanal gebaut, dabei waren dauernd 25000 Araber beschäftigt. Obwohl täglich 1600 Kamele Trinkwasser herbeischleppten, verursachte das mörderische Klima der Wüste eine hohe Sterblichkeit unter den Arbeitern.
Die Kriegsursachen mögen die gleichen gewesen sein wie heute. Bald zogen die Ägypter über Nubien hinaus nach Äthiopien wegen des Goldes; dann wieder zogen sie nach Palästina oder Syrien oder ins Zwischenstromland oder nach Libyen.
Schon das alte Ägypten verstand sich darauf, ein Imperium aufzubauen, mit fremden Völkern Handel zu treiben und Nutzen aus seinen Kolonien zu ziehen. Wahrscheinlich strömten jahrhundertelang Produkte der kolonialen Völker ins Mutterland. Nubien lieferte unter den ägyptischen Vizekönigen regelmäßig Gold, Negersklaven, Rinder, Ebenholz, Elfenbein und Getreide.
Als Thutmosis III. einmal vom Euphrat siegreich zurückkehrte, ließ er sich große Obelisken setzen, die heute in Istanbul, Rom, London und New York zu sehen sind.
In den Gärten der Amuntempel wuchsen jetzt seltsame Pflanzen aus Asien. Gesandte erschienen am Hofe Thebens aus Nord und Süd. Phönizische Schiffe brachten feine Webstoffe, goldene Gefäße, kunstvoll gearbeitet; auch Zypern und Kreta sandten Gegenstände von großem Wert: Prunkwagen aus Ebenholz, dazu feurige Rosse. Was Asiens Gärten an Wein gedeihen ließen, ging nach Ägypten. Groß war auch der Tribut an Gold und Silber. Durch eine Inschrift

ist belegt, daß einmal die Schatzkammer 4475 Kilo Gold reinsten Gehaltes ausgewogen hat.
Als Amenophis III. einen Aufstand der Koloniallãnder Palästina und Syrien blutig unterdrückt hatte und siegreich heimgekehrt war, ließ er – laut Überlieferung – die gefangenen Fürsten mit ihren Familien und 500 anderen samt ihren Rossen und Wagen vor sich her treiben, dazu einen Schatz von etwa 50000 Kilo Kupfer und 830 Kilo Gold. So ließ er sich in Theben triumphal empfangen, an seiner Seite sieben angekettete Könige, die er dann mit den Köpfen nach unten aufhängen ließ. Dann aber nahm er das Schwert und rief: »Ich will nicht, daß ihr so sterben sollt«, und schlug ihnen die Häupter ab. Die einzige Erwähnung Israels kommt in einem Hymnus im Tempel Merenptahs vor und lautet: »Israel ist dem Erdboden gleichgemacht und die Nachkommen sind ausgerottet.« Auch dieser Amenophis, der Großvater Tut-ench-Amuns, führte zahlreiche Kriege und ein Leben in Luxus. Er regierte 64 Jahre.
Ramses II. hatte 65 Jahre regiert und zwanzig Kriegszüge unternommen. Er hatte den Tempeln 107000 Sklaven und bedeutende Ländereien geschenkt. Die Priester hatten 5000 Stück Vieh erhalten sowie das Recht, von 169 Städten Steuern einzuheben.
Aus einem anderen Dokument erfahren wir ein Gebet, das Ramses II. nach einer siegreichen Schlacht an Amon richtete: »Ich habe mein Herz wiedergefunden, es schwillt vor Freude, alles, was ich wünsche, erfüllt sich. Ich bin wie Month, der Gott des Krieges, ich schlage zur Rechten und ich schlage zur Linken aus, ich bin wie der Gott Baal, wenn er in Wut gerät . . .« Die Besiegten demütigten sich und küßten die Erde zu seinen Füßen. Doch ein besiegter König bittet in einem Brief um Gnade: »Hältst Du es für richtig, Deine Sklaven zu töten? Gestern hast Du Tausende ausgerottet und heute läßt Du uns keine Nachkommen mehr. Sei nicht zu hart mit uns, laß uns atmen.«
Analoges berichtet uns Brugsch auch über Ramses III. Dieser machte den Tempeln ebenfalls große Geschenke: von 113433 Sklaven, die ihm geschenkt worden waren, gab er ihnen 86486. Den Priestern ließ er 32000 Kilo Gold und jährlich 185000 Säcke Getreide zukommen.
Aus demselben Papyrus erfahren wir noch, welch bedeutsame Gaben er dem Gott Amon und seinen Priestern vermacht hatte: 2400 Felder, 83 Schiffe, 46 Werften und 420000 Stück Vieh.

Zweimal hatte er die Libyer besiegt: »Sie lagen in ihrem Blute hingestreckt, Berge von Leichen . . .«
Nach der ersten Schlacht zählte man 12530 Tote; die Hieroglyphen berichten: ». . . Wie angekettete Vögel trieb ich diejenigen, die mein Schwert verschont hatte, vor den Pferden dahin: Tausende von Frauen und Kindern und Zehntausende von Tieren . . .« Ein Papyrus im Britischen Museum in London berichtet uns auf 79 großen Blättern, was alles der König dem Gotte zu Ehren getan hat.
Nach Adolf Erman sind in dem Totentempel des Königs Sahure (um 2500 v. Chr.) Reliefs zu sehen, auf denen Götter und Göttinnen dem König Leben leihen. Die Göttin Nechbet hält dem König sogar ihre Brüste hin, damit er an ihnen sauge. Lange Reihen von Untertanen unter Führung ihrer Gaugötter bringen reiche Gaben. An anderer Stelle schaffen Schiffe allerhand Beute herbei, darunter Gefangene.
Wieder ein anderes Relief schildert einen Feldzug, der Libyen gegolten haben muß. Wir sehen hier, wie der König in Gegenwart der über Libyen gebietenden Götter einen Fürsten erschlägt. An jammernden Gefangenen fehlt es nicht auf diesem Bilde. Die Beute, die das Heer Sahures gemacht hat, ist ungeheuer: 123440 Rinder, 223400 Esel, 232413 Ziegen und 243688 Schafe . . .
Heute wie im Altertum brachte der Besitz fremder Länder Unterdrückung und löste Konflikte aus. Die Herrscher wußten sie zu nutzen, besonders der erwähnte Thutmosis III., wohl der größte aller Pharaonen. Er wurde berühmt wie niemand zuvor. »Thutmosis war Energie.« Mit einer Hand führte er seine Heere nach Asien, mit der anderen zermalmte er korrupte Beamte. Korruptionen und Bestechungen hatten den gesamten Beamtenapparat verpestet bis in die höchsten Stellen. Thutmosis rottete das Übel mit aller Schärfe aus und ließ alle Defraudanten hinrichten. Er war als Politiker und Verwalter hoch befähigt. Niemals zuvor hatte ein Herrscher die Grenzen seines Reiches so ausgedehnt und seine Hilfsquellen so zentralisiert.
Sein Genie war einmalig. Aus dem Amt eines niederen Priesters zu der höchsten Stelle berufen, schuf er das erste Weltreich, in dessen Gliederungen ägyptische Kommissare die Völker »regierten«. Verschwörungen und verräterische Anschläge kleiner Stadtfürsten ließ der Pharao rücksichtslos unterdrücken. Sein strafender Arm blieb

drei Generationen lang bei den Völkern in gefürchtetem Andenken. Man pflegte bei seinem Namen zu schwören, und nach Jahrhunderten, als sein Weltreich wieder zerfallen war, schrieb man seinen mächtigen Namen als ein Zauberwort auf Amulette. Thutmosis setzte sich die größten Obelisken; einer davon ist 34 Meter hoch und wiegt 320 Tonnen. Diese schlanke »Nadel« steht heute vor dem Lateran in Rom.

In dem siebenten Pylon des Tempels zu Karnak finden wir einige Reliefs in Granit gehauen. Sie zeigen Thutmosis III. in gigantischer Größe, wie er zunächst das Weihrauchgefäß schwingt. Dann aber greift er mit der linken Hand nach gefesselten Gefangenen und mit der rechten nach seinem Schwert, um ihnen die Schädel abzuschlagen, die Gott Amun als Opfer dargebracht werden sollen. Eine phrasenhafte Inschrift auf einer Stele lautet:

»Aus vielen Ländern, weither von den Grenzen Asiens, bringt der erhabene König Gefangene mit, um ein großes Schlachtfest aus ihnen zu machen. Niemals hat je ein Erhabener so viele Gefangene unter seinen Füßen zertreten, niemals wird in Ägypten der Ruhm seiner Beutezüge zerstört werden.«

Insgesamt sind 359 Namen von besiegten Völkern und Städten entziffert worden, die vom tiefsten Sudan bis zum Euphrat reichen, in denen dieser Pharao für Gott Amun gekämpft hat. Zur Ehre der Gottheit zogen die Priester als Bannerträger mit hinaus und feuerten die Kämpfer an.

Vor seinem Tode hatten Priester noch einen Hymnus auf ihn verfaßt. Literarisch, aber auch psychologisch von Interesse, zeigte er, wie weltumfassend die Priester seine Herrschaft ansahen. Der Papyrus leitet mit Lob und Dank an Thutmosis ein, dann sprach Gott Amun zu ihm, zum Pharao, Worte der Kraft:

Ich bin gekommen und habe dir verliehen, die Fürsten von Zahi niederzuwerfen –
Inmitten ihrer Berge habe ich sie dir zu Füßen geschleudert.
Ich ließ sie deine Majestät schauen als Herr des Glanzes,
So daß du in ihr Antlitz schienest wie mein eignes Bild.

Ich bin gekommen und habe dir verliehen, das Westland niederzuwerfen –
Die Leute von Keft und Zypern sind voll Schrecken.

Ich ließ sie deine Majestät schauen als einen jungen Stier,
Festen Herzens, mit Hörnern bewehrt und unwiderstehlich.

Ich bin gekommen und habe dir verliehen, die Marschbewohner niederzuwerfen –
Die Länder von Mitanni zittern aus Furcht vor dir;
Ich ließ sie deine Majestät schauen als ein Krokodil,
Dem furchtbaren Gebieter des Wassers, dem Unnahbaren.

Ich bin gekommen und habe dir verliehen, die Inselbewohner niederzuwerfen –
Inmitten des großen Meeres sind sie, hören dein Gebrüll;
Ich ließ sie deine Majestät schauen als Rächer,
Der sich über seinem geschlagenen Opfer erhebt.

Ich bin gekommen und habe dir verliehen, die Asiaten niederzuwerfen –
Du hast die Häupter der Asiaten von Rezenu gefangengenommen.
Ich ließ sie deine Majestät schauen mit deinem Schmucke,
Wenn du die Kriegswaffen auf dem Streitwagen angelegt hast.

Ich bin gekommen und habe dir verliehen, die Enden der Welt niederzuwerfen –
Der Umkreis des Ozeans ist in deine Faust eingeschlossen.
Ich ließ sie deine Majestät schauen als einen Falken,
Der packt, was er erspäht, soviel er begehrt.

Vier weitere Strophen beginnen immer wieder: ich bin gekommen und habe dir verliehen . . . Ich bin gekommen und habe dir verliehen . . . Gott Amun also hat fortgesetzt zu Kriegen aufgerufen, er forderte Rache und Vernichtung.
Im März 1448 v. Chr. schloß Thutmosis III. nach 64 Regierungsjahren und 17 Kriegen die Augen und ging als Gott Osiris in die Unterwelt ein. Die Bestattung dieses Gottmenschen ist sicher sehr pompös gewesen. Leider wurde sein Grab noch im Altertum ausgeraubt, seine Mumie ist jedoch erhalten geblieben.
Die Regierung Thutmosis' ist eine der blutigsten gewesen, doch nicht die letzte ihrer Art. Pharao Kamose war von seinem Rat gewarnt worden, die Syrier seien stark und mächtig. Er aber rief:

»Wozu habe ich meine Macht? Ich will mit dem Feind kämpfen und ihm den Bauch aufreißen.« Nach erfolgreichem Kampfe soll er gesagt haben: »Ich überwältigte sein Heer und zerstörte es. Meine Krieger zogen dann davon wie Löwen mit ihrer Beute, mit Sklaven, Herden, Fett und Honig.« Sein Nachfolger Ahmose setzte die Kriege fort und brachte neue Not über sein Volk.

Kriege und Sklaventum bedingten einander, waren Glieder einer unzerreißbaren Kette. Aus der 9. Dynastie ist eine Dichtung überliefert, in der die kriegerischen Taten der Pharaonen mit religiöser Inbrunst besungen werden. Ihr Verfasser war der thebanische Priester Pentaür.

Doch auch Ägypten lag jahrhundertelang in Knechtschaft. In der Hyksoszeit begann das tragische Ringen der Ägypter mit den Semiten, das in der Bibel nur als eine nebensächliche Episode verzeichnet ist. In Wahrheit waren es ungeheure Kämpfe um Weltanschauung und Weltmacht. Die Babylonier und andere semitische Völker kämpften gegen die Ägypter. Das Land am Nil war 220 Jahre lang besetzt, und Besatzungszeiten sind immer hart.

Dennoch gibt es Gelehrte, die der Meinung sind, Ägyptens Epochen seien meistens friedlich gewesen, und das Sklaventum »nicht so schlimm«. Gewiß gab es Pharaonen, die sehr milde regiert haben. So überliefert uns z. B. der Papyrus Sallier aus der 12. Dynastie einen Hymnus an den Nil und den Nilgott Hapis, den Allbeglücker. Er lautet: »Hapis ist es, der alle Tränen wegtrinkt und groß austeilt aus seiner Fülle. Versagt er, so trauern und verdorren die Menschen, so schwinden und zweifeln die Götter.«

Im Gegensatz zu den Dokumenten jeder anderen orientalischen Monarchie berichten ägyptische Inschriften zwar mit Vorliebe von Kriegserfolgen, niemals aber von Grausamkeit und Freude am Foltern. Semitische Rachsucht ist den Pharaonen fremd. Besiegte Völker werden nicht ausgerottet, sondern angesiedelt und bei Bauten beschäftigt, was im Altertum für milde galt, mochte die Arbeit noch so hart sein. Man verpflegte sie manchmal gut, weshalb sich die Juden nach Ägyptens Fleischtöpfen zurücksehnten.

Seinem eigenen Volke gegenüber war ein Pharao des Mittelreiches so väterlich, daß er seinem Sohn empfahl: »Aman-em-hat seinem Sohn Usur-te-sen: Unter meiner Herrschaft gab es keinen, der hungerte. Alles, was ich befahl, war Grund zur Liebe – suche du ebenfalls Einigkeit zwischen dir und dem Volk.«

Göttlich auftretende Fürsten wurden auch göttlich verehrt. Usurte-sen lebte nur kurze Zeit, führte keinen Krieg und genoß Jahrhunderte hindurch göttliches Ansehen. Auch Amenemhet III. war ein König des Friedens. Natürlich baute auch er große Werke zu Ehren der Götter; seine Maßnahmen sozialer Art sollen für jene Zeit bedeutend gewesen sein. Sein Geschlecht regierte in der 12. Dynastie 213 Jahre in Glück und Frieden.

Einen Papyrus hingegen, der die Not und Pein des Sklaventums besingt, gibt es nicht. Alle Geschichte lehrt: Strahlendes Herrschertum ist immer aufgebaut auf Sklaventum. Heldenruhm der einen Seite sind Tränen der anderen; im Lichte stehen nur wenige, die meisten müssen im Schatten wandeln.

PRIESTER DÄMONEN UND GÖTZEN

Die Mythologie der Ägypter und Araber ist gänzlich anders als zum Beispiel die der germanischen Völker, die später Größe annahm und sich im Monotheismus verdichtete. Trotz ihrer hohen Zivilisation fehlte den Ägyptern eine gestaltende Glaubenskraft, sie blieben bis zu ihrem Ende dem Polytheismus verhaftet, der mit zu ihrem Ende beitrug.

Der Orientalist Winckler sagte einmal: »Das ist ein Volk, das einen eigenen Gott besitzt«, und Egon Friedell meinte ergänzend, das Wichtigste an der Geschichte eines Volkes sei die Religion, der es anhänge; nicht die Rasse schaffe die Religion, sondern die Religion forme die Rasse und unterscheide sie von anderen. Ob dies vom biologischen Standpunkt vertretbar ist, steht auf einem anderen Blatt. Friedell sagt weiter: Vor Mohammed gab es keine Araber, vor Moses keine Israeliten und vor Homer keine Hellenen. Im Altertum bestand eine Identität zwischen Religion und Nation. Wirkliche Gebieter des Landes waren die Götter.

Die Macht der Religion ist zunächst der Grund, weshalb Ägypten im Altertum so hohe Leistungen vollbringen konnte.

Alles Denken und Handeln des antiken Menschen stand unter dem tiefen Einfluß seiner Religion. Religiöse Vorstellungen erklärten ihm die Welt, die er um sich sah, religiöse Furcht beherrschte ihn, religiöse Hoffnung tröstete ihn. Seinen Kalender bildeten religiöse Feste, und Gebräuche der Religion boten ihm die wichtigsten Unterlagen zu seiner Entwicklung in Literatur, Kunst und Wissenschaft, Landwirtschaft und Handwerk.

Wie alle alten Völker, sahen sich auch die Ägypter rings von Göttern umgeben. Für alles Natürliche in ihrer Umgebung, für den Himmel über ihnen und die Erde zu ihren Füßen, wußte die Phantasie eine religiöse Erklärung zu finden. In Zeiten der ersten Zivilisation sahen die ägyptischen Hirten und Ackerbauern in dem Himmel eine ungeheure Kuh, die über der Erde stand. Andere glaubten in ihm eine weibliche Figur zu erkennen, die sich über die Erde beugte. Solcher Vorstellungen gab es mehrere. Seine Erde, dem primitiven Ägypter gleichbedeutend mit dem schmalen Tal des Nils, galt als ein hingestreckt liegender Mann, auf dessen Rücken die Pflanzen wuchsen, Menschen und Tiere lebten. War der Himmel ein Meer, auf dem Sonne und Gestirne täglich nach Westen fuhren, so mußte es unter der Erde einen Nil geben, auf dem sie zurückkehren konnten.

Eine wichtige Rolle in der Religion spielte die Unterwelt, jener düstere Gang, durch den der unterirdische Strom in der Nacht die Sonnenbarke vom Westen nach Osten trug. In dieser Unterwelt wohnten die Toten unter ihrem Gott Osiris und seiner Gemahlin Isis. Es gibt noch mehr Mythen dieser Art, die nicht immer primitiv sind.

Kein Volk und keine Zeit hat je der Versorgung der Toten für ihren »ewigen« Aufenthalt im Jenseits solche Aufmerksamkeit gewidmet wie die Ägypter.

Ein besonders straffes und durchorganisiertes Religionssystem haben die Ägypter nicht gehabt. Volksreligion und Priesterweisheit waren nicht ausgeglichen und lassen recht komplizierte Züge erkennen. Wie alle Länder, war auch Ägypten in viele Stadt- und Dorfbezirke aufgeteilt, in Gaue und Kreise. Jeder Bezirk hatte seine Schutzgottheit. Viele dieser Lokalgottheiten sind bekannt: Horus, Gott von Behdet und anderen Orten. Gott Amun für Heliopolis, Thoth für Hermupolis, Month für Theben. Chnum war der Schirmherr von Herwer, Ptah von Memphis, Suchos war Gott von Fayum. Manchmal erschienen auch Göttinnen als Lokalgottheiten wie die in Sais verehrte Neith und die Hathor von Dendera. Andere

Lokalgottheiten wurden oft nach der Stadt benannt, wo sie heimisch waren. So hieß die Katzengöttin der Stadt Bast einfach Bastet usw. In Ägyptens frühester Zeit huldigten die Menschen dem Fetischglauben, wie ihn viele Südseebewohner und afrikanische Neger noch in jüngster Zeit kannten. An manchen Orten verehrte man Steine mit eingeschlagenen Pfeilen, die man später mit Osiris und Ré in Verbindung brachte. In menschlichen Fetischbildern verehrten die alten Ägypter den Gott Min von Koptus, den Ptah von Memphis. Die Göttin Hathor dachte man sich in einer Sykomore, Gott Nefertem als Lotosblume, die Göttin Neith von Sais wurde als Schild verehrt, auf dem zwei Pfeile aufgenagelt waren. Sehr verbreitet war der Glaube, daß die Gottheit sich in Gestalt von Tieren zeige: Stiere, Kühe, Widder, Affen, Ziegen, Krokodile, Katzen, Spitzmäuse, Löwen, Frösche, Skarabäen, Ibisse, Falken, Geier, Schlangen, gewisse Fische und andere mehr waren zur Gottheit erhoben. Auch der gefährliche Skorpion, durch dessen Stich Lord Carnarvon sein Leben lassen mußte – als Fluch aus dem Grabe Tut-ench-Amuns? – war Gottheit.
So war der obenerwähnte Gott Chnum ein Widder, Horus ein Falke, Thot ein Ibis, Suchos ein Krokodil, Neith ein Geier und Hathor von Dendera eine Kuh. Neben diesen vielen Göttern wurden noch viele heilige Tiere verehrt, oftmals in eigenen Tempeln gepflegt und nach ihrem Tode ehrenvoll beigesetzt. An die Stelle des verstorbenen Tieres trat dann ein anderes gleicher Gattung, das von der Natur besondere Zeichen empfangen hatte. Am bekanntesten war Apis, der heilige Stier von Memphis. Seine Grabstätten in Sakkara sind noch heute vorhanden. Aber auch die Krokodilgräber von Ombos, Katzengräber von Bubastis, Ibis- und Widdergräber von Elephantine künden von dem alten Kult.
Der Adler des Zeus, die Eule der Athene, der Löwe der Kybele zeugen davon, daß auch andere Völker Tiere zu göttlichen Symbolen erhoben. Der »Adler« Deutschlands, der »Löwe« Englands sind symbolische Überbleibsel.
Nachdem man sich vom Fetischismus abgewandt hatte, nahmen die Götter Menschengestalt an. Da bastelte man ein Götterbild mit menschlichem Anlitz und Gliedern, außerdem mit Kleidern, wie sie der Ägypter selbst trug. Wie ein Fürst hatte ein solcher Gott dann eine Krone auf dem Haupte. Als Zeichen seiner Macht führte er Zepter und Kommandostab.

Auch Gottheiten in Tiergestalt nahmen menschliche Formen an, zum Beispiel Suchos als Mensch mit Krokodilkopf, Chnum als Mensch mit Widderkopf, Thoth mit Ibiskopf, Horus mit Falkenkopf.

Neben diesen Bezirksgottheiten gab es Landesgottheiten, die das ganze Volk anerkannte. Geb war der Gott der Erde, Maat die Göttin der Wahrheit, Nut war die Himmelsgöttin, im Luftraum herrschte die Göttin Schu, für die Himmelsfeuchtigkeit (Regen und Tau) war Tefnut zuständig, und Ré war der Schutzgott der Sonne. Der Vegetationsgott hieß Osiris, er war auch der Gott der Toten. Unter den Sternen galten Orion und Sirius als Gottheiten. Diese Götter fand man nur in der Natur, ihnen hatte man daher keine Kultstätten gebaut, sie waren schließlich überall zu Hause und anerkannt. Doch später gab man diesen Göttern auch eine menschliche Gestalt und räumte ihnen Verehrungsplätze ein. Hapis war der Gott des Nils und gebot sittliches Zusammenleben und Arbeiten. Sein Widersacher Seth – Typhon – war Unordnung, Wüste, Schrekken und Tod, ein grausamer Gott.

Der falkenköpfige Gott Month wurde Kriegsgott, Gott Min von Koptos war Schutzgott für Fruchtbarkeit und Ernte (bei den Griechen hieß er Pan). Ptah von Memphis galt als Patron der Künstler, Metallarbeiter, Goldschmiede. Die Göttin Hathor von Dendera galt als Göttin der Liebe und Freude. Viele Lokalgottheiten wurden mit kosmischen Mächten in Verbindung gebracht. So galt Thoth als Mondgott, der die weltliche Ordnung geschaffen hat; gleichzeitig war er aber auch Schutzherr der Hieroglyphen, deshalb auch Schutzgott der Schreiber und Gelehrten. Im besonderen aber war Horus, in Verbindung mit der Sonne, Himmelsgott und führte den Namen Ré-Harachte, das heißt: Der Ré in den beiden Horizonten.

Und die Kuhgöttin Hathor – Haus des Horus – wurde zu einer Himmelsgöttin. Sopdu war der Gott der östlichen Wüste. Men-Nofre war ein Gott mit dem »nichtschlagenden Herzen«, ein Gott, der das Schweigen liebt. Chepruré hieß der geheiligte Pillendreher (Mistkäfer), als Erscheinungsform des Sonnengottes verehrt. Benben hieß der geheiligte Stein im Tempel von Heliopolis, auf den die Sonne erstmals geschienen hat. In solchen Eigenschaften haben noch andere Ortsgötter im ganzen Lande Verehrung gefunden. Götter, Götter, überall Götter. Schließlich sollen noch einige von den vielen niederen Göttern erwähnt werden, Dämonen und Geister, die dem

Menschen nützlich oder schädlich sein konnten und um deren Gunst man sich deshalb bemühte. Da war die Geburtsgöttin Toeris. Sie konnte eine Geburt hemmen oder beschleunigen. Gott Bes, der Fratzenkopf, war Beschützer des ehelichen Schlafzimmers; Heket hieß die göttliche Kröte, die Helferin bei Geburten.

Wie die Menschen, so hatten auch manche Götter eine Frau und einen Sohn dazu, die dann in einem Tempel zu dritt wohnten. Gott Ptah, seine Gattin Schmet und ihr Sohn Nefertem bildeten eine solche Triade.

Mut hieß die Gattin Amuns. Manche Götter waren auch mit menschlichen Tugenden und Leidenschaften behaftet; es gibt nette Erzählungen von solchen Gottheiten des ägyptischen Volkes.

In der Form eines Mythos erscheinen auch die Vorstellungen vom Weltall. Danach ist die Erde eine lange Fläche, von einem Ozean umgeben. Ringsherum sind Gebirge, auf denen der Himmel ruht. Verschieden waren auch im Altertum die Ansichten über Sonne und Mond. Eine Zeitlang waren sie die Augen der Gottheit, die die Welt geschaffen hatte.

Im Tempel von Dendera, der Göttin Hathor geweiht, ist das Gemach des Allerheiligsten gut erhalten. In ihm stand einst die heilige Barke, mit der man das Götterbild Amuns in Prozessionen durch die Straßen führte. In einem Nebenraum, dem Totengott Osiris geweiht, ist unter der Decke noch heute der berühmte »Tierkreis von Dendera« zu sehen, leider nur in Gips, denn das Original besitzt der Louvre zu Paris. Immerhin, die Ägypter kannten schon die Astrologie und wußten aus dem Stand der Sterne Schlüsse zu ziehen.

Zahlreich waren die Götter, in jedem Dorf, in jeder Stadt verehrte man sie. Daneben gab es noch Familiengötter. Auch die Berufsgruppen hatten ihren Gott, die Fischer, Ackerleute, Jäger, Handwerker, Künstler, alle und alles hatte einen Gott; jede Handlung im Leben, jede Handbewegung geschah unter dem Einfluß einer Gottheit. Etwa 500 Götter gab es in Ägypten. Viele kamen, wie bereits erwähnt, aus dem Tierreich; Reiher, Schwalbe, Geier, Gans, Barsch, Aal, Eidechse, Frosch, selbst die Kantharidenfliege hatte ihren Platz im ägyptischen Pantheon. Herodot schrieb: »Ägypten ist von Wüsten umgeben, das Tierreich ist nicht vielseitig; ich kenne aber wenige Tiere, die nicht heilig sind.«

Im Tier verehrte man den Ahnen und Blutsverwandten. Man befestigte gehörnte Köpfe von zeugungsgewaltigen Tieren, wie Widdern, Böcken und Stieren, über dem Eingang der Hütte und verehrte sie als Ortsgottheiten. Wie im griechischen Mythos das Satyrn- und Kentaurenvolk, so gab es in Ägypten eine kultische Sodomie. Herodot (II. 46) berichtet: »Da trug sich in meiner Zeit die Begebenheit zu, daß ein Bock vor aller Augen sich mit einem Weibe mischte, alle Leute sahen es.« Wir wissen auch, daß sich Frauen mit dem heiligen Apisstier im Tempelstall abgaben. Die Israeliten pflegten diesen Kult ebenfalls. Moses aber rief: »Verflucht sei, wer bei einem Vieh liegt.« In Indien gibt es noch heute Sekten, die diesem Tierkult ergeben sind.

Unter der Aufsicht von Priestern wurde den zahlreichen Göttern geopfert. Das Volk legte an ihren Opferstätten Geschenke und Speisen nieder, welche die Priester »verwalteten«. Zu gewissen Zeiten holte man diese Götter, vielmehr ihre Götterbilder oder Statuen, aus der Tempelwelt hervor und führte sie in feierlichen Prozessionen durch die Straßen, wobei das Götterbild verziert war; pomphaft schmückte sich die Priesterschaft. Die farbigen Umzüge mit duftendem Weihrauch, goldenen Gefäßen und Gewändern, die bunteste Schau und das aufregendste Ritual waren die besten Mittel zur Werbung naiver Seelen für den Glauben an die Götter.

Griechen und Römer haben die Ägypter als die frommsten aller Menschen angesehen, aber der Respekt, den sie ihnen zollten, hat sie nicht gehindert, sich gelegentlich auch über diese ägyptischen Götter lustig zu machen. Tatsächlich konnte so manches den Spott herausfordern.

Im Laufe der Zeit hat sich die Religion in manchem gewandelt. Einige Götter haben durch Fürstengeschlechter, die ihrem Kult besonders ergeben waren, zeitweilig eine beherrschende Stellung im ägyptischen Pantheon erlangt. Wie sich politisch das Land auch immer gestaltete und teilte, Horus blieb Königsgott und galt alle Zeiten als Patron der Pharaonen, Horus Ré, Gott der Sonne, Reichsgott. Als Ägypten in zwei Reiche zerfiel, waren Geiergöttin Nechbet und Schlangengöttin Buto nach Ré die höchsten Gottheiten.

In den Tempeln, die für diese Gottheiten geschaffen waren, fanden auch die Krönungen statt. In diesem Festakt fand der König Aufnahme in den Kreis der Götter, ja er war nun oberster Gott und wurde »Herr des Opfers« genannt.

In Ägypten hielt man stets an der Göttlichkeit des Königs fest. In allen Tempeln, selbst noch alexandrinischen Kapellen, erscheint auf den Bildern der König vor den Göttern. Seine nächsten Angehörigen begleiten ihn zuweilen, und auf die Königin fällt dann auch etwas göttlicher Glanz.

Eine neue Phase in der Religion trat ein, als der Schwerpunkt nach Süden verlegt wurde. Hier in Theben wurde der Gott Amun von Karnak als Sonnengott identifiziert, zum Amun-Ré erhoben. »Amun ist an der Spitze«, heißt es in einem Spruch. In seinem Namen führte man Kriege gegen Nubien und Asien; in den eroberten Ländern wurden ihm Heiligtümer erbaut. Amun wurde in der 17. und 18. Dynastie ägyptischer Nationalgott und glücklicher Nebenbuhler des alten Reichsgottes Horus. Für den Menschen von heute ist dieses ägyptische Göttersystem ein religiös akzentuiertes politisches Phänomen, das recht kompliziert erscheint. Mit diesen zahlreichen Göttern hatte sich ein Heer von Priestern gebildet. Jedes Götterbild hatte seine Priester. Die Priesterwelt wieder lebte ganz von den Opfern, folglich lief die priesterliche Sorge darauf hinaus, die Schäflein im Glauben an den Opfersinn zu erhalten. Der Staat ging mit gutem Beispiel voran, mit dem Blutopfer, das zu großen Volksfesten im ganzen Land führte.

Bei einem solchen Dankopfer umgab die Schar der Priester den Altar und zelebrierte gewisse Handlungen. Sie waren weiß gekleidet, ihre Häupter kahlrasiert und mit duftenden Ölen gesalbt. Alle Handlungen waren auf den gefesselten Stier abgestellt, der geopfert werden sollte. Dann geleiteten andere Priester den Oberpriester des Tempels herein, der ein Diadem auf dem Haupte und ein rotes, goldbesticktes Kleid angelegt hatte. Als die Menge seiner ansichtig wurde, kniete sie nieder; auch die Würdenträger beugten sich. War der Stier mit Weihwasser geweiht, verstummte der Gesang. Tiefes Schweigen, der Oberpriester schritt zur allerheiligsten Handlung und tötete eigenhändig den Stier. Stieß er das Messer geschickt hinein, daß das Blut emporspritzte, war er des Jubels gewiß. In einem Vorhof fand für die Armen eine Nachfeier statt. Nachdem Tempeldiener und Knechte das beste Fleisch des Stieres für sich reserviert hatten, wurde das andere Fleisch an die Armen verteilt, wobei es immer zu unliebsamen Szenen kam, denn die Menschen rauften sich wie Aasvögel, jeder wollte ein Stück erwischen. Die allergrößte Bedeutung hatte das Blutopfer im Herbstfeste, wenn Bauern und

Der Mumiensarg Tut-ench-Amuns. 18. Dynastie

Echnaton und seine Familie unter den Strahlen Atons.
Studie zu einem Hausaltar. 18. Dynastie

Echnaton. Stuckkopf. 18. Dynastie

Tut-ench-Amun auf Fischfang. Vergoldete Holzstatuette

Rechte Seite: Tut-ench-Amun mit unterägyptischer Krone

Gottheit mit Königssymbolen. Rückenlehne eines Stuhls aus dem Grab Tut-ench-Amuns

Sessel mit Einlegearbeit. Aus dem Grab Tut-ench-Amuns

Brustschild Tut-ench-Amuns mit Skarabäus-Darstellung

Rechte Seite: Bild von der Lehne eines Thronsessels Tut-ench-Amuns

Oben: Das Begräbnis Tut-ench-Amuns. Wandmalerei in der Sargkammer
Unten: Bilder aus der Sargkammer: Tut-ench-Amun und Osiris, sich umarmend, hinter dem Pharao sein Ka;
Tut-ench-Amun und die Göttin Nut

Eje vollzieht an der Mumie die Mundöffnung. Wandmalerei in der Grabkammer Tut-ench-Amuns

Ein Boot aus Alabaster. Aus dem Grab Tut-ench-Amuns

Rechte Seite: Salbdose aus Alabaster. Aus dem Grab Tut-ench-Amuns

Alabasterschale Tut-ench-Amuns. Aus seinem Grab

Wäschetruhe aus dem Grab Tut-ench-Amuns. Bemaltes Holz. Dargestellt ist der Kampf gegen Asiaten

Alabastergefäß aus dem Grab Tut-ench-Amuns

Goldmaske Tut-ench-Amuns

Pächter ihr Steuersoll in den Kornspeichern des Pharao und der Tempel abgeliefert hatten. An diesem Nationalerntetag wurde dem Gott Amun geopfert, ihm zu Ehren mußte Menschenblut fließen. In allen Tempeln des Landes ging es festlich her, am prunkvollsten im Reichstempel zu Theben. Hier saßen der Pharao und seine Gemahlin auf ihren Thronplätzen, eine Krone auf dem Haupte, die scharlachroten Gewänder mit Edelsteinen behangen. Ähnlich der Hohepriester mit Gemahlin, neben ihnen hohe Würdenträger. Das Volk verharrte in den Säulengängen, Hallen und Vorhöfen. Hatte nun die Priesterschaft alle »heiligen« Handlungen vollzogen, trat auf das Glockenzeichen des Zelebranten tiefste Ruhe ein, das nur von dem Angstgewimmer der gefesselten Sklaven unterbrochen wurde. Nun schritt der Pharao an den Altar zum allerheiligsten Opfer und schnitt einem Sklaven die Kehle durch. Ein gleiches Opfer brachte der Hohepriester. Zu dem Jammern der Sklaven und dem Röcheln der Verblutenden gaben die Anwesenden ihren Dankgefühlen zu Gott Amun Ausdruck. Die verzückten Priester schwangen dazu ihre Sistren, Rasselinstrumente.
So wurden in allen Städten des Landes, in allen Tempeln und zu gleicher Stunde Sklaven und Gefangene geopfert. Das Volk defilierte an den Altären vorbei und ergötzte sich an den blutigen Leichen. Ein Teppich von Fliegen saß auf dem Blute, in das die Gläubigen ihre Finger tauchten und damit ihre Stirn betupften. Auf den Gesimsen des Tempels aber harrten ungeduldig zahllose heilige Geier und andere Aasvögel, bis man ihnen die Opfer zum Fraß hinwarf.
Eine Tempelstele zu Abydos zeigt, wie Sethos I. dem Amun opfert: »Tausend an Broten, tausend an Bier, tausend an Rindfleisch, tausend an Weihrauch.« Wir sehen den König mit einem Weihrauchgefäß; neben ihm steht sein Sohn, geschmückt mit dem priesterlichen Pantherfell. Dieser gießt eine Libation (Trankopfer) auf den Altar. Wandgemälde zeigen den König beim Zerlegen von Opfertieren. Ein Bild zeigt, wie Opfertiere herangebracht werden: Ochsen, Antilopen, Gänse. Vier Priester nehmen an der Handlung teil; einer notiert die Gaben, ein zweiter beräuchert sie mit Weihrauch, andere schlachten die Tiere. Dann ist noch abgebildet, wie Priester und Soldaten gefangene Neger und Asiaten herbeizerren. Die Bilder sind 3500 Jahre alt, ihre Farben aber gut erhalten. Das Götterbild des Amun wurde dann in feierlicher Prozession, von Priestern getragen,

aus dem Tempel durch die Widderallee und Straßenzüge geführt, um den zahllosen Gläubigen ihren höchsten Gott, den allmächtigen Reichsgott von Ägypten, zu zeigen. Große Tempel unterhielten ein »Haus des Gesanges«.

Viele Mädchen, die Geliebten des Gottes Amun, führten hier ein müßiges Leben, nicht selten gab es einen Priesterstreit um die Schönste. Jetzt sangen und tanzten sie der Prozession voran. Das Volk aber, das Straßen und Plätze säumte, spendete Beifall oder übte Kritik, je nach Leistung der Tänzerinnen.

Tempeltänzer zu sein war immer eine Auszeichnung. Ausgewählte Mädchen und Jungen besuchten seit ihrem sechsten Lebensjahr Tempelseminare. Hier wurden sie unter Priesteraufsicht in Singen, Musik, Spiel und Tanz unterrichtet. Mit bunten Farben geschminkt und mit Geschmeide geschmückt, zeigten sie sich in Prozessionen oder auf Tempelplätzen dem gläubigen Volk. Im Gedröhn der Trommel oder im zarten Klang des Saitenspiels führten sie in exakten Gesten ihr Spiel auf; sie tanzten einen Rhythmus, der in Ekstase und Gefühlstiefe endete. Alles war Kunst und Gebet zur Ehre des Gottes Amun. Hinter dem Gottesbild schritt unter einem prunkvollen Baldachin der Oberpriester des Tempels, gefolgt von seinem Priesterkollegium, Choräle singend. Wo sich die Prozession zeigte, knieten die Massen nieder und streckten die Hände in flacher Haltung vor zum Gebet.

Nach dem Umzug geleitete man das Gottesbild in den Tempel zurück. In einer Halle wurde es feierlich gewaschen und vom Staub des Tages gereinigt. Das geweihte Waschwasser reichte man den zahlreich hinzugekommenen Kranken als Medizin. Beim Tanz der Priester und ihren Verzückungen rund um das Gottesbild gaben sich die Kranken der Hoffnung auf Heilung hin. Dann wurde Gott Amun im Allerheiligsten des Tempels in seinem Schrein wieder abgesetzt und die Tür für ein Jahr neu verschlossen und versiegelt. Diesen Raum durften nur die höchsten Priester betreten; vor ihm zog wieder die Priesterwache auf.

Bei solchen Festlichkeiten waren – nicht anders als heute – die Tempel, Paläste und Landsitze der Reichen mit Fahnen und bunten Teppichen geschmückt. Selbst in den Armenvierteln gab es nicht ein einziges Haus, nicht eine einzige Hütte, die ohne Schmuck geblieben wäre. Das Volk jubelte und vergaß für einige Augenblicke seine würgende Not.

Zum steten Opfern angehalten, trug der Ägypter gerne sein Opfer selbst zum Altar. Wenn eine Fellachenfrau einmal eine Gans in der Pfanne hatte, schnitt sie die schönste Keule ab und trug sie in den nächsten Tempel.
Das Tagewerk des Volkes war ein Opferwerk für die Götter, die niederen und höheren, für die Götter der Lebenden und für die Götter der Toten. Für die Verstorbenen zu opfern, war eine besondere Pflicht. Ka, die Seele, durfte nicht in Not geraten; nur Priester konnten sie durch magische Riten und monotone Gesänge bewahren.
Neben den Naturalien war noch der »Zehnt« fällig. Der zehnte Teil der Einkünfte aus Acker, Gewerbe und Kriegsbeute gehörte der Gottheit. Diese »heilige« Steuer war überall Brauch. Auch Moses fand sie gut und hat sie später bei seinem Volk angewandt. »Du sollst alle Jahre den Zehnten absondern.« Vieles von der ägyptisch-orientalischen Religion hat sich bis in die heutige Zeit erhalten; Krummstab, Weihrauch, Baldachin und Prozession, und auch der Altar.
Aus einem Laienpriestertum entwickelte sich der berufliche Priesterstand. Die Priester waren Söhne besserer Stände. In Priesterschulen erhielten sie die theologische Bildung, die sie befähigte, Diener der Gottheit zu sein. Natürlich mußten sie zunächst mit einer niederen Stelle fürliebnehmen, bis sie einmal aufrückten, um den Kult in einem Götter- oder Totentempel zu überwachen. Für die höchsten Priesterstellen nahm man den Nachwuchs aus besonders prädestinierten Klassen, etwa Söhne von höheren Priestern oder Fürstenhäusern. Töchter der Pharaonen heirateten öfter ihre Brüder, oder sie wurden Priesterinnen und heirateten einen Priester in hohen Würden.
Die Priesterschaften der verschiedenen Heiligtümer waren zu einem großen Oberkollegium vereinigt. Das Oberhaupt des Staatstempels in Theben, der Hohepriester des Amun, stand an der Spitze dieses Kollegiums. Den Tempeln gab man reichen Schmuck und außerdem ein Priesterkollegium mit einem Priesterfürsten an der Spitze. Seine Gattin wurde als Hauptkebsweib Gottes bezeichnet, die wirkliche »Gemahlin« Gottes war die Pharaonin. In dem reichentwickelten Ritual leitete die Priestergattin Tanz und Gesang der Frauen.
In jedem Fall waren die Priester eine verschworene Kaste. Manchmal waren sie Befehlshaber der Armee. Wer zu einer besseren Stel-

lung aufrücken wollte, mußte lesen und schreiben können, das lehrten Priester die Kinder wohlhabender Klassen. Wer aber einem höheren Beruf zustrebte, Arzt, Astronom, Heerführer, Richter, der mußte theologisch gebildet sein, daß er die Priesterweihe empfangen konnte. Dieser erweiterte Kreis war die Stütze von Thron und Altar. Eine unsichtbare Macht war die Bürokratie. Könige starben, Priester starben, die Bürokratie ist unausrottbar und besteht ewiglich.

Nicht selten blühten Intrigen. Gründe gab es dafür genug: Neid, Mißgunst, Rache und Eifersucht haben Pate gestanden. Oftmals führten solche Intrigen zu Palastrevolutionen und zum Sturz des Herrschers; manchmal schwang sich dann ein Priester auf den Thron. Welcher Intrigen sich die Priesterschaft bediente, um ihre Machteinflüsse zu erhalten, und welche Ziele sie anstrebte und erreichte, dafür mag folgende Geschichte ein Beispiel sein. Pharao Thutmosis I. hatte mit seiner Hauptgemahlin, die also nicht zum Harem gehörte, drei Kinder: Kronprinz, Prinzessin, Prinz. Der älteste Prinz regierte neben seinem Vater auf einem Nebenthron als Thutmosis II. Aber Prinzessin Hatschepsut war das Lieblingskind ihrer königlichen Eltern. Ein Tempelbrief in Karnak berichtet von ihrer Geburt in »Göttergestalt«.

»Amun hatte die Gestalt des erhabenen Königs Thutmosis angenommen und fand seine Gemahlin schlafend in ihrem Gemach . . . Als sie den Duft spürte, der von dem Gottgemahl ausströmte, erwachte sie . . . Er gab ihr sein Herz und zeigte sich in seiner reinen göttlichen Gestalt. Als er sich der Königin näherte, jauchzte sie vor Freude bei dem Anblick seiner Stärke und Schönheit, und seine Liebe ging wie der Duft, den er ausströmte, in ihren Körper über . . .«

Andere Tempelbilder zeigen die Niederkunft der Königin und den Augenblick, in welchem die Göttin Hathor dem Gott Amun das göttliche Kind, Prinzessin Hatschepsut, überreicht. »Ihre Majestät wuchs auf zu einer schönen Prinzessin, frisch in der Jugend . . .« In derselben Inschrift sagt der königliche Vater weiter: »Komm, du Ruhmvolle, in meine Arme und nimm im Palast einen würdigen Platz ein, damit du Macht ausübest und die Aufrührer ergreifen mögest, du meine Erbin, Tochter der Krone, geliebt von der Göttin Uto . . .«

Hatschepsut, das heißt »Spitze der Edelfrauen«, nahm auf Geheiß ihres Vaters einen Nebenthron ein und wurde regierende Königin – ein seltener Fall. Wir ahnen nur, wie grenzenlos sich Stolz und Herrschgefühl in dieser Frau entfaltet haben, wenn wir ihre großen Bauwerke betrachten, die sie zu Ehren der Götter errichten ließ. Königin Hatschepsut heiratete ihren jüngeren Bruder, der keine Anwartschaft auf den Thron besaß. Königliche Geschwisterehen gab es öfter, um das Blut reinzuhalten. Das Vorbild hierfür gab die Isislegende. Gott Osiris heiratete seine Schwester Isis, die dann den Horusknaben geboren hat. Ein Pyramidentext aus der 3. Dynastie übermittelt die Mythe des Neujahrstages. Tod und Neuzeugung des Fruchtbarkeitsgottes wurden auf Osiris übertragen. Der Text lautet:

»Der Liebe heiß und froh, kommt zu dir deine Schwester Isis. Sie hat sich auf deinen Phallus gesetzt, damit dein Same fruchtbar in sie als Sothis dringe. Horus der Wirkungsvolle (Seped der Scharfe) ist aus dir hervorgegangen.«

Der Phallus, das männliche Glied, ist in Mythen besungen worden als Symbol der Zeugungskraft in der Natur. In der 2. Dynastie war es Sitte, Herz und Phallus während der Einbalsamierung vom Körper zu trennen und in Kanopensärgen beizusetzen. Der Phallusdienst spielte in der Naturreligion eine große Rolle. Im unerforschlichen Gesetz der weisen Natur heißt es: Alles Leben ist Geschlechtsleben, erhöhte Lebenskraft ist Lust, verminderte ist Leid.

Die Königin Hatschepsut war beliebt und hübsch und klüger, als es den Priestern angenehm war. Als erstes weibliches Wesen, das in die Weltgeschichte eingegangen ist, war sie eine Friedensfürstin. An der Felswand von Deir-el-Bahri ließ sie den heute noch sehenswerten Terrassentempel und ihr Grab errichten. Auch zwei Obelisken in Karnak, je 29 Meter hoch und je 350 Tonnen schwer, hinterließ sie der Nachwelt.

Doch ihre Liebe zum Bruder-Gatten erlosch sehr rasch. Der Haß, mit dem sie ihn verfolgte, trieb ihn dazu, Priester zu werden; er wurde in den Reihen der Amun-Priesterschaft wohl aufgenommen. Dort nahmen allerlei Intrigen gegen Hatschepsut ihren Ausgang, und eines schönen Tages starb sie . . . Das ganze Volk betrauerte sie. Um den Verdacht des Mordes von sich abzuwenden, zelebrierte der geschiedene Bruder-Gatte selbst als Oberpriester die Trauerfeierlichkeiten.

Den Priestern war es gelungen, eine Macht zu besitzen, die der des Königs gleichkam. Die Anwartschaft auf den Thron hing von der Dankbarkeit des Prätendenten, des Amun-Sohnes, ab.

Die Intrigen sollten ihre Früchte tragen. Obgleich noch der alte König Thutmosis I. nominell mit seinem Sohne Thut gemeinsam regierte, beschlossen die Priester, ihren Prinzen auf den Thron zu setzen; dies sollte während einer Zeremonie im Tempel geschehen, der neue König vom Gott selbst erwählt werden.

Während das Götterbild Amuns unter dem Beifall der Menge von seiner geheiligten Stätte in den Tempelhof getragen wurde, hatte sich der fürstliche Priester mit den anderen im nördlichen Säulengang des Tempels aufgestellt. Priester trugen das Götterbild an allen Säulengängen entlang, als suchte der Gott jemanden. Plötzlich blieb der Gott vor dem Prinzen stehen, der sich ehrfurchtsvoll niederbeugte, richtete ihn auf und ließ ihn sogleich an jene Stelle führen, an der nach dem Ritual nur der König stehen durfte. So war der Prinz von Gott Amun selbst zum Herrscher bestimmt worden. Er hieß nun Thutmosis III. Seine Wahl wurde im Mai 1502 v. Chr. bekanntgegeben, gleichzeitig verzichtete er auf seine Priesterwürde.

Bestimmt waren der alte Pharao und sein legaler Erbe von diesem Schwindel nicht entzückt; da man die beiden aber als ungefährlich ansah, ließ man sie am Leben. Der neue König verfügte bald über die gesamte Macht; die Priester wußten, warum sie ihn »gewählt« hatten. Thutmosis III. ließ eine große Zahl von Tempeln errichten, führte viele Kriege und gilt als einer der größten Pharaonen dieser Epoche.

Ein starkes Ägypten konnte es sich auch erlauben, mit anderen Ländern Freundschaftsbande zu unterhalten. Etwa 380 Tontafeln, in babylonischer Keilschrift beschrieben, beweisen es; sie waren die Korrespondenz babylonischer Fürsten mit den Pharaonen. Wir erfahren zum Beispiel aus ihnen, daß eine Prinzessin aus Mitanni Gemahlin eines Pharaos geworden ist und daß andererseits auch eine ägyptische Prinzessin nach Asien heiratete. Man liest Namen wie Taduchipa, Tuschratta und Schutarna. Die Prinzessin Giluchipa brachte als Brautgeleit 317 Frauen und Dienerinnen nach Ägypten mit. Durch diese Heiraten wurde der Handel gefördert, vor allem der mit Gold und Weihrauch. Weihrauch und anderes Räucherwerk lieferten die Länder am Indischen Ozean. Man brauchte ihn für den Götterkult.

Weihrauch, Gold und Myrrhen brachten laut der Bibel die Weisen aus dem Morgenland als Zeichen ihrer Verehrung dem Jesuskinde dar. Sie gehörten zu den köstlichen Dingen, die Salomo von seinem Geschäftsfreund, dem Pharao, bezog und zum Erstaunen der strengen Juden in Jerusalem in großen Mengen einführte.
Als wichtigster Ausfuhrartikel der Ägypter ist das Leinen zu nennen. Sie hatten frühzeitig mit dem Anbau des Flachses begonnen, da sie selbst großen Bedarf dafür hatten: weißes Linnen war das Material der Kleidung für Priester und Fürsten, und beträchtliche Mengen brauchte man für die Mumifizierung der Toten.

PHARAO ECHNATON

Während der drei Hauptperioden der altägyptischen Geschichte, vom Jahre 3000 v. Chr. bis zu Alexander dem Großen, 332 v. Chr., regierten ungefähr dreißig Dynastien und 295 Pharaonen, die alle dem Polytheismus, der Vielgötterei, ergeben waren.
Ein einziger Herrscher bildete eine Ausnahme: Amenophis IV. aus der 18. Dynastie, mit seiner Gattin Nofretete. Amenophis wollte das von seinem Vater eingeleitete Reformwerk vollenden, indem er den bisherigen Religionskult verwarf. Er ersetzte den Amunkult durch die alleinige Verehrung des Sonnengestirns Aton. Folgender Hymnus an die Sonne wird ihm zugeschrieben:

Dein Aufleuchten ist schön am Rande des Himmels,
Du lebender Aton, der zuerst lebte!
Wenn du dich erhebst am östlichen Rande des Himmels,
So erfüllst du jedes Land mit deiner Schönheit.
Denn du bist schön, groß und funkelnd, hoch über der Erde;
Deine Strahlen umarmen die Länder und alles, was du gemacht.
Du bist Ré und hast sie alle gefangengenommen;
Du fesselst sie durch deine Liebe.
Obwohl du fern bist, sind deine Strahlen doch auf Erden;

Obwohl du hoch oben bist, sind deine Fußstapfen der Tag!
Du bist es, der den Knaben in den Frauen schafft,
Der den Samen in den Männern gemacht hat;
Der dem Sohn Leben gibt im Leibe seiner Mutter.
Der ihn beruhigt, damit er nicht weine,
Du Amme im Mutterleibe.
Der Atem gibt, um alles zu beleben, was er gemacht hat!
Kommt er heraus aus dem Leibe, am Tag seiner Geburt,
So öffnest du seinen Mund zum Reden,
Du schaffst ihm, wessen er bedarf.
Du machst Jahreszeiten, um alle deine Werke zu schaffen.
Den Winter, um sie zu kühlen,
Und ebenso auch die Hitze (des Sommers).
Du hast den fernen Himmel gemacht, um an ihm aufzugehen.
Um alles zu schauen, was du gemacht hast,
Während du allein warst,
Erstrahlend in deiner Gestalt als lebender Aton,
Aufdämmernd, strahlend, dich entfernend und wiederkehrend.

Zahlreiche Texte altägyptischer Schreiber sind in dichterischer Form gehalten. Doch ist es oft recht schwierig, die Prosa von der Poesie zu unterscheiden. Amenophis IV., genannt Echnaton, der Verfasser dieses Hymnus, konzipierte die Idee des Weltherrschers als des Schöpfers der Natur, der allen seinen Werken Liebe entgegenbringt. An einer anderen Stelle nannte der König Gott Aton »Vater-Mutter von allem, was er gemacht hat«; seine Vorstellung von der Güte des Allvaters erinnert an die Worte dessen, der uns das Beispiel von den Lilien auf dem Felde gegeben hat.
Amenophis forderte, daß man die Macht und Herrschaft der Sonne über die ganze Welt anerkenne und von der väterlichen Fürsorge für alle Menschen ohne Unterschied überzeugt sei. Er erteilte den stolzen Ägyptern eine gewaltige Lektion, indem er auf die allumfassende Liebe des gemeinsamen Vaters hinwies und in seiner Aufzählung die besiegten Syrier und Nubier an erster Stelle erwähnte.
In einer von Vielgötterei, Kriegen und Grausamkeit geprägten Epoche zeichnete sich der revolutionäre junge König durch einen bemerkenswert tiefen Geist aus. Statt sich an die Spitze seiner Armee zu stellen und Kriege zu führen, vertiefte er sich in seine umwälzenden Ideen. Er verkehrte viel mit philosophierenden Prie-

stern. Seine Ideale und Ziele machten aus ihm den denkwürdigsten aller Pharaonen und den ersten Reformator der Menschheit. Er wirkte aber nicht nur auf dem Gebiet der Religion und Kunst revolutionär, sondern brachte auch die gesamten Anschauungen seiner Zeit zum Umsturz. Er war bestimmt kein Träumer oder Schwärmer, in seinem zarten Körper wohnte eine glühende Seele. Wer mit solchem Mut und solcher Konsequenz gegen die geistige Struktur des alten Ägypten ankämpfte, konnte kein Phantast sein, sondern war ein Revolutionär und Sozialist von heroischen Ausmaßen.
Amenophis IV. sah in dem Heer der Amunpriester Fetischanbeter, Händler mit Zauberbüchern und heiligen Käfern. Außerdem waren sie mehr Krieger als Theologen. Ein Priester, der im Waffengeklirr und Blutvergießen den Willen Gottes sah, war ein Antipode des Göttlichen. Alles, was die Priester taten, war im Aberglauben gelandet und zu einem kindlichen Spiel mit mißverstandenen Symbolen geworden. In einem Dekret forderte der Pharao die Priester zur Umkehr auf; denn die Lehre Gottes wurzelt nur in der Wahrheit und Liebe. Das Dekret wurde wenig beachtet. Eines Tages mußte ein Priester festgenommen werden, der schwer gegen dieses verstoßen und außerdem einer armen Frau ein »Totenbuch« teuer verkauft hatte, das sie ihrem Mann mit ins Grab geben wollte. Der Priester, ein Neffe des Hohenpriesters Bekanchos, wurde vor ein Gericht gestellt, zum Tode verurteilt und hingerichtet. Dieser Fall brachte den Stein ins Rollen; Ägypten geriet in Bewegung.
Es ist im Jahre 1370 vor der Zeitenwende. Im Säulensaal drängen sich die Würdenträger des Reiches. Hoheitsvoll sitzen der Pharao und seine Gemahlin Nofretete auf dem Thron, zur Seite steht Haremheb, der Kommandeur der Garde. Auf den Gesichtern der Versammelten liegt gespannte Erwartung. Den Würdenträgern gegenüber steht der Hohepriester Bekanchos neben anderen Priestern. Der König verkündet:
»Ägypter! Seit ich die Krone trage, prüfe ich alles Vorhandene. Unser Volk ist befangen im Götzendienst und huldigt einem Heer von Göttern unter Amun, dessen Hoherpriester Bekanchos ist. Ich aber erkläre, es gibt keine Gottheit, die durch Blut und Totschlag und Opferhandlungen geehrt werden will; wendet euch ab von dem Götterkult. Es gibt nur einen Gott, der über allem schwebt und unser Schicksal lenkt. Unser Gott ist Aton! Gott in der Sonne, die Sonne selbst, die alles erhält. Entsagt Gott Amun und seinen Göt-

zen und folgt meiner Lehre. Laßt uns gleiche Menschen sein, bevor uns der Tod gleichmacht. Die Priesterschulen sind geschlossen, die Priester waren niemals Diener Gottes. Ihre Lehre ist eine Irrlehre und abzulehnen!
Ich schließe alle Amuntempel, die Einnahmequellen der Priester. Ich beschlagnahme ihre Werften und Schiffe, Werkstätten und Steinbrüche, alle Ländereien und Kornspeicher und alles Vieh der Priester, die in Jähzorn und Herrschsucht ein Staat im Staate sind. Die Priester sind jetzt anklagbar und können vor ein Gericht gestellt werden. Alle Semiten, die aus Babylon gekommen sind und verwerfliche Sitten in Ägypten einführten, sind des Landes verwiesen.«
Dergleichen hatte bisher kein Pharao zu sagen gewagt. Grimmig starrten deshalb die Priester vor sich hin. Da tritt der Hofmarschall vor und fährt laut ergänzend für den König fort:
»Der Pharao läßt weiter verkünden, daß er Theben, die Stadt der Götzen, als Hauptstadt für unwürdig erklärt und in Amarna eine neue Residenz errichten läßt zur Ehre des Gottes Aton, der Sonne. Zum Zeichen seiner Ergebenheit für Aton hat der Pharao beschlossen, seinen Namen zu ändern, Echn-Aton wird er sich zur Ehre des Einen Gottes nennen. Wer dem Pharao folgen will, ist willkommen und findet in Amarna freundliche Aufnahme und eine neue Stätte.«
Im Reichstempel des Amun brachen Unruhen aus. Priester mußten sich schützend vor ihre Götter stellen. Soldaten verweigerten den Offizieren den Gehorsam, das Gesindel plünderte hier und dort, berauschte sich und zog johlend in die Harems der Vornehmen und vergewaltigte dort alle Frauen. Aber die Ruhe schien bald wiederhergestellt. Noch in der Dämmerung des nächsten Morgens erschallen laute Signale silberner Trompeten, sie künden damit weithin den Auszug des Königs an. Die Tempel des widderköpfigen Gottes Amun, Straßen und Plätze wimmeln von erregtem Volk. Einige haben die Königin Nofretete gesehen, wie sie ohnmächtig in die Barke ihres Gatten getragen wurde, andere streiten über den neuen Namen des Königs. Echnaton heißt er jetzt, der vorher Amenophis IV. hieß. Das bedeutet den Abfall vom alten Gotte Amun, unter dessen Antlitz Ägypten groß geworden ist, bedeutet Hinwenden zum neuen Sonnengotte Aton, in dessen Namen der König eine neue Stadt und einen Sonnentempel errichten will.

Die königliche Flotte hatte abgelegt, auf einer Barke wehte die Standarte des Königs. Im verlassenen Palast blieb Teje zurück, die Mutter des Königs; ihre Getreuen haben sie verlassen und eine Barke des Königs bestiegen. Sie ahnte ihren Tod und das Ende des Reiches. Schon ihr Gemahl Amenophis III. hat sich um Syrien nicht gekümmert. Nun aber bereitet sich das mächtige Hethiterreich vor, Ägypten langsam zu zerstören.
Von dieser Sorge bleibt der junge König unberührt. Der Strahl des Unendlichen hat ihn getroffen, er ist gleichsam blind geworden für die Wirklichkeit, weil er zu lange in die Sonne schaute, diese neue Gottheit, die keine anderen Götter neben sich duldet.
Er ist der verzückte Dichterkönig mit den schweren Augen, den die Diener öfters in den Palast trugen, wenn er, von einer hinfallenden Krankheit getroffen, Verse lallend in den Mohnfeldern zusammengebrochen ist. Er hat sich entschlossen, die vielen Götter seines Volkes zu stürzen, auch die Göttinmutter Mut. Im reingefegten Himmel ist nur noch Aton zu verehren, der »im Lichtberg Jubelnde«, dessen Strahlenhände »die Millionen Leben, die in ihm sind«, sich seinem auf Erden lebenden Sohne Echnaton mitteilen, dem Lenker seines Volkes.
Die Gewalt jenes Aufbruches, der die Formen des bisherigen Lebens völlig umkehrte, war ohnegleichen. Ganz Ägypten befand sich im Aufruhr. Kein Volk war durch Priesterkunst so mit seinen Göttern verwachsen gewesen wie das ägyptische. Zeremonien, Gebete, Waschungen, auch die kleinste Handbewegung stand im Banne religiöser Gebundenheit; unlöslich schien die Verflechtung mit den Göttern. Diese Verbindung wollte Echnaton durchschneiden. Eine einzige geistige Bahn nur sollte hinauf zu Aton führen, der Sonnenscheibe, der einfachen, schlichten Verkörperung der neuen Lehre. An Stelle der Furcht sollte Vertrauen, statt der Angst vor dem Jenseits die Freude am Diesseits treten. Denn Aton war der Gott der Liebe und des Friedens, Herr des Schicksals, Quell des Überflusses und der Fruchtbarkeit, der das Leben schafft, alle Unterdrückten das Lachen lehrt und ihnen die Freiheit bringt. Er hört das Kücken im Ei, wenn es an die Schale pocht, und hilft dem Kinde der Menschenmutter aus dem Schoße.
Wenn Aton strahlt, hüpfen die Menschen vor Freude. Die Vögel in der Luft, die Tiere auf der Erde und im Meer streben zu ihm. Der Mensch soll in der Wahrheit leben, in Einfachheit, wie der König

selber, der sich im ketzerischen Gegensatz zu seinen Vorfahren unter das Volk mischt und sich von den Künstlern abbilden läßt, wie er Nofretete und die Töchterchen auf dem Schoße hält und herzt. Dichterisches Denkmal des neuen Lebens ist der unsterbliche Sonnengesang, der ebenfalls Echnaton zugeschrieben wird. Seine Verse atmen frische unmittelbare Lebendigkeit.

Die Erde wird hell, wenn du im Lichtberg aufgehst:
Wenn du als Aton am Tage strahlst,
Sind die beiden Länder voll Freude.
Sie wachen auf, sie springen auf die Füße,
Denn du hebst sie auf.
Sie waschen sich und werfen die Kleider um,
Ihre Arme singen Lob deinem Glanze.
Das ganze Land antwortet dir mit seiner Arbeit:
Das Vieh freut sich des Grases,
In grünen Bäumen und Halmen
Flattern die Vögel,
Ihre Flügel preisen dich,
Und die Lämmer hüpfen,
Sie leben, weil du für sie aufgingst.
Stromauf und stromab fahren die Schiffe,
Die Wege tun sich auf, weil du leuchtest,
Die Fische im Strom springen vor dir her,
Tief ins Meer dringen deine Strahlen.

Echnatons dreieinhalbtausend Jahre alte Verse sind lebendigster Ausdruck der jugendlichen Verzückung des Königs. Sie breitete sich in der neuen Stadt aus und in der neuen Kunst.
Welcher Gegensatz zum bisherigen Ägypten! Amenemhet I. hatte seinem Sohn noch das bittere Vermächtnis hinterlassen: »Liebe keinen Bruder, kenne keinen Freund! Die mein Brot aßen, empörten sich gegen mich!«
Jetzt aber, im Reiche Echnatons, gelten Schönheit, Wahrheit, Natur. Nofretetes schlanker Hals und ihr Kopf in der Königshaube blühen unter dem Meißel eines Künstlers hervor. Reliefbilder des Königspaares werden »natürlich«. Man nimmt zum ersten Male Gipsabgüsse von lebenden und toten Menschen ab. Zum ersten Male sieht man eine »richtig« gezeichnete Hand, die sich im Gelenke

abbiegt, zum ersten Male erhält ein von außen gesehener Fuß die ihm zukommenden Zehen, zum ersten Male treten die oberen und unteren Zeichnungen auf einer Grabwand zueinander in Verbindung.

Maler und Bildhauer konnten sich frei entfalten, denn auch auf diesem Gebiet war der Priesterwille gebrochen. Es ist, als hätte der Geist der Natur selber die alte Starre aufgelockert und die Welt sich angeglichen. Amarnas Kunst ist freilich nur das Ende einer allmählichen Entwicklung, die sich schon vorher, besonders aber unter Echnatons Vater, ankündigte. Doch der Aufbruch aus Theben und die neuen Bauten in der »Stadt des Horizontes« beweisen, daß die Knospe nun zur Blüte aufgebrochen war. Die teilweise erhaltenen Fußbodenmalereien aus dem Königspalast von El Amarna sind ein Zeugnis dafür.

All diese Mohnblüten, Cyprus, Papyrus, Lattich, Cruciferen und Kornblumen, die Palmen, Feigen und Winden, die Rinder, Kälbchen und fliegenden Enten, von den Malern ohne Skizze in Tempera auf den sonnengelben Grund aufgetragen, entspringen wohl gutem ägyptischem Handwerksboden und haben auch ihre Vorbilder; aber sie erscheinen dem Auge wie von der Natur selbst hingehaucht. Lebhafter bewegen sich die Tiere, die Farben sind bunter und freudiger, vor allem aber verwenden die Maler jetzt häufig gebrochene Töne, die man im Alten und Mittleren Reich nicht gekannt hatte.

Selbst konservative Betrachter gestehen den Malern von Amarna zu, daß sie eigene Wege gingen. Möglicherweise waren die Künstler von kretisch-mykenischen Vorbildern beeinflußt, wenn sie auch dort nur umgebildet vorfanden, was die ägyptische Kunst selbst einmal als Anregung nach Kreta gegeben hatte. Entscheidend bleibt der geistige Unterschied. Kretische Kunst ist hitziger, erotischer, raffinierter und eleganter als die kindhaft »wahre«, naive Kunst von Amarna, die ganz dem Geiste des jungen Königs entsprang.

Es ist ein paradiesischer Glaube, den Echnaton predigt. Auch der Löwe und die Schlange sind darin nicht vergessen; sie verlassen ihr Lager indessen nur, wenn Atons Sonnenscheibe hinter dem Horizont versunken ist. Dann allerdings bleiben sie, im Gegensatz zum christlichen Paradies, in ihrer Natur als Kinder der unschuldigen Wildnis.

Aber Echnaton beschränkte sich nicht darauf, seine Lehre nur zu predigen. Mit Fanatismus ging er daran, die alten Götter auszurotten. Hier wurde der lyrische Sänger der Natur zum erbarmungslosen Bilderstürmer. Er setzte Amun und seinen Götterstaat nicht nur theoretisch ab, er schickte seine Krieger anstatt gegen den Reichsfeind in die Tempel und in die Gräber und ließ die Sinnbilder, Namen und Zeichen der Götter ausmeißeln. Nichts mehr sollte im Zeitalter des reinen Lichtes an die dunklen Mächte der Vergangenheit erinnern!

Es liegt nahe zu glauben, daß Echnaton, besonders als er Göttin Mut stürzte, Rache an den Göttern nahm, die Nofretete den Sohn verweigerten. Sie schenkte ihm nacheinander nur Töchter, sechs an der Zahl; um ihr adeliges Haupt webt deshalb Trauer. Vielleicht nahm er auch Rache an dem Dämon, der ihn in seinen Anfällen schüttelte. Zu Sängern in Atons Tempel bestellte er Blinde.

Die Blindheit für die Umgebung und die Notwendigkeiten des Reiches werden langsam dem König zum Verhängnis. Wenn Unglücksbotschaften aus den aufrührerischen Provinzen eintreffen, vertraut er nur auf Aton – was kann Widriges geschehen, wenn Aton herrscht? Vergeblich rufen die bedrohten Städte seine Hilfe an. Wenn sein Land nur erst einmal völlig an Aton glaubt, wird alles gut werden. So kämpfte er weiter gegen die Götter. Nofretete, die Schöne, Tochter eines Priesters, liebt ihren Gemahl über alles, versteht ihn am besten und fällt oft ein in den Gesang:

Aton, du bist glänzend, licht und stark!
Aton, deine Liebe ist groß und gewaltig!

Schlicht und einfach ist Nofretete, wie ihr Gemahl. Er hatte dem Volke das Knien vor ihm verboten, und in gleicher Volkstümlichkeit wollte auch Nofretete verbleiben. Im Volke mit dem Volke, aus dem sie gekommen war, nicht königlichen Blutes, und trotzdem von Echnaton in Liebe verehrt, war sie sein Glück und seine Liebe. Beide lebten in glücklicher Ein-Ehe, der Harem des Pharao war aufgelöst. Das gleiche erwartete er von anderen.

Anders dachte seine Mutter, die verwitwete Königin Teje, die ebenfalls nach Amarna gekommen war, die Tochter des Priesters Juja und seiner Gemahlin Tuja, deren Ehegrab der Amerikaner Davis 1902 in Theben entdeckte. Nun war sie in Sorge um die alten Götter und ihre Priester. Ebenso Haremheb, der Offizier, ihr Vertrauter.

Nofretete hatte manches gehört und war um Echnaton besorgt. Das Volk liebte ihn zwar, aber nicht die alten Priester und die Klasse der

Besitzenden. Sie allein glaubten religiös zu sein, weil man in die Tempel lief, weil Wahrsager, Zeichendeuter, Hellseher, Spiritisten und Geisterbeschwörer dominierten und die Menschheit in ihren Bann brachten.

Echnaton jedoch sagte: »Es gibt nur einen Gott, was da webt und lebt, sind seine Offenbarungen, alle anderen Götter sind falsche Götter.« Er schloß viele Tempel, die nur noch den Charakter sakraler Bordelle hatten; er versuchte die Geister zu entwirren, indem er sie zur Klarheit, Vernunft und Tätigkeit erziehen wollte. Schließlich schaffte er das ewige Zeremoniell bei Hofe und in der Religion ab, um das Menschentum nicht im Formelkram zu ersticken. Rechter Lebenswandel sei Gottverehrung, nicht Prozessionen, deswegen verbot er Umzüge.

Echnaton wollte ein Weltjahr abschließen und ein neues beginnen lassen, in dem alle Menschen Brüder sind. Erkenntnis der Wahrheit und Gerechtigkeit genügten ihm nicht, er wollte für die Menschen den Himmel auf Erden, einen Himmel, der das Signum menschlicher Baumeister trägt. Er liebte die Menschen in Gott, und Gott im Menschen. Er lebte karg. Er ließ alle Sklaven frei. Er rief allen Armen, Lastträgern und Dienern zu, sie sollten für Aton kämpfen, denn sie hätten ja nichts zu verlieren, der Sieg Amuns wäre weiterhin Knechtschaft, Armut, Finsternis und Tod . . .

Echnaton rief ihnen zu, sie sollten sich nicht länger auf Gesetze und Versprechungen der Priester und Vornehmen verlassen, sie müßten sich jetzt Volksgesetze geben, in denen die menschliche Gerechtigkeit obwalte und alle Menschen zu Brüdern mache. Zur Bruderschaft würden alle jene finden, deren Schweiß und Tränen in den Steinmühlen so reichlich geflossen wären, die nie im Leben eine Blume gesehen hätten.

Das primitive Dasein und die Armut der Fellachen war unbeschreiblich. Die Frauen hatten gewöhnlich zwölf Kinder und mehr, von denen nicht die Hälfte lebensfähig war. Echnaton rief den Müttern zu, sie sollten nur zwei Kinder haben und damit glücklich werden, anstatt mit vielen zu hungern und zu darben. Echnaton ließ alle Urteile der Bestraften überprüfen, wurde ein gerechter Richter und befreite auch sie. Ja, sogar den Tieren ließ er Schutz und Gerechtigkeit widerfahren. Im Fischestechen und Fangen der Vögel sah er Tierquälerei und verbot sie deshalb. Ebenso verbot er das qualvolle Schächten der Schlachttiere. Lasttiere, denen in Bergwerken und

Steinbrüchen ein besonders hartes Dasein beschieden war, wurden abgelöst, auf die besten Weiden geschickt, und viele bekamen das Gnadenbrot. Was Echnaton sich und den Seinen wünschte, das wünschte er allen Menschen und aller Kreatur.
Echnaton fügte seinem Namen immer die Worte hinzu: »Der von der Wahrheit lebt.« Wir sehen, daß dies keine Phrase ist. Er stellte alle kostspieligen Bauten ein und baute dafür zahlreiche Volkswohnungen. Esel und Ziege durften nicht mehr, wie bisher, mit Menschen im gleichen Raum hausen. Jede Wohnung hatte ihre Kochstelle, bisher kochte man vor der Hütte. Zu jeder Wohnung gehörte ein Abort, bisher verrichtete man oft seine Notdurft am Straßenrand. Sogar die Baumeister mußten mit den neuen Wohnungen fürliebnehmen. Nach Mitteilung der *Egypt Exploration Society* war das die erste Arbeitersiedlung der Weltgeschichte, man fand sie in Amarna.
Echnaton führte eine Revolution ohne Blutvergießen durch. Er löste die Armee auf und erklärte den Soldatenstand zum niedrigsten. Er zahlte keinen Sold mehr; wer weiterhin dem faulen Soldatenleben nachging und nicht arbeiten wollte, mußte betteln, hungern und entbehren. Echnaton lehrte: Kriege sind nicht gottgewollt und Waffen keine Werkzeuge Gottes; sie sind die Ausgeburt frivoler Tyrannen. Von Gott kommen nur Harmonie und Frieden.
Nun lehnten sich die eroberten Länder auf. Echnaton ließ ihnen sagen, Gott Aton dulde keine Knechtschaft, das Imperium sei deshalb aufgelöst. Als erstes sei Syrien frei, aus dem alle Laster und Huren nach Ägypten gekommen waren. Jeder Ägypter wurde im Ausland als Unterdrücker angesehen, die einzigen guten Ägypter wären die toten Ägypter.
Die unterdrückten Völker hatten gemurrt, weil sie den ägyptischen Kommissaren Steuern zahlen mußten und diese obendrein die Mädchen vergewaltigten. Das sollte nun aufhören, Ägyptens Ruf müsse wieder rein sein. Echnaton rief deshalb alle Besatzungstruppen und Gouverneure zurück, die er mit Heuschrecken und mit gemeinen Dieben verglich.
Gott Amun war reich gewesen, alles fruchtbare Land gehörte seinen Tempeln. Echnaton schaffte das Eigentumsrecht mit einem Federstrich ab und gab das Land den Bauern und Pächtern. Auch die Reichen mußten ihr Land bis auf ein kleines Stück abtreten und Steuern zahlen, ihren bisherigen Sklaven mußten sie gute Behandlung und

verdienten Lohn garantieren. Alle Ärzte waren angewiesen, in den Elendsquartieren nach dem Rechten zu sehen. Ja er ließ diese sogar räumen und die Bedauernswerten bei Wohlhabenden unterbringen.

Wer Amuntempel schändete und auf ihre Altäre tote Hunde und Katzen warf, wurde nicht bestraft. Wer Sakrileg beging und den Tempeln ihre goldenen Opfer- und Altargeräte entwendete, wurde ebenfalls nicht bestraft. Alte Menschen, die das Neue nicht fassen konnten und aus Glaubensfanatismus oder Gewohnheit weiterhin Opfer und Speisen nach den Tempeln brachten, machten sich lächerlich und wurden daran gehindert. Verfolgt aber wurden jene, die es wagten, einen Priester bei sich aufzunehmen, denn diese sollten endlich eine nützliche Arbeit leisten. Die Steuereintreiber bekamen Stockhiebe, wenn sie dem Volke zuviel Getreide und Vieh abgenommen hatten. Ebenso erging es den Richtern, die unrecht urteilten und bestechlich waren.

Echnaton erließ ein weiteres Dekret: ohne Arbeit dürfe niemand mehr reich werden, das verstoße gegen die neue Weltordnung, denn Aton sei ein Gott der Gerechtigkeit. Echnaton nahm den Tempeln alles Gold und ließ es zugunsten der Armen nützlich anwenden. In den Wohlhabenden sah er Parasiten, die den Volkskörper quälten wie Ungeziefer im Fell eines Tieres.

Das Betteln war nun verboten, wer trotzdem Almosen spendete, wurde bestraft. Allen Armen sollte jetzt das Brot der Gerechtigkeit in Liebe zuteil werden. Niemand wollte mehr den Sterndeutern oder jenen vertrauen, die meinten, sie könnten den Vogelflug deuten und das Gras wachsen hören. Die Not der Menschen falle als Schande auf den Staat zurück.

Echnaton ließ aber alle Umkehr in Güte geschehen und wollte kein Blutvergießen, über allem stand Aton – die Liebe. Ein Fehler war, daß die Masse der Unterdrückten mit ihrer plötzlich erhaltenen Freiheit nichts anzufangen wußte; es fehlten ihr Führer, ein fester Zusammenhang und ein Ziel. Die Freiheit festigen und verteidigen, dafür fehlte ihr das Verständnis. Sollten sie jetzt Lesen und Schreiben lernen, murrten sie und zeigten keine Lust; lieber gab man sich dem Nichtstun hin und ahmte das Leben der Reichen nach. Das Volk wollte sich auch einmal austoben und ergab sich einem leichten Lebenswandel. Besonders die Frauen wollten »fein« sein und schminkten sich deshalb mit grünem Malachit, puderten und salbten

sich. Ihre Kleider glichen denen der Vornehmen: Oberkörper frei, vom Nabel abwärts bis zum Knie kurz und so geschlitzt, daß sie anstößig wirkten.
Anders verhielt sich die Gegenseite, an ihrer Spitze die Aristokratie und das Heer der Priester. Echnaton hatte ja nur Gott Amun abgesetzt und seine Tempel geschlossen, die übrigen Götter würden selbst fallen und das Volk zu Aton eilen. Das war ein Irrtum. Die Priester konnten deshalb nach Vorbereitungen zum Gegenschlag ansetzen. Mit Helfershelfern gab man den Bauern weniger Saatgetreide und verteuerte es dadurch. Damit sabotierten sie die Ernährung und lösten Unzufriedenheit aus. Echnaton hatte untersagt, den Toten Weihrauch zu weihen. Alle Schiffe, die Räucherwerk und Öle aus Punt holten, lagen still. Schiffer ohne Verdienst aber sind unzufrieden; den Priestern war es recht. Einst hatten die Priester dafür gesorgt, daß durch Wallfahrer und Opfergaben Geld in die Kassen der Geschäftsleute floß. Das hörte nun auf und brachte ebenfalls Unzufriedenheit. Die Tribute aus Syrien blieben aus, und die Goldquellen aus unterdrückten Ländern versiegten. In der »Totenindustrie« hörte das teure Einbalsamieren auf, und die vielen Totengeschenke waren auch nicht mehr gefragt. Das erhöhte die Zahl der Unzufriedenen. Das alles wußten die Priester zu nutzen und schürten das Feuer.
Zauberer und Wahrsager taten im Dienste der Priester ein übriges und verkündeten dem Volke große Nöte: Erdflöhe, Frösche, Mäuse, Schnecken, Heuschrecken, Stechfliegen, faules Wasser, Trockenheit und Staub. Das alles würde kommen, weil Gott Amun entehrt sei. Das war denn doch zuviel. Eines Tages begehrte jener Teil des Volkes auf, der gegen Aton und für Amun war. Es kam zu blutigen Kämpfen.
Es hatten sich zwei Gruppen gebildet, die Amunpartei, angeführt von Aristokraten und Priestern, und die Atonpartei. In dieser hatten sich alle Sklaven, Träger und Diener, die nichts zu verlieren hatten, gesammelt. Nun kam ihnen die Erkenntnis, daß ihre Freiheit in Gefahr war, daß sie wieder Knechtschaft, Krankheit und Tod erleiden würden, wenn Gott Aton unterliege.
Die Priester hatten zum heiligen Krieg aufgerufen, aus Verstecken Gott Amuns teilten sie Waffen aus. Kriegsgewohnte Neger und Schardane hatten sich durch Versprechungen und reichlichen Lohn für Gott Amun entschieden. Für ihn kämpften auch Besitzende,

Geschäftsleute, Geldwechsler, die Eunuchen, Tempeldiener und Schreiber.
Noch eine andere Gruppe sei erwähnt: der Pöbel. Er plünderte, wo es möglich war, die Kornspeicher, die Weinkeller, und da die Harems aufgelöst waren, wurden Frauen und Mädchen vergewaltigt, wo man ihrer habhaft werden konnte. Der Pöbel kannte weder Treue noch edle Ziele; Ägypten verfiel wieder in Klassenhader, und der Haß war grenzenlos.
Hütten und Häuser brannten lichterloh. Auf den Straßen häuften sich die Leichen, die man kurzerhand in den Nil warf.
Revoltierende Neger in Soldatenkleidung zogen disziplinlos durch die Straßen. Auf ihren Speeren trugen sie die glattrasierten Häupter der erschlagenen Priester. Viele Menschen sahen in solchem Geschehen das Ende einer schlechten Zeit, andere wieder wandten sich mit Schaudern von diesen Dingen ab. Echnaton verachtete den Bruderkrieg und ermahnte zur Vernunft. Er saß dreißig Tage auf den Trümmern seines Reiches und schlug klagend die Harfe, weil Fürsten und Priester das Land an den Feind verrieten.
Echnaton führte eine Politik der Milde und der Gerechtigkeit. Wir können sagen, daß er der erste Pazifist der Menschheit gewesen ist, wie 1 300 Jahre später Jesus und in der Neuzeit Mahatma Gandhi. Aber seine Güte war zugleich seine Schwäche und das Ende seines Systems.
Selbst die Getreuen seiner Umgebung wandten sich ab, auch Nofretete; die einst so glückliche Ein-Ehe war zerrüttet und fiel auseinander. Ihr folgte sein Schwiegervater, der Priester Eje. Er hatte einst der Amunreligion entsagt und war Echnaton gefolgt. Nun, da die Sache verloren schien, verließ er seinen König. Ebenso der Hofmarschall und die Wesire; alle hatten an der Seite ihres Königs den Jubel des Volkes miterlebt, nun verließen sie ihn wie Ratten ein sinkendes Schiff. Der Wesir Tutu paktierte sogar mit dem gefährlichen Fürsten Aziru. Obwohl dieser dem bestürzten Pharao immer wieder seine Treue schwor, wie es Keilschriftbriefe bekunden, beging er Verrat.
Auch der Leibarzt wußte eine »Schwenkung« vorzunehmen, ja er wurde sogar zum Verräter, denn eines Tages reichte er auf Priestergeheiß seinem König eine »Medizin«. Es war Gift! Des Sterbenden letzte Worte waren: »Das Reich des Ewigen findet keinen Platz innerhalb irdischer Grenzen. Alles wird wie früher. Furcht, Haß und

Ungerechtigkeit werden wieder die Welt regieren und die Menschen werden wieder leiden müssen. Es wäre besser, ich wäre nie geboren, um alles Böse, das auf Erden geschieht, nicht gesehen zu haben.«
Vor den Amuntempeln brüllten wieder Menschen wie das Vieh, denn Priester hatten verkündet: Gott Amun hat gesiegt! Adel, Priester und Militär leiteten jetzt einen Sturm der Rache und Vergeltung ein. Viele Menschen wurden hingerichtet, und die Sklaven mußten wieder Steine für die Göttertempel brechen. Von der sozialen Gerechtigkeit eines Echnaton, der nur 19 Jahre regiert hat, war nichts übriggeblieben. Dem Volk bot man wieder bunte Prozessionen; Götter und Reliquien wurden wieder geehrt; wer sich widersetzte, verfiel der Feme. Priester verkündeten wieder Orakelsprüche. Aus der himmlischen Schrift der Sterne konnten sie ablesen, was auf Erden geschah. Gott Amun wollte wieder den Harem, den Echnaton hatte schließen lassen. Priester beeinflußten wieder Handel und Wandel, ein Hoherpriester wurde Befehlshaber der Armee, die nun wieder gegen andere Länder zog. Die Reichen hatten wieder Vertrauen und hinterlegten in den Tempelgewölben ihr Gold. Was aber Priestern und Steuereinhebern nicht zur Kenntnis gelangen durfte, behielten sie in privatem Gewahrsam zurück. Aus Atons Sonnentempel wurde ein Amuntempel. Und nicht zuletzt: ein neuer Pharao wurde wieder zum höchsten Gott ernannt. Viele Arme und Sklaven aber verfluchten Amun, weil er sie hatte geboren werden lassen.

Wer von der Glaubenslinie abgewichen war, wurde als Ketzer in Acht und Bann getan; denn die Priester waren wieder in ihrem Element, urteilten, straften und töteten. Da wurden Menschen gekreuzigt, gehängt, verbrannt, bis zum Kopfe lebendig eingegraben, in Sonnenhitze angepfählt, bis sie verdursteten. Alles geschah in großen Schauprozessen, alles im Namen des Gottes Amun. Hysterische Menschen oder solche, die sich bei den Priestern in Gunst bringen wollten, mißhandelten die Todgeweihten, mißhandelten noch ihre Leichen. Wer sich aber in menschlichem Mitleid abwandte, lief Gefahr, selbst als Ketzer betrachtet und verfolgt zu werden.

Die Atonreligion hatte ihre Blüten getrieben; aber sie währte nur kurze Zeit. Der religiöse Reformator mußte sterben, sein Name wurde ausgetilgt. Man verweigerte dem »Ketzer« sogar ein standesgemäßes Grab.

Aton aber lebte im Geiste weiter bei all den vielen, die wieder Geißelhiebe bekamen, die durch Geburt das Los der Armen und Sklaven gezogen hatten, das Geschlecht der Geknechteten, der Weinenden, der vielen Menschen ohne Sonnenschein. Nach 3300 Jahren drangen Forscher in die morsche Grabkammer und entzifferten das Gebet des Königs, das zu Füßen des schlichten Sarges in Hieroglyphen der Nachwelt überliefert wurde:

»Ich atme den süßen Atem wieder, der aus deinem Munde kommt. Ich sehe deine Schönheit Tag für Tag. Mich verlangt, deine sanfte Stimme zu hören, die aus der Kühle des Nordwinds weht ...«

Das Schicksal will, daß Friede, Freiheit und Wahrheit erkämpft und mit dem Einsatz des Lebens verteidigt werden. Auf diesem Grundsatz ruht der Bestand der Welt bis auf den heutigen Tag. Sowenig Macht ohne Kultur bestehen kann, so flüchtig verweht Kultur ohne die sichernde Macht. Die Sanddünen der Wüste, die vor 3350 Jahren einen schönen Traum begruben, zeugen für die Unerschütterlichkeit dieses Gesetzes.

Dieses Kapitel soll nicht abgeschlossen werden, ohne nochmals des Dichters Echnaton zu gedenken. Amenophis, Echnaton, Yech-enyeten = Geist der Sonne, schenkte der Nachwelt unter anderem auch folgendes Gedicht:

Lebende Sonne, wie steigst du am Himmel in unendlicher Schönheit allmorgendlich über die Erde! Alle Länder, die du geschaffen, umfaßt du in Liebe. Du bist Gott! Du bist Ré!
Du bist fern, doch deine Strahlen befruchten die Krume. Und der Halm sprießt, wenn du den Boden geküßt.
Sonne, du gabst uns den kühlenden Winter. Du schufst den Sommer, der uns die Frucht und das Leben bringt und den ackernden Bauern, daß sich die Menschen ernähren von dir!
Siehe, die Menschen erheben die Hände. Sie beten, wenn du erwachst, wenn du erscheinst aus nächtlichem Lager!

Ist dieser gekürzt wiedergegebene Hymnus an Aton, an die Sonne, ein Vorläufer des 800 Jahre später verfaßten 104. Psalms?

Vielleicht, in der Bibel heißt es:

»Die Bäume stehen voll Saft ... daselbst nisten die Vögel, die Berge sind der Gemsen Zuflucht ... im Meer, da wimmelt es von Tieren ... Herr, wie sind deine Werke groß und viel, du hast sie alle weislich geordnet; die Erde ist voll deiner Güter.«

So verschwand die merkwürdigste Gestalt in der älteren orientalischen Geschichte, ja überhaupt in der Weltgeschichte vor dem Auftreten der Hebräer. Seinem eigenen Volk war Echnaton später bekannt als der »Frevler von Achet-Aton«. Aber mag man ihn auch tadeln dafür, daß er das Reich seinen Händen entgleiten ließ, mag man seinen Fanatismus verurteilen, mit dem er bis zur Schändung der Denkmäler sein Ziel verfolgte, mit Echnaton ging ein Geist unter, wie ihn die alte Welt bisher nicht gekannt hatte. Er war ein kühner, spekulativer Geist, der sich furchtlos dem uralt überlieferten Glauben entgegenstellte und deshalb plastisch heraustritt aus der langen Reihe überlieferungstreuer, farbloser Pharaonengestalten.
Amarnas Geschichte ist kurz und politisch sehr bewegt. Wieder sind es Bilder und Grabinschriften, die darüber berichten. Hier ist das Grab Hudjes, Chefs der Hofhaltung Echnatons. Dort ist das Grab Mahus, einst Chef der Polizei. Nicht weit davon ist das Grab des Priesters Eje und seiner Gemahlin, der Eltern Nofretetes. Daneben wurde das Grab des Sonnenpriesters Tuto gefunden, und manches mehr.
An den Felsenklippen des Wadi fand man Echnatons Grab. Eine Inschrift lautet: »Ich will im Ostgebirge bestattet werden.« Also nicht mehr im Westen, wie es üblich war, sondern dem aufgehenden Licht des göttlichen Vaters, dem Strahlenaton, zugewandt. In der Nähe ist Nofretetes Grab, reich mit Bildern und Schriften geschmückt. Eine Inschrift lautet:
». . . die Erbin hoch in Gunst, Herrin voller Anmut, Herrin des Südens und Nordens mit einem lichten Antlitz, froh in Schmuck, von Aton geliebt, reich an Liebe, Lieblingsfrau des Königs, Nofretete, die ewig lebt.«
Im Grab des Hofschreibers Ahmose fand man ein Gebet an Aton:
»Gib dem König langes Leben und immer Frieden. Gib ihm, was mein Herz begehrt, so viel, wie Sand am Meer, wie die Fische Schuppen und die Rinder Haare haben. Laß ihn so lange auf Erden weilen, bis der Schwan schwarz und der Rabe weiß wird und die Berge davongehen . . . indessen will ich fortfahren, meinem König zu dienen, bis er mir mein Grab gewährt.«
Alle Gräber wurden zu Lebzeiten ihrer Besitzer angelegt, aber keines ist je benutzt worden. Die Abkehr von Aton und der politische Umsturz waren zu plötzlich und gewaltig. Amarna, die Sonnenstadt Atons, ist in so großer Eile geräumt worden, daß man vergaß,

die Hunde des Königs aus einem Zwinger mitzunehmen; die gefundenen Skelette bekunden das. Ebenso fand man Skelette von Rindern, die eingesperrt und verendet waren. Aus Dämonenfurcht hat niemand mehr die Stadt betreten, zumal sie priesterlich verfemt worden und deshalb nur noch Zuflucht für das scheue Nachtgetier war. Im Laufe der Zeit hat sie der Flugsand begraben, Forscher haben sie wieder entdeckt und an das Licht der Zeit geholt.

Ruinen und Fundamente lassen erkennen, daß der Sonnentempel 730 Meter lang und 275 Meter breit werden sollte. Der heilige Bezirk jedoch hatte ein Ausmaß von 12 zu 25 Kilometern im Geviert. Im Westen wie im Osten ließ der König aus dem Kalkfelsen der Randgebirge 14 hohe Stelen ausmeißeln und mit Inschriften versehen. Ein Stein ragt 7,5 Meter auf und zeigt guterhaltene Reliefbilder. Die lange Inschrift einer anderen Stele (hier gekürzt wiedergegeben) bekundet:

»Im Regierungsjahr 6, im 4. Monat am 13. Tag war Seine Majestät zum erstenmal in der Stadt des Lichts, dessen Name lautet: ›Aton ist zufrieden!‹ Seine Majestät bestieg einen Wagen aus Silbergold; von mutigen Pferden gezogen, eilte er zum ›Ort des Lichts‹ und weihte dem Gott Aton das Denkmal. Hier leistete er dann einen Eid, daß er der Wahrhaftigkeit ergeben sein wolle bis in Ewigkeit ...«

Eine wichtige Entdeckung in Amarna war auch diese: die Fellachen suchten in den Gemäuern öfter nach salpeterhaltiger Erde, die sie als Dünger benutzten. Im Jahre 1887 stieß eine Araberin beim Graben auf seltsame Formen aus Ton, die verdorbenen Hundekuchen glichen. Sie steckte sie in einen Sack und ging zu einem Händler, vielleicht würde er ihr dafür ein paar Piaster geben. Aber durch die grobe Behandlung zerbröckelten die meisten Stücke. Ein findiger Kopf sandte diese Tonplatten zur Untersuchung nach Paris; nach vielen Monaten kam die Antwort: »Fälschungen, wertloser Kram!«

Die Araber suchten weiter nach Salpeter und zerstörten dabei weitere Tontafeln. Endlich kam man zu der Erkenntnis, das Archiv des Auswärtigen Amtes aus der Zeit Echnatons gefunden zu haben. Es waren Tontafeln mit Keilschriften aus dem Orient; manche wurden von den Salpetergrabenden zerstört, 350 blieben erhalten.

Den Anstoß zur Erforschung der Gottesstadt Amarna gab 1891 der Engländer Flinders Petrie; leider kam er nicht weit. 1907 begann

eine deutsche Expedition unter Prof. Ludwig Borchardt mit Erfolg die Stadt freizulegen; hierbei fand man auch die Büste der Nofretete. Bei Ausbruch des Krieges 1914 mußte die Arbeit niedergelegt werden, die *Egypt Exploration Society* hat sie später beendet.
Wie erwähnt, hatte Nofretete nur Töchter geboren. Daß diese Tatsache zu dynastischen Schwierigkeiten führen mußte, hatte Echnaton schon geahnt. Er heiratete deshalb eine Nebenfrau, die ihm zwei Söhne schenkte: Smenchcaré und Tut-ench-Aton.
Smenchcaré, ein kranker Knabe, mußte vierzehnjährig seine dreizehnjährige Halbschwester Merit-Aton (erste Tochter Nofretetes) heiraten und zugleich einen Nebenthron besteigen. Die Ehe dauerte nur Monate, dann starb der junge Gemahl.
Aus Sorge um den Thron heiratete Echnaton nun eine seiner Töchter, die ihm aber nur eine Tochter schenkte. Als Echnaton starb, setzten tatsächlich die befürchteten Intrigen um die Nachfolge ein; die Amunpriester wollten ihren Hohenpriester Bekanchos auf dem Thron sehen, aber Nofretete und ihr Rückhalt siegten in diesem Ränkespiel für Tut-ench-Aton. Dieser heiratete seine Halbschwester Enches-Aton (dritte Tochter Nofretetes) und bestieg den Thron. Als dies geschah, war der König zwölf und seine Gemahlin neun Jahre alt.
Es war ein schweres Erbe, das der junge König übernommen hatte, denn Ägypten war durch politische Wirren erschüttert. Die Amunpriester waren bestrebt, alles Leben, das religiöse, politische und wirtschaftliche, in die alte Bahn zurückzuführen, aber die vielen Atonanhänger widersetzten sich. Dieser Streit ließ Ägypten nicht zur Ruhe kommen.
Endlich war Gott Amun doch siegreich; der junge Pharao hatte es nun in einem Dekret offiziell verkündet. In einem »Konkordat« zwischen den Amunpriestern und dem Pharao wurde die Amunreligion wieder staatlich sanktioniert. Alles Recht wurde von der Wahrheit abgeleitet; was Recht und Wahrheit war, entschieden die Priester. Die Amun-Priester waren unfehlbar, dem Irrtum wurde deshalb keine legale Existenz eingeräumt. Der Staat war verpflichtet, für den Unterhalt der Tempel zu sorgen und den Priestern eine standesgemäße Lebenshaltung zu sichern, damit sie den Kult pflegen konnten, der dem Gott Amun gebührte, und das Volk zur Demut erziehen konnten. Priester und Priesterinnen durften strafrechtlich nicht mehr verfolgt werden. In den Privilegien für den

Pharao war vorgesehen, daß die Priester in ihren Gebeten und Zeremonien die Person des Pharaos wieder voranstellten, um ihn als Gott und Staatsoberhaupt dem Volk gegenüber moralisch zu stärken.

Der König hatte der Hierarchie geschenkt, was er ohnehin nicht mehr besaß, und durfte dafür wieder Pharao sein. Zur Bekräftigung dieses Staatsvertrages änderten König und Königin ihre Namen in Tut-ench-Amun und Enches-Amun. Nach Vollzug des Zusammenschlusses von »Thron und Altar« fanden im ganzen Land Dankprozessionen statt; in Theben gab es einen Staatsakt ersten Ranges. Hier wurde der Widder, das Bild des Reichsgottes, nach vielen Jahren der Demütigung nun wieder dem Volk gezeigt, dem aber nicht derselbe Jubel wie früher entlockt werden konnte.

Abermals wurden die Meißel angesetzt, um an den Denkmälern die Zeichen des Ketzers zu entfernen; nichts sollte an die schändliche Zeit erinnern, in der man den Gott Amun hatte beleidigen dürfen.

Tut-ench-Amun hat nur etwa acht Jahre regiert und ist dann plötzlich gestorben. Welche politischen Dramen sich nach seinem Tode abgespielt haben, erfahren wir am besten aus dem Grab dieses Königs. Ziehen wir mit den Forschern hinaus nach Theben, um es zu suchen.

DIE ARCHÄOLOGEN FINDEN TUT-ENCH-AMUNS GRAB

Von Kairo nilaufwärts liegt in 740 Kilometer Entfernung Theben, einst Weltstadt und vornehmste Residenz der Pharaonen. Hier strömten aus Kriegsbeute und Tributen reiche Schätze zusammen. Höchster Gott Thebens war Amun, und ihm wurde höchste Ehre erwiesen. Heute noch sind in Theben prächtige Tempel zu sehen. An beiden Seiten des Nils ragen Säulenhallen, Pylonen und Obelisken empor. Ein Erdbeben hat im Jahre 27 v. Chr. an ihren Steinquadern gerüttelt und manches Bauwerk zum Einsturz gebracht. Doch viel Herrliches ist erhalten geblieben. Sauber, ohne Mörtel, ist Stein auf Stein gefügt; viele Inschriften an Säulen und Mauern erzählen der Nachwelt von ägyptischer Religion und Geschichte. Homer schildert in seiner Ilias das vielbewunderte Theben mit folgenden Worten:

»Theben, Ägyptos' Stadt, wo reich sind die Häuser an Schätzen; hundert hat sie der Tore, es ziehen aus jedem zweihundert rüstige Männer zum Streit mit Rossen daher und Geschirren.«

Am linken Ufer des Nils hatte man in einer öden Landschaft, die im Westen durch Gebirge und Steinbrüche begrenzt ist, die Nekropole errichtet, die Stadt der Toten. Hier, im »Tal der Könige«, Biban-el-Muluk, liegen viele Tempel und noch mehr Gräber, die für die Archäologie von größtem Interesse sind. Hier liegen nicht nur die Gräber der Könige – und am Biban-el-Harim die der Königinnen –, sondern weithin verstreut auch die der Priester und Beamten. In den Nebentälern findet man die Massengrüfte des Volkes und der Soldaten – Gemeinschaftskatakomben. Aus den Gräbern des Adels spricht Reichtum. In den Katakomben, wie von Füchsen und Kaninchen in das Erdreich getrieben, wurden die Mumien wie Klafterholz übereinander aufgestapelt.

Mehr als 350 Grabkapellen sind katalogisiert. Wo einst Priesterhymnen erklangen, heulen heute Eulen und Schakale, und an den Decken in den Gräbern hängen die Fledermäuse.

In der Friedhofsstadt wohnten auch noch viele Lebende, denen der Tod Arbeit und Brot gab. Eine merkwürdige Welt – zerklüftete Berge und kilometerlange Schluchten geben ihr den äußeren Rahmen. Die höchste Bergspitze, das einer Pyramide gleichende »Horn«, ragt 489 Meter auf und präsidiert als Mahnmal über diese Totenwelt.

Seit Jahrtausenden scheint die Sonne vom wolkenlosen Himmel herab und hat alles zur Wüste gemacht – dennoch ist dieses Mausoleum der 80 Generationen ein schönes Bild. Für Griechen und Italiker war Theben ein beliebtes Ausflugsziel.

In Ägypten ist viel gegraben worden, am meisten in Theben. Schon die Griechen haben hier geforscht, 40 Gräber haben sie gefunden, alle beraubt. Aber dann geriet diese Welt in Vergessenheit, weil die Fellachen, die von den Schätzen in ihrer Erde wußten, jeden Fremden erschlugen.

Erst im 18. Jahrhundert versuchten es wieder Europäer, sich Theben zu nähern. Im Jahre 1738 gelang es dem Dänen Norden, einige Tempel flüchtig zu sehen; er mußte aber vor den Räubern weichen. Etwa 25 Jahre später konnte der Deutsche Carsten Niebuhr einiges erforschen, schließlich wurde er ausgeplündert. Ähnlich erging es dem Engländer Richard Pococke. Nach seiner *Description of the East* fand er 14 Gräber, aber ihm war dabei nicht recht geheuer. Erst Napoleons Feldzug 1798 brachte Abhilfe; später verbreitete sich neuerlich Unsicherheit.

Endlich kam Abhilfe. Unter den Türken, die gegen Napoleon kämpften, hatte sich ein Albaner hervorgetan. Ursprünglich ein Straßenhändler, wurde er Soldat und Feldherr, schließlich Pascha und 1805 Herrscher von Ägypten: Mohammed Ali.

Im Jahre 1807 vertrieb er mit Hilfe der Mamelucken die Engländer, 1811 aber erledigte er die gefährlichen Mamelucken selbst. Eines Tages lud er 480 ihrer fanatischen Führer zu einem Festmahl auf die Zitadelle von Kairo. Als sie sich ahnungslos dem Trunk und Schmaus ergaben, wurden sie von Mohammed Alis Garde überfallen und ermordet. Mohammed Ali mußte zwar noch einige Aufstände fanatischer Glaubenssekten niederschlagen, dann aber kehrten Ruhe und Sicherheit in Ägypten ein, und es konnte erforscht werden.

Mancher ist aus Liebhaberei oder durch Zufall zum Forscher geworden. Giovanni Belzoni sollte nach dem Willen seiner Eltern Mönch werden. Wegen politischer Umtriebe aber blieb ihm die Kutte versagt; er flüchtete nach London, reiste mit einem Zirkus umher und fristete sein Leben als Ringkämpfer auf Bühnen des Tingeltangels. Der Zufall verschlug ihn nach Ägypten, und der Reiz am Geschäft wies ihm den Weg des Forschers. Zunächst vermaß er sich, die Memnonkolosse nach England zu bringen. Als er aber die Riesen aus nächster Nähe betrachtet hatte, mußte er seine Überheblichkeit bekennen.

Alsdann erwarb er Mumien und berichtete darüber:

»Die Stickluft in den langen Gräbern brachte mich der Ohnmacht nahe. Feiner Staub stieg in den Katakomben auf von solcher Art, daß er in Hals und Nase eindrang. Die Lungen hatten Mühe, gegen die Ausdünstungen der Mumien anzukämpfen . . . Die Gänge führen 300 Meter weit in die Erde. Haufenweise lagen hier Mumien, das entsetzte mich. Der halbnackte Fellache, der mich mit einem Kerzenlicht begleitete, schien selbst eine Mumie zu sein . . . Nach den Anstrengungen in den muffigen Gängen suchte ich einen Platz, um mich etwas auszuruhen. Nachdem ich mich in der Dunkelheit niedergesetzt hatte, krachte eine Mumie zusammen, ich versank darin. Morsche Knochen, Lumpen und ein Holzsarg verursachten einen derartigen Staub, daß ich mich lange nicht bewegen konnte. Ein anderer Gang war so vollgestopft, daß ich mich hindurchzwängen mußte. Dabei konnte ich nicht vermeiden, einige Gesichter verwester Ägypter zu streifen. Wieder brach eine Mumie zusammen; Arme, Beine und Schädel der Mumie deckten mich ganz ein. Ich drang von Höhle zu Höhle. Die meisten Mumien lagen übereinander, manche standen aufrecht, einige mit dem Kopf nach unten.«

Es war damals möglich, jedes antike Stück billig zu erwerben. Wie viele Mumien Belzoni nach Europa verkaufte, weiß niemand. Man nannte Belzoni den »Sammler«. Ohne Sinn für Kunst und Geschichte ging er einen Weg, den seine Nachfahren »haarsträubend« nannten. Er machte es sich leicht, ging mit einem Sturmbock vor und sprengte einige Grabkammern.

Mit anständigeren Methoden gruben später andere: François Chabas, ein französischer Weinhändler; Charles Goodwin, ein englischer Jurist; Garris Davies, ein englischer Pastor; Theodore Davis, ein amerikanischer Rechtsanwalt. Gerade dieser hatte viel Erfolg. In zehnjähriger Grabungszeit fand er die Gräber Thutmosis' IV., Haremhebs, Spitahs und der Königin Hatschepsut. Schließlich fand er auch das des Priesters Juja und seiner Gemahlin Tuja. Dieses Ehegrab war eine Sensation, weil es ausnahmsweise nicht beraubt worden war. Die Mumien waren gut erhalten, man konnte glauben, an ihrem Sterbebett zu stehen. An der Mumie des Priesters schienen Haut und Muskeln noch weich zu sein; das Kinn war mit kurzen Stoppeln bedeckt; Nase, Mund und Wangen hatten ihre Form kaum verändert, selbst die Augen nicht. Särge und Grabmöbel waren beste Handwerksarbeit. Davis fand auch das Grab der Königin Teje. Es enthielt Salbkrüge, einen Katafalk und anderes. Überraschend war der farbenprächtige Sarg. Er stand einst auf einer hölzernen Bahre, die aber im Verlauf der Jahrtausende verfault und zusammengebrochen war. Der Sarg war dabei herunter- und die Mumie herausgefallen.

Unter Theodore Davis arbeitete ein junger Assistent, der als Graphiker und Zeichner an das Ägyptische Museum in Kairo verpflichtet worden und bald dem Zauber der Archäologie verfallen war: der Engländer Howard Carter. Davis hielt das »Tal der Könige« für erschöpft, Carter dagegen hatte noch immer Hoffnung, dereinst das Grab Tut-ench-Amuns zu finden.

Was sich in den folgenden Jahren auf dem Gebiete der Ägyptologie abspielte, ist mit Recht sensationell zu nennen.

Im Jahre 1909 stürzte auf der Straße nach Bad Schwalbach im Taunus ein Auto in den Graben. Sein Besitzer, Lord Carnarvon, erlitt bei dem Sturz innere Verletzungen. Als Rekonvaleszent suchte er darauf Heilung im milden Klima Ägyptens.

Ägyptens Boden hat schon manchen Touristen zum Sammler von Altertümern gemacht, so auch Lord Carnarvon. Ja, das Sammlerfieber packte ihn so sehr, daß er noch einen Schritt weiterging und

zum Ausgräber wurde. Ihm zur Seite stand als Fachmann der Archäologe Howard Carter.
Carter begann in Carnarvons Auftrag an einer bestimmten Stelle in der Talmitte zu graben, förderte jedoch keine Funde zutage, und schon gar nicht Tut-ench-Amuns Grab. Berge von Erdmassen wurden bewegt. Doch dann brach der Erste Weltkrieg aus, und die Suche nach dem Pharaonengrab mußte verschoben werden. Ende 1917 fuhr man mit den Ausgrabungsarbeiten fort, fand aber wieder nichts. Im dritten Jahr entdeckte Carter im Sande Fundamente von alten Arbeiterhütten – das war aber auch alles. Das vierte Jahr verlief ebenfalls ergebnislos; und obwohl die Hoffnungen gesunken und die finanziellen Mittel fast gänzlich erschöpft waren, schloß man noch ein fünftes Jahr an. Als auch dieses nicht den geringsten Erfolg brachte, entschied sich Carter noch für ein sechstes – dieses aber sollte das letzte sein. Fünf entbehrungsreichen Forscherjahren in der Wüste ein sechstes folgen zu lassen, war in der Tat ein heroischer Entschluß.
Wie es oft in hoffnungsloser Lage geschieht, stellte sich plötzlich der rettende Einfall ein: vielleicht verdeckten die Arbeiterhütten den Grabeingang? Oft hatte man in Grabesnähe Fundamente von Hütten entdeckt. Carter beauftragte den Schachtmeister, sie zu entfernen. Im üblichen Trott bewegte man den Schutt. Als Carter am nächsten Morgen verspätet die Arbeitsstätte betrat, arbeitete niemand. Was war geschehen?
Steinstufen einer Treppe hatte man gefunden, drei Stufen, und deswegen hatten die Fellachen nicht weitergegraben. Sollten sie hier die Treppe entdeckt haben, die in den Felsboden führte?
Viele Hoffnungen wurden wach; dann setzte ein Arbeitstempo ein, als ginge es um den Endspurt. Carter wollte Klarheit, das Ungewisse peinigte ihn. Auch die Arbeiter hatte es gepackt; sie schaufelten so, als wollten sie einen Verschütteten befreien. Zehn Stufen lagen schon frei, zehn Steinstufen einer schmalen Treppe, und das Arbeitstempo steigerte sich noch mehr, bis nach drei Stunden insgesamt 14 Stufen vom Schutt befreit waren. Tiefer ging es nicht, denn hier war in der Felswand ein viereckiger Türdurchbruch markiert, von Menschenhand mit Mörtel vermauert. Doch merkwürdigerweise waren in dem Mörtel Abdrücke erkennbar, Zeichen eines Siegels, die man vor Jahrtausenden in den frischen Kalk gedrückt haben mochte. Es war ein dem Ägyptologen bekanntes Siegel, ein

»Schakal über neun Gefangenen«, wie es in historischer Zeit als Siegel in der Totenstadt von Theben oft Verwendung fand.
Welch eine Entdeckung – eine versiegelte Tür nach fünfjähriger Grabungszeit! Was mochte dahinter verborgen liegen? Vielleicht ein unfertiges Grab, ein Vorratslager für die Totenstadt? Oder ein Grab voller Schätze? Oder die bescheidene Wohnung eines Oberpriesters?
Welche Geheimnisse warteten hier auf Enthüllung? Das Grab eines Pharaos war es nicht, denn dafür fehlte das Königssiegel. Wie dem auch sei: Carter ließ die Treppe wieder zuschütten und telegraphierte dann an Lord Carnarvon nach England:
»Habe endlich wunderbare Entdeckung im ›Tal‹ gemacht. Ein Grab mit unbeschädigten Siegeln. Bis zu Ihrer Ankunft alles wieder zugedeckt. Gratuliere!«
An der Grabungsstelle herrschte Arbeitsruhe. Die Gruft war eingeebnet, und vielfache Posten sicherten das Geheimnis im Schoße der Erde.
Carter hatte die Wüste verlassen und war nach Kairo gefahren, wo er eine Gittertür für den Gang anfertigen ließ. Alle Neuigkeiten verbreiten sich schnell, die Zeitungen berichteten. Was sie schrieben, waren Vermutungen und Übertreibungen. Carter erhielt Glückwunschtelegramme aus aller Welt.
Er hielt sie für verfrüht, denn die vierzehn Stufen und die versiegelte Tür bargen ja noch ihr großes Geheimnis. Carter hätte es lösen können; weshalb durchbrach er nicht die Tür und erforschte, was dahinter lag? Giovanni Belzoni würde die Tür sofort mit einem schweren Hammer zertrümmert haben. Nein, Carter nahm gern Wochen des Wartens hin, bis Lord Carnarvon aus England eintraf; er sollte seinen beglückenden Anteil haben, wenn die Tür zu dem großen Geheimnis geöffnet würde. Carnarvon traf erst nach 14 Tagen mit seiner Tochter in Theben ein.
An einem Nachmittag war die Treppe wieder frei; anstatt 14 Stufen waren es nun sogar 16, denn zwei Stufen lagen noch im Schutt, und mit diesen der Unterteil der Mörteltür. Doch das Wichtigste war ein Siegel des Königs Tut-ench-Amun, das Carter vorher in seiner Aufregung übersehen hatte.
Nun stand man vor einer Tür, die zwei verschiedene Siegel trug, ein Fall ohnegleichen in der Ägyptologie. Doch dieses Rätsel fand seine Klärung. Das Siegel im unteren Mörtel war Beweis dafür, daß man

nun doch vor dem Grab Tut-ench-Amuns stand. Das Siegel der Totenstadt im oberen Mörtelteil der Tür aber bekundete, daß einst Diebe am Werk gewesen waren. Wahrscheinlich haben damals im Altertum Verantwortliche der Totenstadt die Räuberei entdeckt, den Türdurchbruch schnell wieder vermauert und neu versiegelt, doch mit dem Siegel der Totenstadt. Das Königssiegel mit dem Skarabäus stand ihnen aus begreiflichen Gründen nicht zur Verfügung.

Diebe im Grab Tut-ench-Amuns! Die Spannung erhöhten neue Rätsel, denn unter dem letzten Schutt fand man Scherben mit Inschriften über die Könige Echnaton, Sakaré und Tut-ench-Amun. Noch aufregender: ein Skarabäus führte den Namen Thutmosis' III. und ein anderes Stück den Namen Amenophis' III. Was bedeuteten diese vielen Königsnamen? Carter meinte, er habe kein Königsgrab entdeckt, wohl aber ein ehemaliges Lager der Totenstadt, das obendrein von Dieben heimgesucht worden war. All dies hat Carter mir spannend geschildert. Am nächsten Morgen kopierte und fotografierte man die rätselhafte Mörteltür, durchbrach sie, räumte ihre Stücke weg und stand nun vor einem abwärts führenden Gang, der einen Meter hoch mit Geröll angefüllt war. Wollte man weiter, mußte es erst fortgeräumt werden. Zwischen dem Schutt lagen Tonscherben, Siegelverschlüsse, heile und zerbrochene Alabastergefäße und Wasserschläuche. In ihnen hatte man wahrscheinlich Wasser herbeigetragen, das zum Zumauern des Durchbruches notwendig war. Dieses Bild, von den Forschern mit Mißtrauen betrachtet, war Zeichen einer früheren Plünderung; denn so unordentlich hinterließen die Alten kein Grab, das wäre Entweihung und Beleidigung der Gottheit gewesen.

Wieder war eine schlaflose Nacht vergangen, wieder stieg man in den Gang, der inzwischen geräumt worden war. Nach 7 Metern stand man vor einer zweiten Mörteltür, versiegelt wie die erste mit zwei verschiedenen Siegeln. Wieder dasselbe Bild: eine Tür, verschlossen für die »Ewigkeit«, danach durchbrochen, wieder vermauert und neu versiegelt, aber nur mit dem fremden Siegel der Totenstadt. Nun zweifelte niemand mehr an der Tätigkeit einer organisierten Räuberbande.

Mit einer Eisenstange in den zitternden Händen durchstieß Carter die zweite Möbelwand, führte die Stange durch das kleine Loch und fand keinen Widerstand. Nichts als tiefe Finsternis! Schnell wurde das Loch ein wenig erweitert und eine Luftprobe gemacht, um festzustellen, ob sich etwa Giftgase darin befanden. Aber nichts dergleichen, nur Wärme entwich dem dunklen Raum, so daß die Lichtkerze ein wenig flackerte. Als weitere Mörtelstücke herausgebrochen waren, leuchtete Carter mit der Kerze hinein; gespannt starrte er den Lichtstrahlen nach. Seine Augen sahen seltsame Dinge: Tiere, Statuen, glänzendes Gold. Den Umstehenden erschienen die Sekunden unendlich lang. Lord Carnarvon fragte schließlich: »Können Sie etwas sehen?« Carter antwortete ergriffen: »Ja, ich sehe wundervolle Dinge.«

Wundervolle Dinge. Schnell erweiterte man das Loch, dann drang erneut das Kerzenlicht in einen Raum, der 3350 Jahre in tiefer Dunkelheit gelegen hatte. Es war die Vorkammer, 8 × 3,6 Meter groß. Da glänzten vergoldete Bahren, dort standen lebensgroße Statuen auf goldenen Sandalen, hier wunderschöne Truhen, daneben Schränke, Betten, Sessel und Vasen mit vertrockneten Blumen. Unzählige Gegenstände lagen übereinandergestapelt. Man verstopfte wieder das Loch und stellte vor dem Gang zur Sicherung des »Warenlagers« Posten auf.

Am nächsten Tag leitete man Licht zur Entdeckungsstelle. Man legte die Mörtelwand ganz nieder, und als helle Lampen die Kammer ausleuchteten, wurde dem Forscher ein überwältigendes Erlebnis zuteil. Bis zur vier Meter hohen Decke waren eine Fülle von Gegenständen eng übereinandergelegt. Auf den meisten Stücken befand sich das Siegel Tut-ench-Amuns. Nun war es klar: Carter hatte das Königsgrab entdeckt!

Sein Entdeckerglück wurde zur Sensation und erregte in der ganzen Welt Begeisterung und tiefstes Interesse. Die ägyptische Regierung nahm regen Anteil und gewährte dem Forscher von nun an alle Hilfe.

Doch es zeigte sich, daß auch in dieser Kammer einst schon Diebe gehaust hatten. Der Inhalt eines aufgebrochenen Schrankes lag zerfetzt auf dem Boden verstreut. Von einem prächtigen Mieder waren die Perlen abgerissen. Truhen waren teils zertrümmert, teils aufgebrochen worden.

Neben den Dieben hatte auch die Zeit gewütet. Einige Perlen zerfielen zu Pulver, als Carter sie aufheben wollte, ebenso Kleidungsstücke. 3350 Jahre hatten diese Dinge nicht ertragen. Metall und Steingut ließen die Spuren ihres Alters nicht erkennen.

Die Gegenstände aus Holz, die Jahrtausende in der heißen Kammerluft gestanden hatten, waren nun durch die plötzlich hinzutretende Außenluft physikalischen und chemischen Veränderungen unterworfen. Das Holz an den Möbeln paßte sich mit hörbarem Bersten den neuen Spannungen an. Außerdem waren Zeichen dafür vorhanden, daß nach wenigen Generationen diese Werke selbst im Schutze der Museen verfallen würden.

Die Vorratskammer konnte nun ausgeräumt werden.

Zunächst besorgte sich Carter in Kairo Photomaterial, ein Auto, Packkisten, Holz, 32 Ballen Leinwand, 2000 Meter Watte und ebenso viele Binden. Dann sammelte er einen Stab von Mitarbeitern um sich: einen Chemiker, einen Kenner von Inschriften, Fachgelehrte der Anatomie, der Kunstgeschichte, einen Photographen und Handwerker.

In der Nähe befand sich das Grab Sethos' II., in ihm wurden eine Dunkelkammer, ein Laboratorium, Unterkünfte für das Konservieren und sichere Lagerräume errichtet, dann erst ging Carter ans Werk. Alles wurde numeriert, photographiert, registriert, konserviert, sauber verpackt und abtransportiert.

Zehn Winter haben die Ausräumungsarbeiten im Grabe Tutench-Amuns gedauert; rechnet man die fünf Jahre des Grabens hinzu, so vergingen insgesamt 15 Jahre damit; allerdings wird in den Sommermonaten wegen der großen Hitze nicht gearbeitet. An der zehnjährigen Ausräumungszeit kann man ermessen, mit welcher Sorgfalt der Forscher an sein Werk ging und welche Fülle von Gegenständen das Grab enthielt.

Die ersten Stücke aus der Vorkammer des Grabes waren zwei Gefäße aus Alabaster. Eine Schale stellte eine Lotosblüte dar, das »Ewige Leben«, seitlich ragen Knospen als Henkel auf. Die Inschriften am Kelch geben Geburtsdaten und Titel des Königs an: »Dem Herrn der Throne der Welt, dem Herrn des Himmels.« Und weiter: »Es lebe Horus, der starke Stier, schön an Geburt, schön an Gesetz, es lebe dein Wesen.« Eine dreiteilige Öllampe ohne Inschriften aus einem Stück: drei Lotosblumen sind emporgewachsen, Sinnbild der thebanischen Götterdreiheit. Solche Gefäße waren zahlreich vorhanden, sie ließen eine hohe Kunstfertigkeit erkennen.

Von den vielen Truhen sei eine aus Alabaster erwähnt. Das tiefgeschnittene Muster war mit bunten Farben ausgefüllt und die Knöpfe aus Obsidian; Hieroglyphen nannten die Namen des Königspaares. Eine andere ist aus Holz, die Füllungen aus blauer Fayence mit goldenen Stuckeinlagen. Hängende Uräusschlangen mit Sonnenscheiben dienen als Verzierungen. Der Inhalt dieser Truhen war von Dieben durchwühlt. Obenauf lagen schöne Sandalen und ein Gewand, mit Perlen und Rauten besetzt, darunter eines, das mit 3000 goldenen Rosetten verziert war. Unten lagen noch Sandalen, mit Gold bestickt. Um noch eine Truhe von vielen zu beschreiben, sie war künstlerisch am wertvollsten: ganz aus Holz hergestellt, war sie mit einer Gipsschicht überzogen und mit leuchtenden Farben herrlich bemalt. Es waren Jagdszenen und Schlachtenbilder des Königs. Die Feinheiten dieser Werkarbeit sind einzigartig. Auch ihr Inhalt war leider durchwühlt und zum Teil schwer beschädigt. An der Westwand standen drei große Totenbahren, wie sie den Forschern nur von Wandmalereien anderer Gräber bekannt sind. Dieses Grab lieferte die ersten Originale, merkwürdige Stücke in Tiergestalten. Eine Bahre hatte Löwenköpfe, die nächste Kuhköpfe und die dritte war eine Mischung, halb Nilpferd, halb Krokodil. Diese Holzgestelle waren mit Stuck überzogen und teilweise vergoldet. Was sie bezweckten, weiß man nicht genau. Darunter standen viele andere Gegenstände, auch eine leichte Bettstelle aus Ebenholz und Flechtwerk. Das Fußende zeigte Schnitzarbeiten. Dann folgten ein Köcher mit Pfeilen und ein Bogen. Er war mit Gold überzogen, Schriftbänder feinster Granulierarbeit schmückten die Waffe. Ein kleines Opfergefäß aus Alabaster, reizend geschnitzt und mit türkisblauer Fayence und Gold verziert, enthielt außer kostbaren Sachen ein Priestergewand aus Leopardenfell, mit goldenen und silbernen Sternen geschmückt. Der Kopf war vergoldet und mit Glas belegt. Weiter lagen in diesem Gefäß ein schön ausgearbeiteter Skarabäus aus Gold und lapislazuliblauer Glaspaste, eine Schnalle aus Goldblatt, ein Zepter aus massivem Gold, schönfarbige Holzketten und goldene Ringe. Diese hatten die Diebe nicht mitgenommen. Erlesene Stücke waren vier Leuchter aus Bronze und Gold in einer jetzt wieder modernen Form. In einem Leuchter steckte noch eine Kerze. Ein anderer Kasten enthielt zahlreiche Untergewänder des Königs. Auf der zweiten Bahre stand ein weißbemaltes Holzbett, darin lagen ein Stuhl und ein Sessel aus Binsengeflecht. Unter dem Bett stand ein runder Kasten aus Elfenbein mit Ebenholzeinla-

gen und ein paar vergoldete Klappern, sogenannte Sistren, der Göttin der Freude und des Tanzes gewidmet.
Zahlreiche Behälter enthielten Nahrungsmittel, einer war angefüllt mit gebratenen Enten. Unter der dritten Bahre stand ein weiterer Kasten, angefüllt mit Unterwäsche für den König. Dann Thronsessel, von oben bis unten mit Gold belegt, mit Glas, Fayence und eingelegten Steinen reich geschmückt. Sehr schön war ein Sessel aus der Kinderzeit des Königs.
Auffallend war auch ein kastenartiger Schrein mit Doppeltüren. Der Schrein war reich vergoldet; eine Hieroglypheninschrift berichtete aus dem Eheleben des Königs. Im Innern des Schreines stand das Postament für eine Statue des Königs; sie war aus Gold und von den Dieben mitgenommen worden. Eine Kette aus Gold-, Karneol- und Feldspatperlen haben sie übersehen. Neben dem Schrein stand eine große Totenfigur des Königs, vergoldet und bemalt. Diese Figur hatte eine besondere Bedeutung. Falls der Mumie in der Unterwelt doch etwas Unerwartetes zustoßen sollte, dann diente als Ersatz die Statue im Grabe. Vielleicht war die Statue auch nur Garderobeständer für das Gewand des Königs. In einer Ecke lagen Deichsel, Wagengestell und die Räder für vier zweiachsige Gebrauchswagen, vielfach vergoldet. Das Holz war in guter Verfassung, nicht aber das Pferdegeschirr aus Leder. Es war ungegerbt, sein Feuchtigkeitsgehalt ließ das Leder unkenntlich zusammenschrumpfen. Auf dem Wagen lag ein prunkvoller Baldachin, ein schweres Stück.
Mögen diese erwähnten Stücke ein Beweis dafür sein, was die Alten geleistet haben. In der Vorkammer waren etwa 650 Gegenstände; sie alle aufzuführen, würde einen dicken Katalog ausmachen. Die Zahl aber besagt, welche Arbeit von den Forschern zu leisten war; denn jedes Stück mußte sorgfältig gepflegt werden.
Noch ein Fund. Auf dem Boden lag ein längliches Tuch, wahrscheinlich eine Schärpe des Königs. In dieses Tuch hatte man acht goldene Ringe eingewickelt. Diebe haben wahrscheinlich das Gold auf ihrer Flucht in der Kammer verloren. Noch andere Goldstücke in der Kammer ließen erkennen, daß die Diebe gestört worden sind.
Wahrscheinlich ist der Einbruch in die Grabanlage dem Bewachungschef der Totenstadt bekanntgeworden. Im Interesse seiner Stellung mußte er den peinlichen Fall vertuschen. Deshalb mag er selbst die Kammer notdürftig aufgeräumt haben, und ein Maurer

hat danach den Türdurchbruch vermauert. In Ermangelung eines Königssiegels nahm er das der Totenstadt, dessen Siegelbewahrer er war.
Bei der Ausräumung machte Carter zwei besondere Entdeckungen. An der Westwand der Kammer standen zwei männliche lebensgroße Statuen aus schwarzem Holz. Kopfhaube mit Geierkopf und Schlange, Schurz, Armbänder und Sandalen waren vergoldet. Beide Figuren standen wie Wächter an einer Wand, in deren Mitte sich eine auffällige Mauerstelle zeigte. Das Abklopfen der Wand besagte, daß dahinter ein Hohlraum sein müsse, vielleicht eine Kammer. Die verdächtige Mauerstelle zeigte das Siegel der Totenstadt, also wieder verdeckte Spuren einer Dieberei. Am liebsten hätte Carters Wissensdurst die Wand durchbrochen, aber Geduld gehört zum Rüstzeug jedes Forschers.
Die zweite Entdeckung: hinter den Totenbahren kam an einer anderen Wand ein Loch zum Vorschein, ein kleiner Wanddurchbruch. Bruchreste und Mörtelwerk waren weitere Spuren der Räuberei. Sollte sich hinter diesen Wänden eine Sargkammer befinden, dann würde die Mumie beraubt oder sogar gestohlen sein. Das war in jedem Grab so gewesen, hier würde es nicht anders sein.
Carter erweiterte das Loch ein wenig, kroch mit einer elektrischen Lampe hindurch und sah eine Seitenkammer, 4 × 2,90 Meter groß, angefüllt mit tausend Dingen. Das Bild aber glich einem Chaos! Stühle, Hocker, Sessel, Ruhebetten, Fußbänke, Kissen, Fruchtkörbe, Steinkrüge, Kisten und Kasten, Spielzeug, Speere, Pfeile, Bogen, Schilde, Kleider, Kleiderbüsten, Tischgeschirr und vieles mehr lag kunterbunt auf dem Boden umher, teilweise zerbrochen, aufgerissen, zertreten. Das konnten nur Diebe gewesen sein, Jäger nach Gold und Edelsteinen. Die große Unordnung erschwerte eine geordnete Ausräumung.
Da war eine Truhe, aus feinem Holz hergestellt, mit Furnieren und Elfenbein ausgelegt, schön wie eine griechische Gemme geschnitzt. Das Mittelfeld kann nur ein großer Meister geschaffen haben. Als Motiv war der König mit seiner Gemahlin in einem blütenüberrankten Pavillon dargestellt. Eine Inschrift lautete: »Der schöne Gott, der Herr der beiden Länder, Neb-cheperu-Ré, Tut-ench-Amun, Fürst von Heliopolis, der dem Ré gleicht.« Eine andere lautete: »Die große Königin, Gemahlin, Herrin der beiden Länder, Enches-Amun, die da lebt.« In einer weiteren Truhe lagen Behälter

mit Weihrauch, Myrrhen, Harz, Gummi, Antimon, Gold und Silber. Darüber ein Gewand, eine köstliche Robe, wie sie die Pharaonen bei Prozessionen getragen haben. Dieses Gewand glich einer Tunika, wie sie im Mittelalter Diakone zu tragen pflegten.

Andere Truhen enthielten Kleider, Handschuhe, Leinen, gestickte Sandalen, Armbänder, Spangen, Ketten mit Perlen und Gold. Ein Märchen aus Tausendundeiner Nacht! Drei weitere Truhen enthielten Andenken an die Kindheit des Königs, eine Aufschrift besagt: »Leinentruhe für Seine Majestät, als er noch ein Kind war.«

Eine Anzahl Fächer aus Straußenfedern waren der Inhalt anderer Kästen. Leider zerfielen die Federn, als man sie anrührte. Ein Fächer, ein Prachtstück, hatte 48 Federkiele; sein Handgriff war mit Elfenbein und Gold ausgelegt.

Bei feierlichen Umzügen liefen Kammerherren neben oder hinter dem Thron, trugen Fächer an prunkvollen Griffen. Erwähnt seien noch zwei prunkvolle Zepter, ihre goldenen Griffe waren von Dieben abgebrochen worden.

Schöne Brettspiele lagen in Truhen verpackt, ähnlich wie Schachbretter, einige davon tischartig mit hohen Beinen. Alle waren aus Edelhölzern hergestellt und reich verziert. Ebenso zierlich waren die Würfel, Steine und Figuren zu den Spielen. Das schönste Spiel war in 30 Quadrate eingeteilt. In komplizierten Schubfächern lagen noch Spielzeuge. Man gab diese Spiele mit ins Grab, damit sie dem Verstorbenen im Jenseits zur Unterhaltung dienen sollten. Musikinstrumente gehörten dazu, auffallend war eine lange silberne Trompete.

Tut-ench-Amun muß ein Sammler von Spazierstöcken gewesen sein, anders ist die vorgefundene große Zahl von ihnen nicht zu erklären. Ihre Formen waren verschieden. Sie hatten Knäufe, Gabeln, Zwingen oder gebogene Griffe. Mit Goldeinlagen und Mosaiken ist nicht gespart worden.

Zwei Hutschachteln dürfen in dieser kurzen Aufzählung nicht vergessen werden. Kisten aus Holz, auf deren Bodenmitte ein »Pilz« stand, über dem der Hut hing. In der einen Schachtel befand sich eine wundervolle Kappe. Ihr Gewebe zerfiel bei der Berührung, aber das Gestick aus Gold, Lapislazuli und Karneol verriet die einstige Pracht.

Die Sorge für das leibliche Wohl mag die erste Stelle eingenommen haben. Allein 116 Körbe mit Eßwaren standen in der zweiten Kammer, Früchte und Speisen aller Art bis zu gebratenem Geflügel. Die Körbe hatten Ausmaße von 15 bis 50 Zentimeter und verrieten eine hohe Flechtkunst. Gegen den Durst in der Unterwelt standen 40 Weinkrüge in der Kammer; der Wein war natürlich eingetrocknet. Aber die Gefäße waren recht kunstvoll. Ihre Inschriften besagen, daß die Kellereien königlicher Domänen die besten Weine lieferten. Ein Oberwinzer hatte geschrieben: »Jahrgang 9, Wein des Gutes Tut-ench-Amun vom westlichen Fluß.« Die Krüge waren nicht schlicht und einfach, sondern kunstvoll von Gestalt. Ein Dutzend Krüge hatten syrische Formen, ein Zeichen für die Handelsbeziehungen mit diesem Land. Alle Krüge waren versiegelt und ließen deutlich das Verfahren erkennen, wie Küfer und Kellermeister den Wein in Gärung brachten, ihn hegten und pflegten. Einige Krüge waren zerbrochen. Aber merkwürdig, Vorräte an Tabak und Pfeifen waren nicht im Grab. War Tut-ench-Amun Nichtraucher oder hatten die Götter dieses Kraut in damaliger Zeit noch nicht entdeckt?

Groß war auch die Zahl der Waffen: Keulen, Schleudern, Stöcke, Speere, Bogen, Pfeile und Sichelschwerter. Die Steinschleuder mit ihren geschliffenen Kieselsteinen kann als älteste Schußwaffe der Welt gelten. Sechs Kampfstöcke mögen Vorgänger des heutigen Polizeiknüppels sein. Einzig waren zwei bronzene Krummschwerter; das eine war 40, das andere 59 Zentimeter lang. Das kleinere war eine Sonderanfertigung für den jungen König. Technisch vollendet waren verschiedene Pfeile und Bogen.

Oft zierlich umwickelt, bestanden die Bogen aus Kirschbaum- oder Birkenrinde. Die Länge der Bogen schwankte zwischen 62 und 123 Zentimeter. Als Abwehrwaffe waren Schilde vorhanden, prächtig verziert mit heraldischen Motiven. Zwei stellen den König dar, wie er Neger und Asiaten abwehrt, die Feinde Ägyptens.

In einer Kiste lag ein Panzer aus Leder, schuppenartig auf Leinen gezogen und zu einer Weste verarbeitet. Schließlich fand man noch eine große Zahl von Wurfgeschossen, wahrscheinlich für die Vogeljagd. In einem besonders prunkvollen Kasten lagen noch prunkvollere Bogen. Für die Sehnen zum Spannen des Bogens hatten die Alten geflochtene Därme genommen. Außer 278 Pfeilen aller »Kaliber« gab es 300 andere Waffen in der Kammer.

Von vielen Möbelstücken seien vier Betten aufgezählt, von besten Schreinern hergestellt, mit zierlichen Gold- und Ebenholzeinlagen versehen. Ein Bett war mit Scharnieren aus Bronze versehen und zusammenlegbar. Möbelstücke aus der Kinderstube des Königs waren auch dabei, kleine Tische und Stühle. Die Beine vieler Sitzmöbel stellten Beine von Kühen, Löwen oder Hunden dar, manchmal auch Entenfüße. Das schönste Stück war ein Thronsessel, auf dessen hölzerner Rückenlehne die Bildnisse des Königspaares gemalt waren. Den Höhepunkt der Elfenbeinschnitzerei zeigte eine Kopfstütze. Das Motiv ist dem uralten Mythos von der Weltschöpfung entnommen. Nach dieser Sage sind Himmel und Erde vereint gewesen. Später drängte sich die Luft dazwischen und hob den Himmel empor. Gleiches ist in der Kopfstütze ausgedrückt. Auf der Erdfläche sitzen zwei Löwen, die das »Gestern und Morgen« versinnbildlichen. Zwischen ihnen kniet die Luftgöttin Schu und hebt mit ihren Armen die Himmelswölbung empor. In diese Wölbung mochte wohl der König nach der Arbeit das müde Haupt legen, damit es wie ein Stern am Firmament leuchte. Eine andere Kopflehne aus Fayence gleicht einem Klappstuhl, an ihr tritt das Ästhetische an die Stelle des Symbolischen. Noch andere Kopflehnen könnten erwähnt werden, mit dem Text: »Dessen Haupt zu heben, der darniederliegt.« Alle Inschriften des Grabes wurden von Dr. Alan Gardiner entziffert.

Ein sehr zerbrechliches Stück ist die Totenbarke. Heck und Bug zeigen den gehörnten Kopf eines Bockes. Hinten am Steuer steht eine Zwergin mit einwärtsgedrehten Füßen, eine Mißgestalt des achondroplasischen Typs, erstaunlich naturgetreu wiedergegeben. Über vier Säulen erhebt sich ein Baldachin, unter ihm steht ein Sarkophag. Auf dem Vordeck sitzt eine Göttin, an der Brust eine Lotosblume. Das wundervolle Modell könnte ein Tafelaufsatz sein. Das Stück zählt zu den schönsten Gegenständen des Grabes. Es ist aus Alabaster hergestellt.

Streichhölzer, Phosphor und Schwefel kannten die Alten nicht; ihr Feueranzünder war der Drillbohrer mit dem klobigen Feuerstein, wie ihn alle Urvölker benutzten. Immerhin, ein solcher Feueranzünder lag in der Kammer.

Alles spricht dafür, daß die Diebe zweimal im Grabe waren. Einmal um des Goldes willen, dann wegen der kostbaren Öle und Salben, die reichlich im Grabe waren. Es haben 43 Gefäße mit 350 Litern dieser Fette in der Kammer gestanden; einst versiegelt, waren sie von den Dieben aufgebrochen worden. Die 43 Behälter waren aber

keineswegs handelsübliche Fässer oder Kanister. Jedes Gefäß war eine prachtvolle Schöpfung keramischer Werkstätten. Kostbare Arbeiten sind darunter, aus Alabaster, in die Steinmetze und Bildhauer schöne Motive eingemeißelt hatten. Die Gefäße waren 21 bis 76 Zentimeter hoch, zwei Gefäße hatten je 14 Liter Fassungsvermögen. Sie alle zeigten Aufschriften; eine Salbe war 85 Jahre vor der Geburt Tut-ench-Amuns hergestellt worden.
Abgelagerte Salben waren wertvoller. Zwei Krüge trugen den Namen Thutmosis' III., als Beweis für das Alter der Salbe. Diese Fette waren begehrt, und die Diebe haben sicher gute Schwarzmarktgeschäfte damit gemacht. Alle Gefäße waren entleert, nur Reste blieben zurück. Außer den Schäden durch Diebe hat noch die Feuchtigkeit abträglich gewirkt, trotz dem warmen, trockenen Klima Ägyptens. In erster Linie sind fast alle Webstoffe der Zersetzung anheimgefallen, schöne Gewänder aus Gobelinstoffen und Leinen, mit Stickereien verziert. Auch alle Klebstoffe, wie Leim, lösten sich bei Berührung auf. Der Vorsitzende der *Society of Antiquaries* schrieb einmal: »Der Archäologe hat kein Recht, skrupellos zu zerstören oder künstlerische Werte zu vernachlässigen. Sein Amt ist es im Gegenteil, das Alte neu zu erschaffen.«
Das hat Carter getan. Die Frage aber, wie die kaum merkliche Feuchtigkeit ins Grab gelangte, kann nicht erschöpfend beantwortet werden. Wenn dennoch vieles gut erhalten ist, mag das auf die dörrende Wärme und den Salzgehalt des Kalkgesteins zurückzuführen sein.
Nach Vollendung der Grabanlage hatten Handwerker einige Dekken und Wände mit Kalk überstrichen, dadurch gelangten feuchte Substanzen ins Grab. Die Früchte und der Wein haben das Ihrige dazu beigetragen. Im Altertum hat Ägypten stärkeren Regen gekannt; es mag vorgekommen sein, daß subtropische Wolkenbrüche das »Tal« zu einem Wasserfang gemacht haben. Aber Felsen- und Talgrund haben keine Wasser durchgelassen. Wahrscheinlich mag irgendwo eine winzige Ader im Kalkstein Feuchtigkeit gespendet haben. Jedenfalls zeigten sich einige schimmlige Stellen im Grab als Zeichen einstiger Feuchtigkeit. Noch ein anderer Feind ist im Grab gewesen: der Holzwurm. Er hatte einige Stäbe angefressen, muß dann aber eingegangen sein, als das Grab abgeschlossen wurde.
Carter schrieb: ». . . wir haben hier eine Entdeckung, die unsere kühnsten Träume übertraf. Wir waren in der glücklichen Lage, die

bedeutendste Sammlung zu machen.« Carter war sehr zufrieden mit dem Inhalt der beiden Kammern und ahnte nicht, was er noch alles finden sollte. Er hat wohl auch an jenen Papyrus gedacht, der uns eine Geschichte des Ägypters Sinuhe überliefert. In diesem Dokument, etwa 4000 Jahre alt, wird folgendermaßen über eine Totenbestattung berichtet:

»Du hast des Tages gedacht, an dem man begraben und zur Ehrwürdigkeit geleitet wird. Ein Abend wird dir gewidmet mit Zedernöl und Binden von der Hand der Tait (Göttin der Weberei). Man macht dir den Leichenzug am Tage der Beisetzung, die Mumienhülle ist aus Gold und ihr Kopf aus Lapislazuli; der Himmel (der Schrein) ist über dir, und du bist auf einen Schlitten gelegt. Ochsen ziehen dich, und die Sänger gehen vor dir. Tänze der Muu vollzieht man an der Tür deines Grabes, man rezitiert die Opfersprüche, und man schlachtet an deinen Opfersteinen.«

Zwischen Lord Carnarvon, der die Ausgrabungen finanzierte, und dem Archäologen Carter war es unerwartet zu ernsten Differenzen gekommen, mit denen kein Mensch gerechnet hatte.

In Carters Konzession für Ausgrabungen hatte Ägyptens Regierung in zwölf Punkten ihre Bedingungen festlegen lassen. In den Punkten 8, 9 und 10 der Vereinbarung hieß es beispielsweise:

»8. Mumien von Königen, Fürsten, Hohenpriestern und Mitgliedern des Hofes sollen mit ihren Särgen und Sarkophagen Eigentum der Altertümerverwaltung werden.

9. Die Funde unberührter Gräber sollen ungeteilt der Verwaltung für die Altertümer übergeben werden.

10. Bei Gräbern, die einst durchsucht worden sind, soll die Verwaltung für Altertümer, außer den Mumien und Sarkophagen, alle Gegenstände, die von erster Bedeutung für Geschichte und Archäologie sind, für sich reservieren und den Rest mit Konzessionsberechtigten teilen.

Da es wahrscheinlich ist, daß die Mehrzahl der Gräber, die entdeckt werden können, unter die Kategorie des Paragraphen 10 fallen, wird zugestanden, daß der Anteil des Konzessionsberechtigten ihn für die Mühen und die Arbeit des Unternehmens entschädigen soll.«

Als der Inhalt der Vorkammer mit ihren reichen Gegenständen überblickt worden war, erklärte die ägyptische Regierung, der Grabinhalt falle unter die Rubrik »Gegenstände von erster Bedeutung«, und forderte ihn deshalb für sich.

Lord Carnarvon war keineswegs dieser Ansicht, denn er hatte die Grabungen nicht aus reinem Idealismus vornehmen lassen. Carter hingegen erachtete sich der ägyptischen Regierung gegenüber verpflichtet. Es kam zu schweren Auseinandersetzungen zwischen den beiden, und es sollte noch einige Zeit vergehen, bevor sie sich wieder miteinander versöhnten.

GOTT IN GOLDENEN SÄRGEN

Im Laboratorium nahmen die Arbeiten kein Ende. Nun, da zwei Kammern ausgeräumt waren und dadurch Platz geschaffen war, entschloß sich Carter endlich, die Wand zwischen den beiden Wächterstatuen zu öffnen. Wie bereits gesagt, war sie im Altertum von Dieben durchbrochen, vom Verwalter der »Totenstadt« zugemauert und neu versiegelt worden, um das Ruchlose ungeschehen zu machen.

Carter hatte wieder Gäste eingeladen. Von der Ahnung erfüllt, daß er jetzt ein Heiligtum entdecken werde, öffnete er pochenden Herzens die dünne Wand. Als dann der Scheinwerfer durch ein größeres Loch leuchtete, strahlte ihnen eine große goldene Wand entgegen. Ergriffen starrten alle in den goldenen Raum – es war die Sargkammer, 6,40 × 4,03 Meter im Ausmaß. Nun war es erreicht! Aber die Gedanken an die Diebe bedrückten alle, denn auf dem Boden der goldenen Wand lagen ein prächtiges Diadem und einige Schmuckstücke.

Als die Leichtwand abgebrochen war, stand ein vergoldeter Schrein (5,20 Meter lang, 3,35 Meter breit, 2,75 Meter hoch) wie ein Katafalk vor den Staunenden. Seine Füllungen glänzten in blauer Fayence, ein prachtvolles Werk, mit Zauberzeichen bedeckt, die dem

Grab Sicherheit und Schutz verleihen sollten. Als Schutzmaßnahme sind auch die beiden Horusaugen auf der Längsseite gedacht. Im Schrankgesims sieht man die heilige Schlange und über den Türen die geflügelte Sonne. Aber leider – vor der Schreintür lag auf dem Erdboden ein zerbrochenes Siegel mit dem Skarabäus des Tut-ench-Amun. Eines war jetzt völlig klar: die Forscher standen in der Sargkammer des Königs, doch Diebe waren vorher hier gewesen. Es war ein niederschmetternder Eindruck. Ist die Mumie beraubt, zerstört und gestohlen worden? Bange Stunden verliefen dann, bis es möglich war, die Türen des Schreines zu öffnen. Dann aber schlug die glücklichste Stunde aller Anwesenden. Carter öffnete die Türen, und man konnte nun einen zweiten inneren Schrein erkennen, noch prächtiger als der erste. Aber viel wichtiger war das Siegel dieses zweiten Schreines. Es war heil, unangetastet, und deutlich prangten die Siegelzeichen Tut-ench-Amuns. Hinweg mit allen Zweifeln! Telegramme jagten in die Welt hinaus, alle Zeitungen brachten in dicken Lettern: Tut-ench-Amun entdeckt, unverletztes Siegel schließt jeden Zweifel aus! Die Welt hat Großes zu erwarten!

Einer aber sollte die Nachricht nicht mehr hören: Lord Carnarvon, der Finanzier dieser Ausgrabung, war Monate zuvor angeblich von einem Moskito gestochen worden und unerwartet gestorben. War das ein Fluch des Grabes, ausgesandt von den Schutzgöttern, vom Totengott Osiris? Von Millionen Moskitostichen ist selten einer giftig, und wenn, dann ist eine Malaria die Folge, die in heutiger Zeit heilbar ist. Lord Carnarvon starb aber binnen kurzer Zeit. »Diese Leute werden Gold ... und den Tod finden!« Das sagte ein Fellache prophetisch, als das Grab entdeckt wurde. Sollte er recht haben? An Warnungen hat es nicht gefehlt, es warnten Fanatiker und abergläubische Menschen, es warnten auch Zeitungen.

Fachhandwerker zerlegten den äußeren Schrein. Das war schwierig und forderte vierzehn Tage voller Geduld; die Zedernbretter waren mehr als 5 Zentimeter dick. Infolge der langen Lagerzeit waren sie eingetrocknet, der Stucküberzug dagegen etwas gedehnt, es bestand daher die Gefahr, daß die vergoldete Verzierung abfalle. Schwierig war auch der Transport, denn eine Breitseite wog über 350 Kilogramm, der ganze Schrank etwa 1 500 Kilogramm.

Dann galt es, ein riesiges Bahrtuch zu entfernen, das um den zweiten Schrank gehangen hatte. Das schwarze Tuch war mit tausend goldenen Sternchen benäht, lag aber jetzt fast gänzlich auf dem Boden.

Morsch geworden und durch die eigene Schwere an seinen Ösen abgerissen, war es heruntergefallen. Es der Nachwelt zu erhalten, gehörte zu den Pflichten des Forschers. Duroprin, mit Sylol verdünnt, ist ein brauchbares Mittel zum Konservieren der Webstoffe. Es wird von den Fasern der Webwaren aufgesaugt; und so werden sie etwas haltbarer. Es sei noch erwähnt, daß alle in dem Grab gefundenen Webstoffe aus reinem Flachs ohne Baumwolle hergestellt waren. Die Webarten waren sehr verschieden, ein Beweis für die Vielseitigkeit der Webkunst.

Endlich stand der zweite Schrein frei. Ebenfalls ein Prachtstück, vergoldet, mit blauen Einlagen und Schutzemblemen verziert. Das unverletzte Totensiegel zeigte auf der einen Seite den Vornamen des Königs, Neb-cheperu-Ré.

Bevor Carter das Totensiegel aufbrach, wurde er von vielen Seiten vor dem Fluch der Pharaonen gewarnt, der den Grabräuber treffen würde. Aber Carter dachte nur an den Dienst, den er der Wissenschaft zu erweisen hatte. Er erbrach das Siegel, löste seine Schnüre, die durch zwei metallene Krampen liefen, und öffnete langsam die Tür des Heiligtums. Hier aber fand man einen weiteren Schrein mit Türen, ebenfalls versiegelt, also in dem zweiten Schrein einen dritten.

Sollte das dritte Siegel nochmals ein mahnendes Zeichen für den Forscher sein? Er erbrach es, öffnete auch diese Tür, und nochmals bot sich das gleiche Bild: ein vierter Schrein mit Siegel. Vier Schreine ineinander geschachtelt, einer so prächtig wie der andere, ein unbeschreiblicher Augenblick! Erregt löste Carter auch diese Versiegelung, und als sich abermals eine Tür auftat, leuchtete ein wunderschöner Sarkophag aus gelbem Quarzit hervor, unberührt, wie ihn Menschen vor 3350 Jahren hergestellt hatten. Alles glitzerte, das Gold der Schränke und der blankpolierte Sarkophag; ein zauberhafter Anblick!

Der äußere Schrank war bereits abgebaut, unter schwierigen Verhältnissen folgten die drei inneren Schreine, Wochen hat das gedauert. Der vierte war der prächtigste. Alle Seiten waren innen und außen mit religiösen Texten bedeckt, Schutzgöttinnen waren ihnen beigegeben. Die Schöpfer dieser Schreine waren große Meister. Zwischen den kleinen Hohlräumen der einzelnen Schränke standen noch viele Geschenke: schöne Vasen, einige Wedel aus Straußenfedern, vergoldete Pfeile und Bogen, Gefäße und Statuen.

Der Sarkophag ist ein großartiges Steindenkmal aus einem Stück: 2,75 Meter lang, 1,50 Meter breit und 1,50 Meter hoch, ein imposanter Block aus edlem Quarzit. In Hochrelief stehen an den vier Ecken vier Schutzgöttinnen: Isis, Nephthys, Neith und Selket. Wie Engel umspannen sie mit geöffneten Armen und Flügeln den Sarkophag.
Die Erhabenheit und Stille der Gruft zwangen die Anwesenden zu Ehrfurcht, und sie erlebten den Augenblick mit, da man den Toten in den Sarg gebettet hatte. Alles schien frisch und von der Zeit unberührt. Ein steingewordenes Gebet. Wie aber fertigten die Alten ein solches Kunstwerk an? Der Steinsarg wiegt etwa 2800 Kilogramm. Wo und wie wurde der Quarzit geschlagen, verarbeitet, wie wurde er in die enge Grabkammer gebracht?
Der Deckel des Sarkophags war aus Rosengranit, poliert, mit Inschriften versehen, und wog 600 Kilogramm. Bei der niedrigen Deckenhöhe der Kammer erhebt sich die Frage: Wie haben ihn die Menschen auf den Sarkophag legen können? Schließlich entdeckte man noch, daß der Deckel in der Mitte durchbrochen, aber wieder fein verkittet und mit roter Farbe überstrichen war.
An den Wänden der Grabkammer waren einige Zeremonien der Beisetzung in Bildern wiedergegeben. Ein Gemälde zeigte, wie der königliche Nachfolger, ein Gefäß schwenkend, den letzten Weihrauch für die Seele des Verstorbenen verbrannte. Ein anderes Fresko an der Nordwand zeigte den Nachfolger, wie er an der Leiche die feierliche Mundöffnung vollzog.
Man errichtete ein Gerüst aus Bohlen und Balken in der Kammer und befestigte daran zwei Kettenaufzüge. Als mit einem Eisenhebel die Steinplatte etwas gelüftet war, konnten Taue unter den Deckel gelegt werden.
Wieder kamen Gäste herbei, Vertreter der ägyptischen Regierung, Archäologen mit ihren Damen, eine ganze Prozession. Auf ein Zeichen Carters zog der Vorarbeiter die Ketten langsam an, und die Taue knackten unter der Last. In wenigen Minuten schwebte der Deckel 50 Zentimeter über dem Sarkophag. Ihn höher zu heben, verhinderte die niedrige Kammer.
Der erste Blick in den Sarkophag war enttäuschend, denn es war nichts zu sehen als nur dunkle Tuchmassen, Decken und Bahrtücher. Carter rollte die erste Decke auf. Sie war einmal weiß gewesen, infolge der langen Liegezeit aber entfärbt, dunkel, wie von Rauch

Oben: Tempel von Luxor. Blick in den Säulensaal. 18. Dynastie.
Unten: Hof Ramses' III. im Amuntempel in Karnak. 20. Dynastie
Vorhergehende Seite: Die Schutzgöttin Selket. Goldene Statuette aus einer Nebenkammer im Grab Tut-ench-Amuns

Säulen des Amuntempels in Karnak

Goldener Falke. Aus dem Grab Tut-ench-Amuns

Rechte Seite: Goldener Löwenkopf. Aus dem Grab Tut-ench-Amuns

Sethos mit Nechbejet und Buto. Aus dem Tempel Sethos' I. in Abydos. 19. Dynastie

22 Meter hohe Statuen an der Fassade des Felsentempels
von Abu Simbel. 19. Dynastie

Teilansicht einer bemalten Holztruhe. Aus dem Grab Tut-ench-Amuns

Brustschild Tut-ench-Amuns

Lebensgroße Darstellung Tut-ench-Amuns

Im Totentempel Ramses' III. in Medinet-Habu

Gefesselte nubische Gefangene. Vom Fries vor dem Eingang zum Großen Tempel von Abu Simbel

Der Gott Anubis. Teil der Wandmalerei im Grab des Haremhab.
19. Dynastie

Linke Seite: Tut-ench-Amun. Bemalter Porträtkopf

Schreiber. Dioritstatue. 26. Dynastie
Rechte Seite: Tor vor dem Chonsu-Tempel in Karnak.
Ptolemäerzeit (2. Jh. v. Chr.)

Hieroglyphen aus dem Grab der Nofritari, Gemahlin Ramses' II.
19. Dynastie

geschwärzt. Insgesamt gab es sechs lange Tücher aus feinem Linnen. Endlich sah die Welt ein weiteres Wunder: einen goldenen Sarg in Menschengestalt. Unberührt lag der Pharao da; es schien, als habe die Zeit stillgestanden. Ein Gott und König lag in dem Sarg. Ein Jüngling und Schwächling, der die gesunden Kräfte einer Revolution nicht zu nutzen gewußt und das großartige Erbe seines Vorgängers, das Streben nach der ersten geistigen Emanzipation der Menschheit, nicht fortzusetzen verstanden hatte. Dieser junge König war den machtlüsternen Priestern ausgeliefert und hatte ihnen alles zurückgegeben, wonach sie strebten. Deshalb hat ihm die siegreiche Priesterwelt aus Dankbarkeit ein ehrenvolles Staatsbegräbnis gewährt und so viel Prunk und Gold dabei aufgebracht, wie ihnen ihr Sieg wert gewesen ist.

Nach solchem Erlebnis verließen Carter und die Gäste das Grab. Am nächsten Tage sollte der Sarg herausgenommen werden, da aber trat ein sehr ernster Zwischenfall ein, mit dem niemand gerechnet hatte. Der zuständige Minister hatte Carter telegraphisch untersagt, Frauen der Wissenschaftler in das Grab zu lassen. Damit seine Anordnung befolgt werde, war das Polizeiaufgebot für das Grab verstärkt worden.

Womit hatten die Forscher solche Herausforderung verdient? Als Gegenmaßnahme weigerten sie sich, ihre Arbeit fortzusetzen. Carter ließ in Luxor an den Anzeigetafeln und in der Zeitung bekanntgeben, daß er gegen die Beschränkung und Unhöflichkeit des Ministers für öffentliche Arbeiten schärfstens protestiere und sich weigere, an der Erforschung des Grabes weiterzuarbeiten. »Ich bin gezwungen, das Grab heute nach der Pressebesichtigung um 12 Uhr wieder zu schließen . . .«

Carter hatte die Bekanntmachung selbst unterschrieben und das Grab tatsächlich geschlossen. Aber er glaubte, daß in wenigen Tagen die Schwierigkeiten mit der Regierung beigelegt sein würden, deshalb ließ er den Deckel des Sarkophages hängen. Die Regierung andererseits verbot nun Carter das Betreten, falls er innerhalb von 48 Stunden die Arbeit nach den Bedingungen der Regierung nicht wieder aufnähme. Gleichzeitig drohte sie mit Entzug der Konzession.

Carter beantragte nun beim »Gemischten Schiedsgericht« in Kairo, ihn als Verwalter des Grabes einzusetzen. Zugleich beantragte er beim Minister, das Grab betreten zu dürfen, um den schweren Steindeckel herabzulassen. Die Regierung lehnte ab und bezichtigte

Carter der Nachlässigkeit, weil er den Deckel habe hängen lassen, gleichzeitig hob sie kurzweg die Konzession auf. Carter lebte nun schon dreißig Jahre in Ägypten. Er hatte das Grab Thutmosis' IV. gefunden und war zuletzt Chefinspektor der Altertümer in Oberägypten geworden. Den größten Teil seiner Arbeit aber hatte er dem Grabe Tut-ench-Amuns gewidmet. Nach vielen Entbehrungen hatte er es endlich gefunden, seine Tat war eine Leistung, die Ägypten großes Ansehen eingebracht hatte. Viele Besucher strömten ins Land, der Reiseverkehr stieg erheblich an, und dadurch besserten sich Ägyptens Finanzen. Carter hatte Gesundheit und finanzielle Vorteile geopfert, denn er war ein äußerst gewissenhafter Mensch, der jede Phase der Ausgrabung selbst überwachte. Schließlich hatte er sich noch mit seinem Freund, Lord Carnarvon, überworfen, indem er dafür eintrat, daß der ganze Fund im Lande bleiben müsse. So viel Gutes für ein Land, das er liebte! Nun wurde er durch Verordnungen zur Aufgabe seiner Arbeit gezwungen.
Eines Tages, der Streit war noch nicht entschieden, erschien ein Vertreter der Regierung mit Rechtsanwälten und Handwerkern. Weil Carter sich geweigert hatte, die Schlüssel herauszugeben, wurden jetzt die Schlösser aufgebrochen. Man ließ den Deckel herunter, schloß das Grab mit neuen Schlössern ab und ließ verstärkte Polizeiposten aufziehen. Für Carter waren das bittere Tage. Er sah sich gezwungen, einen Rechtsanwalt mit seinen Interessen zu beauftragen, außerdem bemühte sich der amerikanische Forscher Breasted sehr um die Beilegung des Streites. Das war nicht einfach; Vorschläge, Anträge, Ablehnungen und Verdächtigungen gingen hin und her. Untröstlich reiste Carter nach England ab.
Der Streit hatte politische Gründe. Ägypten stand unter englischer Besatzungsmacht. Zur Zeit, als Carter das Grab entdeckte, gelangten durch Wahlen die Nationalisten an die Regierung, die nicht nach Englands Pfeife tanzten. Es kam zu Unruhen gegen die im Lande lebenden Engländer und Franzosen. Aus diesem Grunde also war man auch gegen Carter. Im Verlauf der Unruhen wurde der englische Oberbefehlshaber, Sir Lee Stack, in Kairo ermordet. Nach diesem Mord stellte England seinen Einfluß wieder her, und Carter gelangte von neuem zu vollen Ehren.
Kehren wir nun wieder ins Grab zurück. Das goldene Abbild des knabenhaften Königs in kunstvoller Ausführung lag in dem Stein. Ein Mumiensarg in Menschengestalt, 2,25 Meter lang, füllte den

ganzen Sarkophag aus. Auch hier wieder war von Bildhauern das Federmuster von Engelgöttinnen in den Deckel des Sarges gearbeitet worden, die den Leib des Königs beschützen sollten. Eine vollendete Bildhauerarbeit zeigte plastisch den ganzen Oberkörper des Königs, der da ausgestreckt lag wie ein Kreuzfahrer auf der Grabplatte in einer Kathedrale. In der einen Hand hatte er den Krummstab, in der anderen die Geißel. Das Gesicht und die oberen Handflächen waren in Gold getrieben, für die Augen hatte man Aragonit und Obsidian, für Augenbrauen und Lider lapislazulifarbiges Glas verwendet.

Der prachtvolle Sarg war aus Holz und stuckvergoldet. An der Stirn des jungen Königs prangten die beiden Königssymbole, Schlangenkopf und Geierkopf, heilige Wahrzeichen von Ober- und Unterägypten. Schöner als alles Gold mochte der kleine Blumenkranz wirken, den ihm die jugendliche Witwe in rührender Liebe als Abschiedsgruß auf die Brust gelegt hatte.

Es war schwer, den 900 Kilogramm schweren Sarg herauszuheben. Im Sargdeckel saßen vier silberne Griffe noch fest genug, man konnte also den Sarg leicht öffnen. Das war wieder ein aufregender Augenblick. Zunächst sah man ein Bahrtuch aufgebreitet. Auf ihm lagen Girlanden aus Oliven, Weidenblättern, Kornblumen, Lotosblüten und wieder ein sehr kleiner Kranz aus Kornblumen. Darunter aber kam ein zweiter Sarg zum Vorschein, das herrlichste Werk ägyptischer Sargtischlerei. Wieder war der Sarg in der Gestalt des Königs als Gott Osiris dargestellt. Innerlichkeit und Schönheit strahlte das Antlitz des Pharaos aus, das wieder aus purem Gold getrieben war.

Dieser zweite Sarg war etwas kürzer; schwere Goldverzierungen und Edelsteineinlagen machten dieses Meisterwerk noch schöner als den ersten Sarg. Aber das unerklärlich große Gewicht erschwerte das Öffnen der Särge. Der innere Sarg paßte genau in den äußeren. Nach Tagen größter Anstrengungen gelang es dann, den inneren Sarg freizulegen.

Nun konnte er geöffnet werden, und wieder gab es aufregende Stunden. Zunächst zeigte sich ein rötliches Leinentuch, auf dem Blumen- und Perlenschmuck lagen, durch das undichte Gewebe aber glänzte Gold. Dann folgte die Überraschung! Das Rätsel des schweren Gewichtes war gelöst! Ein dritter Sarg, diesmal aus massivem Gold, 1,85 Meter lang und 110 Kilogramm im Gewicht, lag den

Forschern zu Füßen. Abermals ein Meisterwerk, wieder das Gesicht des Königs, wieder umspannten geflügelte Göttinnen schützend den edelsteinverzierten Sarg.
Auf dem Unterteil des goldenen Sarges verlaufen parallel von oben nach unten zwei Streifen mit einer Inschrift, einem Gebet, einem Anruf an die Gottheit: »Du große Himmelsgöttin Nut, breite Deine schützenden Flügel aus über mich so lange, wie die unvergänglichen Sterne leuchten.«
Welch ein Werk, 110 Kilogramm Gold für einen Sarg! Es verschlug uns zunächst allen die Sprache. Träumten wir? Als ich nach Tagen das Geschehen immer noch nicht fassen konnte, klopfte ich mit dem Ring am Finger gegen den Sarg, um den Klang des Goldes zu hören. Carter sagte: »O yes, Mister Neubert, it's all pure gold!«
Die unermeßlichen Schätze, die man im Grabe des jungen Königs Tut-ench-Amun, eines so kurzlebigen und eher unbedeutenden Herrschers, fand, lassen auf die Schätze schließen, welche die Gräber der großen Pharaonen enthalten haben mochten.
Es war schwierig und zeitraubend, die Särge auseinanderzunehmen. Die Fugen waren mit Salbölen regelrecht verkittet. Außerhalb des Grabes mußte ein Feuer angemacht werden, über dem der Sarg erwärmt wurde, um die Pechmasse aufzuweichen. Das alles war sehr umständlich und erforderte viel Zeit und Geschicklichkeit.
Schließlich gelang es, den goldenen Deckel zu lüften, und wieder fand man ein Bahrtuch. Diesmal in rötlicher Farbe, darunter lag endlich die Mumie. Aber nicht so, wie die Alten sie hingelegt hatten, sondern beinhart und geschwärzt von den Salbmassen. Überstrahlt wurde sie von einer pomphaften Goldmaske, die wie ein Panzerhelm über Kopf und Schulter der Mumie saß. Ein Helm aus purem Gold, ein weiteres Meisterwerk der Antike!
Mit besonderem Geschick waren um die Mumie Streifen aus Gold gewickelt, überall mit Sprüchen versehen. Möge einer wiedergegeben sein:
»Die Himmelsgöttin Nut, die große Gottesmutter, spricht: Ich bin deine Mutter, die deine Schönheit geschaffen hat, o Osiris, König, Herr der Länder, Neb-cheperu-Ré; deine Seele lebt, deine Adern sind stark. Du atmest die Luft und gehst aus als ein Gott, indem du ausgehst wie Amun, o Osiris, Tut-ench-Amun. Du gehst aus und trittst ein mit Ré, wie trefflich ist dein Adel, wie mächtig dein Thron. Dein Name ist in dem Mund der Untertanen, deine Unendlichkeit

ist in dem Mund der Lebenden, o Osiris, König Tut-ench-Amun, dein Herz ist deinem Körper ewiglich. Er ist an der Spitze der Lebenden, wie Ré bleibt im Himmel.«

Nach arbeitsreichen Wochen konnte man sich endlich ganz der Mumie widmen. Zunächst wurde diese einer Röntgenuntersuchung unterzogen. Wieder waren prominente Personen versammelt. In würdiger Weise sollte die Freilegung der Leiche erfolgen, doch es gab eine große Enttäuschung.

Zu Konservierungszwecken hatten die Alten große Mengen von Leinöl verwendet; während Tausender von Jahren hatten chemische Reaktionen eine gewaltige Erhitzung herbeigeführt, die den Sarginhalt fast zum Verkohlen brachte. Ursprünglich meinte man deshalb vielfach, die Mumien seien verbrannt.

Die Untersuchung ging also nur unter Schwierigkeiten vor sich. Über die obere Lage goß man Paraffin, um sie zu härten.

Dann wurde das sechzehnfache Leinen von der Brust bis zu den Füßen flach angeschnitten. Zwischen den Binden fand man zahlreiche Schmuckstücke aus Gold. Weiter fand man den Schnitt in der Bauchdecke. Also sind einst die Eingeweide entfernt worden; wo sie geblieben sind, wußte man damals noch nicht. Die Alten hatten in verschwenderischer Weise Unmengen von Fetten und Salbölen verwendet, offenbar als Weihe des toten Königs vor seinem Eingang zum großen Gott Osiris in die Unterwelt. Obwohl man feinstes batistartiges Leinen zum Einwickeln und Bandagieren verwendet hatte, war es doch des Guten zuviel. Als man im Altertum die stark eingefettete Mumie in den Goldsarg legte, goß man noch reichlich Öl dazu. Diese Fettmassen haben sich im Laufe der Jahrtausende verdickt und wirkten dadurch zersetzend, statt erhaltend. Verkohlung und Zerfall statt Ewigkeit, Zersetzung der Fette in Fettsäure, Oxydieren des Harzes und Selbstverbrennung; zudem bildeten die Salböle ein pechartiges Bindemittel.

Der Bauchschnitt war 86 Millimeter lang und verlief parallel der Linie, die sich vom Nabel bis zum vorderen Darmbeinstachel zieht. Die Kopfhaare waren kurz geschnitten, die Schamhaare abrasiert. Der Phallus, 12 Zentimeter lang und beschnitten, war vorgezogen, umwickelt und dann durch Binden vom Unterleib her in ithyphallischer Stellung aufrechtgehalten.

Die Haut des Körpers war von grauweißer Farbe, brüchig und voller Risse. Die linke Kniescheibe konnte mit der Haut zusammen ab-

gehoben werden. Darunter wurde das untere Ende des Oberschenkelknochens mit dem Gelenkknorpel sichtbar, der losgelöst vom Knochenschaft und beweglich war.
Die fortgeschrittene Verwachsung der Gelenkknochen, die Verknöcherung des Knorpels am inneren Gelenkkopf des Oberarmknochens, die Brüche in der Haut und den Deckgeweben über den Schenkelknochen und noch andere anatomische Befunde ergaben, daß der König achtzehnjährig gestorben war. Er war 1,67 Meter groß; zwei Wächterstatuen aus Holz in der Vorkammer, den König darstellend, waren ebenso groß.
Die Schädelhöhle war entleert und danach mit etwas Harz angefüllt worden; die Nasenpfropfen aus harzgetränktem Textilgewebe sollten das Ablaufen verhindern. Die Augen mit ihren langen Wimperhaaren waren halb geöffnet und nicht besonders behandelt. Die Oberlippe war leicht aufgeworfen und entblößte die großen Schneidezähne. Die Ohren waren klein und gut geformt; in den Ohrläppchen waren Löcher für Ohrringe.
Der Schädel (Breitschädel) ist flach und hat ein starkes Hinterhaupt. Auf der linken Seite ist eine ausgesprochene Verdickung erkennbar; die Gegend hinter der Bregma ist eingedrückt. Die seltene Kopfform gleicht der seines Vaters (von Elliot Smith 1907 untersucht), der zugleich sein Schwiegervater war, und die Blutsverwandtschaft der beiden Könige erkennen läßt.
Die Mumie war reich mit Gold und Edelsteinen geschmückt. Es seien genannt: zunächst eine schwere dreifache Halskette, als Anhänger ein schöner Skarabäus mit Zauberspruch und dem Bild eines Phönix. Dann ein Krummstab und eine Geißel. Ein Prachtstück war der Seelenvogel, aus Zellenwerk gearbeitet; er lag mit ausgebreiteten Flügeln schützend auf der Brust des Königs. Ein Diadem als Kopfbinde war mit Gold und Karneol ausgelegt, die Stirnbänder waren mit Perlen besetzt. Sechs Amulettkragen waren aus biegsamen Goldplättchen kunstvoll zusammengesetzt, an einem Nechbetkragen zählte man 256 solcher Plättchen.
Unter einem Leibgürtel aus getriebenem Gold steckte ein Dolch von seltener Schönheit. Das Heft des Dolches, eine goldene Scheide und die Klinge waren mit schönen Gravierungen versehen. Auf dem Knauf waren der Königsname und eine Inschrift zu lesen: »Der gute Gott, der Herr der Tapferkeit (gemeint ist Tut-ench-Amun), Nebcheperu-Ré.«

Zu dem erwähnten Gürtel gehörte ein Schurz aus sieben goldenen Platten, die mit farbigem Glas belegt und mit Perlkanten zusammengenäht waren. Der Schurz reichte vom Unterleib bis zu den Knien. Daneben lag ein anderer Dolch mit goldener Scheide. Der Griff war in Streifen gegliedert, mit Goldkörnern und bunten Steinen verziert.

Das Erstaunliche an dieser herrlichen Waffe war die Klinge aus Eisen; sie glänzte wie Stahl aus unserer Zeit. Das Eisen kam vielleicht von den Hethitern aus Kleinasien. Hundert Jahre später, zur Zeit Ramses' II., wurde es als Handelsware in Ägypten eingeführt. Das Eisen verdrängte damals die Bronze, wie das Kupfer der Bronze hat weichen müssen.

Sodann kam unter den Hüllen ein flacher Kragen aus dunkelblauen Fayenceperlen zum Vorschein. Er reichte vom Nabel bis zur Scham und besaß wundervolle Verschlußstücke. Mitten auf dem Oberkörper lag ein Reif aus Gold und Glas; er gehörte zu acht Reifen, die an anderer Stelle unter dem Leinen lagen.

An den Beinen saßen acht Goldreifen, auf allen Zehen der Füße saß je eine goldene Hülse, äußerlich als Zehe nachgeahmt, desgleichen goldene Hülsen auf jedem Finger. An den Unterarmen prangten elf prachtvolle Goldreifen, an den Fingern fünfzehn goldene Ringe. Beigefügt waren sechs Paar Ohrringe aus der Kindheit des Königs, herrliche Halsketten, im ganzen 143 Schmuckstücke. Es würde zu weit führen, sie alle aufzuzählen. Eine kleine Kopflehne mag abschließend erwähnt sein, weil sie aus Eisen war. Wichtig ist auch ihre Inschrift, die sich nicht erfüllte:

»Erwache aus der Ohnmacht, in der du schläfst; du triumphierst über alles, was gegen dich getan ist . . . Gott Ptah hat deine Feinde niedergeworfen; sie liegen jetzt da und existieren nicht mehr.«

Tut-ench-Amun muß im März oder April beigesetzt worden sein. An sich ist das belanglos, doch die Blumen im Grab verraten es. Es waren ein Strauß und drei ganz kleine Kränze, in der Hauptsache aus Kornblumen. Da diese in Ägypten im März und April blühen, kann die Beisetzung für diese Zeit angenommen werden. Von einer außerdem vorhandenen Wasserlilie, die erst im November blüht, ist anzunehmen, daß sie in thebanischen Gärten gezüchtet und zeitig zur Blüte gebracht wurde.

Zwei Königsembleme waren ebenfalls angebracht. Für Unterägypten die Butoschlange, für Oberägypten der Nechbetgeier. Die Leiche des Königs war in Richtung Ost-West beigesetzt, mit dem Kopf nach Westen. Am linken Schenkel lag deshalb Buto, am rechten der Geier. Beide Embleme waren also ihrem jeweiligen Lande zugekehrt.

Haben wir das Recht, die Hypothese, daß ein Fluch über dem Grabe Tut-ench-Amuns liege, ganz von der Hand zu weisen? Lord Carnarvon starb völlig unerwartet. Warum hatte man das Gerücht verbreitet, daß sein Tod auf einen Moskitostich zurückzuführen sei und nicht auf den eines Skorpions, eines den Ägyptern heiligen Tieres, wie es der Wahrheit entsprach? Warum verschwieg man die Grabinschrift, die da lautete: »Der Tod wird jeden mit seinen Schwingen erschlagen, der den toten Pharao stört.« Während seiner Agonie sprach Carnarvon mehrmals im Delirium den Namen Tut-ench-Amuns aus und rief in einem lichten Moment: »Es ist aus mit mir, ich habe den Ruf vernommen und mache mich bereit.« Im selben Augenblick ging im ganzen Haus das Licht aus, und die Krankenschwester verließ entsetzt das Zimmer. Als sie nach zehn Minuten zurückkehrte, war Lord Carnarvon tot. Er war nur 57 Jahre alt geworden.

Ohne uns mit einer Aufzählung weiterer Todesfälle aufzuhalten, die mit dem »Fluch der Pharaonen« in Verbindung gebracht werden, möge hier nur noch folgende interessante Geschichte erwähnt werden:

Carter, der während seiner Forschertätigkeit in Ägypten keine Zeit für ein Familienleben hatte, kaufte sich, des Alleinseins müde, einen Kanarienvogel.

Da es in Ägypten nur wenige Singvögel gibt, fanden sich öfters zahlreiche Fellachen vor Carters bescheidener Hütte ein und hörten aufmerksam zu, wenn der Harzer Roller sein Lied hinausschmetterte. Die Eingeborenen hatten solch einen Vogel noch nie gehört. Alle sagten, der Vogel bedeute Glück. Es hat auch nicht lange gedauert, dann machte Carter seine große Entdeckung. Die Eingeborenen nannten den Fund deshalb auch »Grab des Vogels«.

Wie schon gesagt, standen in der Vorkammer des Grabes zwei Wächter, Statuen des Königs waren es, vor der Stirn einen Schlangenkopf. Die eingeborenen Arbeiter sagten, diese »heilige Kobra« mit herausgestreckter Zunge symbolisiere den Schutzgeist des Königs, die Schlange töte alle seine Feinde, damals wie heute.

Bald danach geschah etwas ganz Eigenartiges. Vor Carters Hütte stand im Sonnenlicht das große Vogelbauer auf einem Steinhaufen; wie immer schmetterte der Vogel seine Lieder hinaus. Weit und breit kein Mensch. Als dann Carters Diener hinzukam, bot sich ihm ein schauriger Anblick: eine Kobra lag vor dem Käfig und fraß den Vogel. Wahrscheinlich hat die Schlange mit ihrer langen Zunge das Tierchen durch die Gitterstäbe herausgeholt. Diese Geschichte ist nicht Legende, Carter hat sie mir selbst erzählt. Wieder aber redeten die Eingeborenen über den »Fluch des Königs«.

Im ganzen sind, einschließlich Lady Carnarvons, achtzehn Personen dem »Fluch der Pharaonen« zum Opfer gefallen, u.a. folgende Forscher: Professor La Fleur, Arthur Mace, Dr. Evelyn White, Archibald Douglas Reed, Douglas Derry, Dr. Breasted, der Forscher Harkness, die Professoren Winlock, Alan Gardiner, Foucart, Jay Gould und Joel Woolf. Die Forscher Astor, Bruyère, Callender, Lucas, Bethell und viele andere, die Kontakt mit dem Grab hatten, sind jung und jedenfalls vorzeitig gestorben.

Handelte es sich um ein Gift? Die Ägypter waren im Giftmischen offenkundig sehr erfahren. Hatten Priester die Steine der Totenkammer mit einem Gift imprägniert? Einige Gelehrte behaupten, daß es Gifte gebe, die ihre Wirksamkeit über große Zeiträume hinweg behalten, vor allem im trockenen Klima Ägyptens.

Weshalb hatten die Grabräuber ihre Schätze im Stich gelassen? Waren sie von Wächtern verjagt worden, oder hatten sie ungewöhnliche Dinge bemerkt, die sie erschreckten und zur Flucht veranlaßten? Die Wahrheit wird wohl auf immer verborgen bleiben.

Die neueste Theorie lautet, daß die schließlich zum Tode führenden Erkrankungen der Forscher auf das Histoplasmosis-Virus in den Exkrementen der Fledermäuse zurückzuführen sei.

Es erhebt sich die Frage, weshalb nur Forscher, Gelehrte und verantwortliche Staatsbeamte vom Schicksal so merkwürdig heimgesucht wurden und nicht auch jene Fellachen, die als Handwerker und Arbeiter für einen kleinen Tagelohn arbeiteten? Die Antwort heißt: Man weiß es nicht! Die Entdeckung des Grabes ist ein Triumph, große Triumphe müssen bezahlt werden. Carter, der Held des Grabes, hätte als erster sterben müssen, doch er hat ein hohes Alter erreicht. Und ich bin oft im Grab gewesen und erfreue mich noch immer bester Gesundheit.

SEGELBOOTE FÜR DAS TOTENREICH

Neben der Totenkammer gab es noch die Schatzkammer in einem Ausmaß von 3,50 mal 4 Meter. Die in ihr enthaltenen Kostbarkeiten übertrafen an Wert alles bisher Gefundene.

Im Türrahmen stand auf einer Tragbahre ein vergoldeter Schrein, angefüllt mit Schmuck aller Art; auf ihm ruhte als Wächtergestalt der heilige Anubis-Hund. Er war aus schwarzlackiertem Holz, ein Tuch um seinen Hals zeigte eingewebte Lotos- und Kornblumen. Die Ohren und das Halsband des Hundes waren vergoldet, die Augen aus reinem Gold, Alabaster und Obsidian, die Krallen aus Silber. Der Künstler hatte das Tier geschlechtslos dargestellt.

Weiter befanden sich in der Schatzkammer 22 kleine Schränke, alle verschlossen und versiegelt, nur einer nicht, dessen Tür herausgefallen war. Er enthielt eine goldene Statuette des Königs. Andere Schränke aus Zedernholz bargen ebenfalls Statuetten, teils aus Holz, teils aus Gold. Für die Augen aller dieser Figuren waren Obsidian, Alabaster und Glas verarbeitet worden. Von den insgesamt 34 vorhandenen Statuetten tragen sieben das Antlitz des Königs, 27 sind Gottheiten; ihre Namen standen auf den Sockeln. Eine schwarze Figur stellte Ihi dar, den Gott der männlichen Musikanten; die weiblichen standen unter dem Schutze der Hathor.

Manche Figuren hatten einen magischen Zweck: sie waren als Schutzgeister gedacht und sollten die Feinde des Grabes warnen. Eine Inschrift lautet:

»Ich bin es, der den Sand hindert, das Grab zu ersticken. Ich bin es, der jeden Übeltäter zurückweist mit der Wüstenflamme. Ich bin im Grab zum Schutze des Osiris Tut-ench-Amun.«

Groß ist die Zahl der Truhen in dieser Kammer. Entweder waren sie aus Holz mit bunter Bemalung oder stuckvergoldet. Einige sind aus Alabaster mit eingemeißelten Hieroglyphen und mit den heiligen Farben Weiß, Grün, Rot und Blau ausgelegt. Als besonderes Beispiel handwerklicher Kunst sei eine Truhe genannt, deren Intarsienmuster aus 45 000 Stücken zusammengesetzt war. Manche Truhen waren aufgebrochen und geplündert, manche heil und angefüllt. Etwa 60 Prozent des Inhaltes der Kammer sind gestohlen oder zerstört worden, der Rest ist trotzdem beachtlich.

In einer Truhe befand sich ein Schmuckkasten in Filigran. In diesem lagen kleine Zepter, Spiegel, Schreibzeug, insgesamt 34 Stück. Zum Schreibzeug gehörten zwei Paletten aus Elfenbein und ein Federkasten, der an die heutige Schulzeit erinnert. Manche Truhen waren Gewürz- oder Medizinschränke. Schlösser zum Verschließen hatte man nicht, dafür Schnüre mit Siegeln.

Zwischen Truhen und Schränken lagen 22 Modelle von Schiffen und Booten, auch ein Segelboot mit Wanten und Tauen an dem Mast. Alle Schiffe standen mit dem Bug gen Westen. Einige dienten der Pilgerfahrt nach Abydos, andere sollten den König unabhängig machen von den »himmlischen Fährleuten«, wenn er einmal die Gefilde der Seligen durchquerte. Wieder andere Boote brauchte der Tote auf den Kanälen der Unterwelt oder wenn er zur Sonne westwärts fahren wollte. Alle Boote waren kunstvoll modelliert, Planke an Planke, Fuge an Fuge, bemalt, teilweise vergoldet. Ruder, Steuerstand und Kajüten fehlten nicht. Vier Boote waren vorgesehen, die Sonne auf ihrer Himmelsfahrt zu begleiten. Da sie von übernatürlichen Mächten fortbewegt wurden, hatten sie weder Ruder noch Segel. Manche Boote erinnern an venezianische Gondeln. Ein Boot war leicht aus Schilf angefertigt, es war für die Luftfahrten des Gottes Horus bestimmt. Es muß noch auf vier Totenschiffe verwiesen werden, die alle getakelt waren.

Ferner stand in der Schatzkammer das Modell eines Kornspeichers, eingeteilt in mehrere Fächer und angefüllt mit verschiedenem Getreide, das zu Staub zerfiel, als man es anfaßte. Eine Handmühle war gleichfalls dabei. Das Mahlen von Getreide war Sache der Frauen; im Totenreich mußte aber der Pharao selber der Müller sein, um für die Gottheit das Mehl zu bereiten.

In einer Kiste lag eine lebensgroße Gestalt, die einer Mumie glich. Dieses Gebilde war erst mit Korn besät worden; angefeuchtet begann das Korn zu sprießen und zu grünen. »Sprossender Osiris« nannte man das eigenartige Stück. So wie dieses Korn wird der Totengott Osiris leben, genauso der Leib des Königs, die Toten sind eins in Osiris.

Wein und Bier, das himmlische Getränk der Götter, durften nicht fehlen. In einer Truhe lagen Brauereigeräte, mit denen sich der Verstorbene sein Busa selbst in der Unterwelt brauen konnte.

In einer Ecke stand der Kopf einer Kuh als Abzeichen des Grabes im Jenseits. Die Hörner sind aus Kupfer, die Augen aus Glas und ein Kragen um den Hals aus Gold. In der Vorkammer lagen vier Wagen, in der Schatzkammer zwei weitere Jagdwagen, allerdings zerlegt. Die Wagenkästen waren in Gold getrieben und verkleidet und mit herkömmlichen Ornamenten ausgelegt. Alle Gebrauchswagen sind offen gebaut, sie sind auch leichter als Prunkwagen, von denen einer im Grab lag. Leider haben die Diebe das Gold an der Deichselspitze abgebrochen. Aber der eine Wagenkasten ist ein Musterstück der Wagenbaukunst, innen und außen mit Ornamenten verziert. Die Kostbarkeit der Tut-ench-Amun-Wagen, ihre Technik an Achsen, Speichen und Naben, das Joch an den Deichseln, die gebogenen Hölzer, die Räder mit sechs Speichen, alles verrät ein großes Können. Auch über ihre Verzierungen, Löwenköpfe, Göttergestalten, Schnitzwerkzeug, kann man nur staunen. Zweifellos haben die Diebe viel mitgenommen, aber tausend Dinge ließen sie zurück, und das sei ihnen noch heute gedankt.

Wie erinnerlich, waren an der Mumie 143 Schmuckstücke gefunden worden. Eine Spezialtruhe enthielt weiteres Geschmeide. Kostbare Halsketten aus Gold, ihre Bruststücke mit Edelsteinen und Perlen besetzt, verschiedene Paare Ohrringe, die der König nach Landessitte als Kind getragen hatte. Krummstab und Geißel, die Insignien des Königs, waren aus Ebenholz und goldverziert. Es ist verblüffend, was die königlichen Werkstätten an Goldschmiedearbeit damals geleistet haben, zumal Gold ein schwer zu schmelzendes Metall ist.

Eine hervorragende Technik, Erfindungsgabe und Sinn für das Dekorative ergaben einzigartige Kunstwerke. Die Technik bei Intarsien-, Gravier-, Stanz-, Filigran- und Granulierverfahren ist meisterhaft. Gold, Elektron, Silber und etwas Bronze waren die Hauptmetalle. Als Verzierungen nahm man Chalzedon, Karneol, Kalzit, Türkis, Serpentin, Amethyst, Lapislazuli, grünen Feldspat, durchsichtigen Quarz. Ein wunderschöner olivgrüner Stein wurde gefunden, dessen Ursprung nicht ermittelt ist. Ebenso fand man scharlachrotes Gold, dessen Ursprung bis heute unbekannt blieb. Viel Elfenbein wurde verarbeitet. Eine prächtige Schale wurde gefunden, mit einem Durchmesser von 16 Zentimetern, eine ungewöhnliche Dicke für einen Elefantenzahn.

Aus diesen Materialien fertigte man die Ornamente für den religiösen Kult an. Dazu gehörte auch Cheperu, der Skarabäus, uns als Mistkäfer bekannt, der sich auf den Landstraßen von Pferdedung ernährt, aus ihm Kugeln oder Pillen dreht und darin seine Eier ablegt. Den Ägyptern war er heilig und deshalb das Wappentier im Siegel Tut-ench-Amuns. Dieser Mistkäfer wälzt die Kugel vor sich her, bis in den Erdkanal, den er zuvor gegraben hat. Und aus dieser »Höhle der Dämmerung« verläßt die Frucht das Ei als Sonne für ihre tägliche Fahrt.

Nochmals sei betont: zu den bedeutendsten Insignien gehörten Krummstab und Geißel. Der Krummstab, das Abzeichen des Osiris, ist eine Art Hirtenstab, vielleicht die Urform des Stabes, wie ihn Bischöfe und Kardinäle heute noch tragen. Hierzu gehört auch das »Flagellum«, Peitsche oder Geißel, das Wahrzeichen königlicher Gewalt, wie es auch einst von der frühen Kirche angewendet wurde.

Merkwürdigerweise lag in dem Grab nicht ein Stück Papyrus, nichts Geschriebenes, das Auskunft hätte geben können. In der Kammer stand ein viereckiger Korb, aus Papyrusstauden geflochten, aber die Hoffnung, er sei voller Schriften, erfüllte sich nicht.

Gott Osiris, Herr des Totenreiches, verlangte Bereitschaft für alle Arbeiten, wie sie im Leben getan werden müssen: Pflügen des Akkers, Säen, Bewässern des Getreidefeldes, Pflege der Felder und Wiesen, Zurückschaffen des Sandes von Ost nach West. Deshalb sind im Grab niedergelegt Hacke, Spaten, Joch, Korb, Wassergefäß, Sichel, Harke und andere Werkzeuge, sie mahnen an die Pflichten im Jenseits. Diese Werkzeuge sind in Modellen aus Bronze oder

Kupfer hergestellt und lagen, 1866 Stück, in hölzernen Schreinen verpackt. Auch kleine Figuren aus Schawabtiholz, die teils den König als Gott Osiris darstellten, hatten solche Werkzeuge in der Hand. Von diesen Figuren waren 413 im Grab. Manche, aus Alabaster, Granit, Quarzit oder Holz hergestellt, waren Meisterwerke und brachten oft symbolisch die Heiterkeit des Todes zum Ausdruck. Andere Figuren waren sehr primitiv. Einige Figuren, die von hohen Beamten ins Grab gegeben wurden, trugen Widmungen unter den Sohlen. Von den Widmungen seien hier einige erwähnt:
»Gewidmet von dem Diener, der seinem Herrn Neb-cheperu-Ré Gutes tut, von dem Aufseher der Schatzkammer Mej.«
»Gewidmet von dem Schreiber des Königs, dem Obersten Minecht, für seinen Herrn, den Osiris Neb-cheperu-Ré, den Gerechtfertigten.«
So und ähnlich lauten die Inschriften von jenen, die dem Verstorbenen übers Grab hinweg zu dienen hatten.
Zum Abschluß sei noch ein Kasten erwähnt, dessen Inhalt dem Forscher viel Kopfzerbrechen bereitete: einige Werkzeuge aus Eisen. Ein paar kleine Meißel mit Holzgriffen, wie sie höchstens Uhrmacher gebrauchen könnten. Ob es Nachbildungen größerer Werkzeuge waren, ist nicht bekannt. Diese Eisenteile, zwei Dolche und die erwähnte Kopflehne, fallen völlig aus dem Rahmen des übrigen heraus; möglicherweise müssen wir unsere Vorstellungen vom Gebrauch des Eisens in alter Zeit revidieren.
Ägypten hatte genug Eisenerze, man beschränkte sich aber auf Kupfer, Bronze, Silber und Gold, obwohl diese Metalle in der Gewinnung größere metallurgische Fähigkeiten beanspruchten. Unbekannt ist, seit wann die Ägypter Kenntnis vom Eisen hatten und wann sie sich dessen bedienten. Einige meinen, schon zur Zeit des Pyramidenbaues hätte man Eisen gekannt.
Jedenfalls galt Eisen als unreines Metall und war deshalb für religiöse Grabbeigaben nicht geeignet. Bisher wurde in keinem Grab Eisen in irgendeiner Verarbeitung gefunden.
Carter sagte: »Gehen wir einmal durch alle ägyptischen Museen Europas und durch das Museum von Kairo mit ihren mehr als 50000 Stücken aller Art, wir finden insgesamt nur zwölf Eisenstücke ohne die sechs Stücke aus dem Grabe Tut-ench-Amuns.«
Aus Eisen macht man heute Stahl und aus Stahl die besten Werkzeuge. Wenn aber die Ägypter von Eisen wenig wußten und Stahl

nicht kannten, wie war es möglich, daß sie dann mit Werkzeugen aus weicherem Metall solche Leistungen vollbrachten?

Mit der Beschreibung der bisherigen Funde ist die Schatzkammer immer noch nicht erschöpft. Einer der vielen Schränke enthielt einen kleinen Sarg, man könnte sagen, es wäre ein Modell des großen Königssarges. Dieser kleine Sarg in Menschengestalt war 35 Zentimeter lang, schwarz lackiert und mit goldenen Spruchbändern verziert. Kopf- und Fußende des Sarges waren mit Leinenstreifen mehrmals umwickelt und die Enden in einem Siegel verknotet. Nach seiner Öffnung zeigte sich ein zweiter Sarg, vergoldet wie ein Königssarg. In diesem lag ein dritter Sarg. Als man diesen öffnete, lag eine Mumie, vermutlich die eines Kindes, vor den Augen des Forschers. Dann löste man die vielen Leinenbinden, und es stellte sich heraus, daß die Mumie in Wirklichkeit ein vierter Sarg, also ein »mumifizierter« Sarg war.

Doch das Überraschende war der Inhalt des vierten Sarges: ein goldenes Amulett als Erbstück von dem damals verstorbenen Großvater Amenophis III. Dazu in feines Linnen eingewickelt einige geflochtene kastanienbraune Haarlocken von der damals noch lebenden Großmutter Teje.

In einem anderen Holzkasten lag ein schwarzer Sarg in Menschengestalt von einem halben Meter Länge und darin ein zweiter, vergoldeter Sarg. In diesem lag wiederum eine kleine Mumie mit einer Goldmaske über Kopf und Schultern, wie die Königsmumie. Als auch hier das Leinen entfernt war, fand der Forscher den Körper einer Fehlgeburt der Königin Enches-en-Amun. Fachwissenschaftliche Untersuchungen ergaben: ein Fötus weiblichen Geschlechts, 25 Zentimeter lang und im Mutterleib nur fünf Monate entwickelt. Von Augenbrauen und Wimpern keine Spur. Auf dem Kopf weiße Haare von seidigem Aussehen, wahrscheinlich Reste von Lanugo, dem Wollhaar Neugeborener. Die Nabelschnur war 22 Millimeter lang.

Ein gleicher Kasten enthielt einen etwas größeren Doppelsarg, ähnlich wie eben beschrieben. In diesem lag wieder eine Mumie, aber ohne Goldmaske. Die fehlende Maske lag in einer anderen Ecke, sie paßte aber nicht. Ob sich der Werkmeister im Maß geirrt hatte? Diese Mumie war wieder eine Fehlgeburt der Königin. Das Skelett war 36 Zentimeter lang, weiblichen Geschlechts, sieben Monate entwickelt und dann tot geboren.

Zwei Kinder tot geboren, war das Zufall oder durch eine physische Anomalie bedingt oder dadurch, daß hier Kinder Kinder bekamen? Oder haben gewisse Thronnebenbuhler Unfälle in Szene gesetzt, die den Tod der Königin bezwecken sollten? Der kleine Tut war, wie bereits erwähnt, zwölf Jahre alt, als er mit Nofretetes dritter Tochter, die nur neun Lenze zählte, »verheiratet« wurde. Daß diese Kinderehe die Ursache der Fehlgeburten war, wäre möglich. Aber die Pubertät tritt bei Kindern in heißen Zonen früher ein, gewöhnlich bei Knaben mit elf und bei Mädchen mit zehn Jahren. In der Schatzkammer an der Westwand steht ein vergoldeter Holzschrank; 2 Meter ist er hoch und 1,50 Meter im Geviert. An jeder Seite steht eine Göttin: Isis, Nephthys, Neith und Selket, prachtvolle Figuren aus purem Gold, mit ausgebreiteten Armen beschützen sie den Schrank. Im Schrankgesims ragen Köpfe heiliger Sonnenschlangen auf, einer neben dem andern, auf jedem ruht eine runde Scheibe, Symbol der Sonne.

In diesem Schrank steht ein zweiter ähnlicher Art. Nach dem Abbau beider Schränke steht ihr Inhalt frei vor der staunenden Nachwelt: eine kleine Kapelle aus Alabaster auf einem goldenen Sockel, ein Kunstwerk ersten Ranges. In den Alabasterstein eingearbeitet, stehen an den vier Ecken abermals Schutzgöttinnen im Hochrelief. Zahlreiche Hieroglyphen enthalten einen Anruf an die Gottheit, mit einer goldenen Schnur ist der schräge Deckel verschlossen. Unter diesem Deckel stehen vier entzückende Porträtköpfe des Königs aus weißem Alabaster. Auch sie sind große Kunstwerke, erfüllen aber noch den Zweck, vier runde Steinkrüge (Kanopen) in der Kapelle abzudichten, wie Korken auf Fruchtgläsern. Vier Krüge, von vier Köpfen verschlossen, was hat das zu bedeuten? Endlich wurde dieses Geheimnis geklärt:

In vier Röhren stehen vier kleine Särge aus purem Gold mit den Eingeweiden des Königs. Dem Ägypter waren die inneren Organe göttlich geartete Wesen, denn sie setzten ihre Funktionen jederzeit ruhelos fort, auch dann, wenn der Mensch schlief. Ein Papyrus besingt deshalb den Magen: »Er hat uns nichts Übles getan zur Lebenszeit. Wir haben täglich bis zur Trunkenheit getrunken; wir haben Geflügel und Fisch gegessen, soviel wir wollten. Wir haben uns bestens genährt und haben immer gut geruht.«

Man vierteilte die Eingeweide nach gewissen anatomischen Grundsätzen und legte sie in vier goldene Schalen, an denen je ein Priester

wachte, meditierte und betete. Herz und Hirn legte man in eine Schale, die der Göttin Imesti geweiht war. Die Lunge wurde in eine andere Schale getan und der Göttin Lepi anvertraut. In eine Schale der Göttin Dur-mutef kam die Leber, und in die vierte Schale, der Göttin Kebe-snewef geweiht, legte man Magen und Därme. An die Stelle des Herzens trat der heilige Skarabäus. In früheren Dynastien wurde auch der Phallus entsprechend behandelt. Das Ganze war eine feierliche Handlung von höchster Bedeutung, die von ritualen Tänzen unter Aufsicht von Priesterinnen begleitet wurde.
Um das alles vor der Vergänglichkeit zu schützen, taten die Einbalsamierer im Schutze ihrer eigenen Gottheit ihr Werk. Zuletzt wurde die einbalsamierte Masse den vier Schalen entnommen und in die vier Särge getan, die vier anderen Göttinnen geweiht waren. Diese kleinen Särge sind prachtvolle Nachbildungen der großen Königssärge. Sie zeigen abermals das jugendliche Antlitz des Königs und in Hieroglyphen Lobpreisungen auf die Gottheit. Texte auf der Innenseite der Särge erzählen vom Totenritual und der langen Todesnacht.
Tut-ench-Amun, von den Priestern »Liebling von Theben« genannt, war mit 19 Jahren unerwartet gestorben. Er mußte vorerst mit einem kleinen Notgrab vorliebnehmen, weil sein großes, standesgemäßes Königsgrab noch lange nicht fertig war. Wann seine Gemahlin gestorben und wo sie begraben ist, weiß niemand. Dennoch wirkt alles so groß und prunkvoll. Wie mögen erst die Gräber der großen Pharaonen ausgesehen haben, etwa die sieben Grabkammern Ramses' des Großen oder das Grab der Kleopatra? Oder jene Gräber, die zwölf Kammern und mehr hatten? Oder das erwähnte Grab Phiops' mit seinen 31 Kammern? Betrachten wir in Gedanken das Grab des Pharaos Sethos I., der auch den Tempel von Abydos bauen ließ. Mehr als 100 Meter lang ist die Grabanlage in den Felsen gehauen. Treppen und Korridore münden in große Räume, dann führen weitere Stufen und Gänge abwärts ins dunkle Felsenreich und leiten zuletzt in einen Saal. Sechs starke Pfeiler tragen sein Gewölbe, unter dem der prachtvolle Alabastersarg stand. Künstlerhände haben die Wände mit Bildern und Inschriften versehen, so schön wie jene von Abydos. Man kann ihre Pracht nur ahnen, seit Tut-ench-Amun der Nachwelt sein bescheidenes Grab mit nur vier Kammern und nur 3500 Gegenständen zur Verfügung stellte.

Es sind immer einige Expeditionen am Werk. Im Jahre 1939 entdeckte Professor Montet ein Versteck mit einigen Königsgräbern der 21. und 22. Dynastie. Professor Sami Gabra fand neue Grabstätten des heiligen Ibis; die Forscher Dr. Ahmed Badawi und Dr. El-Amir fanden 1941 bei Memphis in Unterägypten ein unberührtes Grab des Prinzen Sheshang aus der 3. Dynastie mit einigen Grabbeigaben. Aber nichts kann sich bisher mit dem Reichtum Tut-ench-Amuns messen. Das Grab dieses Pharaos hat manches Rätsel gelöst, dennoch bleibt viel für den Archäologen zu tun übrig. Mögen diese großartigen Grabfunde dem Leser einen Einblick in die Größe ägyptischer Kultur vermitteln; der Fachmann jedoch weiß, daß diese Kunstperiode bereits der Verfallszeit angehört hat. Alle Gegenstände des Grabes sind dem Museum von Kairo übergeben worden. Schwarzhändler und Sammler gingen leer aus. Der Sarkophag aber ist im Grab geblieben, wo auch die Mumie wieder beigesetzt wurde. Einige Doppelstücke wurden nach London und den USA geschafft. Carter hat über seine Entdeckung nie eine wissenschaftliche Arbeit geschrieben. Geplant war sie, Professor Breasted sollte dazu den historischen Teil schreiben; der Plan aber nahm keine Gestalt an. Carter und Mace veröffentlichten nur vorläufige, rein populäre und unzulängliche Berichte, die drei Bände »Tut-ench-Amun, ein ägyptisches Königsgrab«. Im Jahre 1932 war die Ausräumung des Grabes beendet; Carters Aufzeichnungen und Photographien sind in England aufbewahrt. Wer wird je dieses gigantische Werk in Angriff nehmen?

ÄGYPTENS UNTERGANG

Die linke Wange der Mumie Tut-ench-Amuns zeigt eine Verletzung, die vielleicht seine Todesursache gewesen sein kann, Folge eines Mordanschlags fanatischer Aton-Anhänger, die in ihm einen Verräter sahen. Dieser Anschlag, der ja indirekt gegen die Priester gerichtet war, würde die Annahme bestätigen, daß diese ihm ein besonders reiches Grab bereiteten.
Nach seinem Tod setzten sogleich Thronstreitigkeiten ein, denn Enches-Amun hatte ihm nur zwei tote Töchter geboren. Auf der einen Seite kämpfte Bekanchos, der die unersättlichen Interessen der Priester vertrat, auf der anderen Seite die Königinmutter Nofretete. Doch beiden Parteien standen nur siebzig Tage, die Zeit des Einbalsamierens, für die Austragung ihrer Streitigkeiten zur Verfügung.
Das Zusammenwirken archäologischer Forschung gewährt uns heute einen Teileinblick in jenes Drama, das sich damals abgespielt hat. Wir erinnern uns der im Jahre 1887 in Amarna gefundenen Keilschriften. Einige von ihnen stammten aus dem Hethiterland; man konnte jahrzehntelang ihren Sinn nicht deuten, weil man ihre Vorgeschichte nicht kannte. Zufällig fand man 1936 bei Bogazköy in der Türkei zwei Schriften, die endlich Aufklärung schafften. En-

ches-Amun hatte einen Kurier mit folgendem Schreiben an den Hethiterkönig Schubbuliuma gesandt:
»Ich habe keinen Gemahl. Deine Söhne sind groß, sende mir einen, er soll mein Gemahl werden. Ich befürchte, daß ich sonst einen Untergebenen zu meinem Gatten machen muß . . . ich sende Dir Gold und Geschenke.«
Der Hethiterkönig war überrascht, wie es eine Amarnaschrift besagt. Von einem Heiratsbündnis mit dem reichen Ägypten versprach er sich große Vorteile; aber ein gewisses Mißtrauen bewog ihn zur Vorsicht und zu einer Rückfrage in Theben. Auch fragte er, ob Enches-Amun noch an anderen Höfen um einen Prinzen geworben habe. Darauf ließ die Witwe etwas verärgert durch ihren Gesandten Chani dem König ein weiteres Schreiben überreichen:
»Was bedeutet es, daß Du schreibst, ich wolle Dich täuschen? Mein Gemahl ist tot, und ich habe keinen Sohn. Sende mir einen Diener Deiner Söhne, er soll mein Gemahl und König von Ägypten werden. Ich habe an kein anderes Land deswegen geschrieben.«
Zwischen beiden Ländern bestanden zeitweise gute Beziehungen. Außerdem hatten Mitglieder fürstlicher Häuser mehrmals hinüber und herüber geheiratet; oder man hatte sich gegenseitig Prinzessinnen für den Harem geschenkt. Der Hethiterkönig ließ seine Bedenken fallen und entsandte einen Sohn nebst Gefolge nach Ägypten. Keiner von ihnen ist angekommen; hatte die Karawane Schwierigkeiten? Wahrscheinlich wurde sie gefangen von denen, die ein Interesse daran hatten. Jahre später hat der Hethiterkönig seinen verschollenen Sohn gerächt und Ägypten eine kriegerische Niederlage beigebracht.
In Theben spitzten sich die Dinge dramatisch zu, es mußte gehandelt werden. Nofretetes Vater, der neunundsechzigjährige Oberpriester Eje, heiratete deshalb die siebzehnjährige Witwe, der Großvater seine Enkelin. Nun glaubte er sich für den Thron legitimiert und wurde Pharao; ein Wandgemälde im Grabe Tut-ench-Amuns bestätigt diese Nachfolge. Der amtierende Reichsverweser und General Haremheb (das heißt »Horus am Feste«) hat in diesem Spiel die Karten gemischt.
Glaube aber niemand, daß jetzt Ruhe um den Thron herrschte, im Gegenteil, der politische Kampf ging weiter. Eje, einst Amunpriester, dann Atonpriester und Günstling Echnatons, nun wieder

amungläubig und sogar Pharao; das gefiel der Amunhierarchie nicht.
Eje befand sich im Greisenalter und war nur kurze Zeit auf dem Thron. Starb er eines natürlichen Todes? Wahrscheinlich nicht, denn er hatte verschworene Gegner. Für Bekanchos schien endlich die große Stunde gekommen zu sein.
Nofretete war immer noch eine hübsche und stattliche Frau. Bekanchos, der sie schon in der Jugendzeit liebte, aber in verletzender Art von ihr abgewiesen worden war, begehrte diese Frau noch jetzt. Nun forderte der Sieger ihre Hand. Nofretete, die Bekanchos verachtete, rief General Haremheb zu Hilfe, ihren Vertrauten und Jugendfreund. Dieser stürzte an ihre Seite, zückte sein Schwert und stieß es dem verhaßten Priester in die Brust. Nofretete erhob hierauf den General zum König von Ägypten und zu ihrem Gemahl.
Die 18. Dynastie war mit Eje zu Ende gegangen; sie war an Macht die größte Ägyptens. Mit König Haremheb begann die 19. Dynastie. Er baute die Armee wieder auf und räumte auch mit den Erpressungen und Bestechungen der Beamten drakonisch auf; doch obwohl er im Geiste Amuns regierte, vermochte er den inneren Frieden nicht herzustellen. Die politische Atmosphäre blieb weiterhin geladen und unruhig.
In der Garde, die Haremheb einst befehligt hatte, diente ein adeliger Offizier mit Namen Ramses. Er war kräftig von Natur, willensstark, amuntreu und einstmals dem Priester Bekanchos ergeben. Bekanchos und Ramses hatten Pläne geschmiedet.
Ramses, zum Gardepräfekten aufgerückt, hatte sich zum Fürsprecher der Armee gemacht. Er versprach, daß die Soldaten ihren rückständigen Sold erhalten würden, und sagte den Offizieren Verbesserungen zu. Alle schenkten ihm Vertrauen. Eines Tages brach am Hof eine blutige Rebellion aus, und Ägypten hatte wieder einen neuen Pharao; er hieß Ramses aus dem Geschlecht Ramases.
Ramses I. war Imperialist, er machte die Armee groß und stark; Legionäre eilten herbei aus Nubien, Afrika und aller Welt. Der Mangel an Waffen wurde behoben, und bald entstanden neue Truppen: Pechbrenner, Phosphorwerfer, Schwefelschleuderer, Keulenschläger, Bogenschützen, Ballisten, Lanzenreiter und Kampfwagen. Selbst die Flotte wurde modernisiert und ein neuer Kanal zwischen dem Nil und dem Roten Meer gebaut. Nichts sollte mehr an den lauen Geist Echnatons erinnern.

Ramses I. starb bald. Sein Sohn Sethos I. führte das Aufbauwerk fort; seine Armee holte sich im Osten die ersten Siegespreise. Dieser Pharao regierte ebenfalls nur kurze Zeit; als er erkrankt war, rief er seinen Sohn auf den Thron: Ramses II.

Niemand ahnte, daß Ägypten unter Ramses II. wieder zu einer politischen Weltmacht aufrücken würde. Er ließ im ganzen Land Amuntempel errichten, in Theben die größten; er baute Festungen und sicherte alle Grenzen in einem Ausmaß, wie es niemals vorher geschehen war.

Schließlich zog er erneut gegen die Asiaten zu Felde. Siegreich zurückgekehrt, fiel er über andere Völker her und plünderte sie aus. In Palästina bekundete eine Stele, daß ägyptische Heere oft die Ebene Jesreel passierten. Es ist die alte Paßstraße von Ägypten nach Mesopotamien, den Karmel östlich umgehend, vorbei an Harmageddon, hebräisch har megiddon, griechisch Megiddo. Hier hat schon Thutmosis III. 1479 v. Chr. gefochten und gesiegt; hier fand der Kampf statt, von dem das Deboralied (Bibel: Richter 5) zu singen weiß; hier mußte König Josua von Juda dem Pharao Necho II. entgegentreten (Bibel: 2. Könige 23), hier fochten Gideon gegen die Midianiter, Saul gegen die Philister, später die Heere der Kreuzritter, dann 1799 Napoleon I. und 1860 Napoleon III. gegen die Türken. Auf dieser Heerstraße von Thaanach und Megiddo trafen 1917 deutsche und englische Armeen aufeinander. Ramses II. aber hat hier am meisten gekämpft, wie es steinerne Gedenktafeln noch heute bekunden. Im fünften Jahre seiner Regierung zog er durch diese Ebene nach Syrien, wo sich die Chatti (Hethiter) ausgebreitet hatten.

Mutalla, der Hethiterfürst, hatte aus Syrien eine Festung gemacht. Die Feinde Ägyptens hatten ihm Truppen gestellt aus Naharina, Arward, Karchemisch, Kadesch und Aleppo. Auch aus Kleinasien waren Soldaten gekommen. Als Söldner waren lykische Seeräuber, Cilicier und Dardaner angeworben worden.

Ramses II. war nicht müßig geblieben. Vier Armeekorps hatte er aufgestellt, jedes nach einem Gott benannt: Amun, Ré, Ptah und Sutech. Das Amunkorps führte Ramses persönlich.

Ende April 1296 v. Chr. zogen die Ägypter nach Syrien, die Amuntruppen unter Ramses bildeten die Vorhut. Einen Monat später zog er den Orontes aufwärts und ließ sein Korps lagern; von einer Höhe konnte er Kadesch liegen sehen. Tag für Tag meldeten ihm die Späher, daß vom Feind keine Spur zu finden und er noch weit entfernt sei. Plötzlich erschienen zwei Beduinen und erzählten, sie wären von den Hethitern, die sich weit zurückgezogen hätten, desertiert. Ramses glaubte die Geschichte, brach sein Lager ab, überschritt den Fluß und eilte mit seinem Korps gegen Kadesch vor. Die anderen Korps standen weit zurück.

Als Fürst Mutalla sah, daß Ramses auf das Märchen von den beiden Beduinen hereingefalllen war, ließ er seine versteckt gehaltenen Gruppen gegen die Ägypter vorstoßen und diese abriegeln. Ramses erkannte die Gefahr. Von feindlichen Kampfwagen umgeben, stürzte er sich mutig gegen den Feind und rief: »Kein Offizier ist bei mir, kein Wagenkämpfer, kein Fußvolk!« In der Not vertraute er auf Gott Amun und betete:

»Was ist das, mein Vater Amun, hat denn ein Vater je seinen Sohn vergessen? Habe ich etwas ohne Dich getan? Ob ich ging oder stand, es geschah nach Deinem Willen. Wie groß bin ich als Herr von Theben, und was sind diese elenden Asiaten, diese Heiden, die nichts von Amun wissen? Ich habe Dir viele Denkmäler errichtet und Deine Tempel mit Gefangenen gefüllt. Ich habe Dir einen ewigen Tempel gebaut. Ich lasse Dir zehntausend Rinder opfern und lasse Schiffe fahren, um Dir die Schätze der Länder zu holen.

Ich rufe Dich, mein Vater Amun! Ich bin inmitten von Feinden, die Dich nicht kennen, alle Länder haben sich gegen mich verbunden, ich bin ganz allein! Meine Soldaten haben mich verlassen, keiner meiner Wagenkämpfer hat sich nach mir umgesehen. Als ich nach ihnen rief, hat keiner gehört. Doch ich rufe Amun, und da fühle ich, daß er für mich besser ist als Millionen von Fußtruppen und Wagenkämpfern! Ob ich auch bete im fernsten Lande, meine Stimme dringt bis Hermonthis.«

Da ist dem König, als höre er Gott Amuns Ruf: »Vorwärts, ich bin bei dir, ich, dein Vater, der den Sieg verleiht.« Ramses faßte neuen Mut, die Lage änderte sich, und er dankte Gott Amun:

»Ich habe mein Herz wiedergefunden, es schwillt vor Freude, was ich tun will, geschieht. Ich bin wie der Kriegsgott Month, ich schieße nach rechts und kämpfe nach links. Ich bin wie Gott Baal, wenn er wütet. Ich merke, daß die zweitausend Streitwagen, in deren Mitte ich war, in Stücke gehauen vor meinen Rossen liegen. Keiner von den Feinden hat es vermocht, zu kämpfen; ihre Herzen sind matt und ihre Arme schwach. Sie schießen nicht und haben nicht den

Mut, ihre Speere zu ergreifen. Ich lasse sie ins Wasser fallen wie Krokodile, sie stürzen einer über den andern, und ich töte von ihnen, wen ich will und soviel ich will.«

Voller Schrecken riefen die Chatti sich verzweifelt zu:

»Das ist kein Mensch, das ist Gott Sutech, der Kraftreiche. Baal ist in seinen Gliedern. Menschentat ist es nicht, was er tut, laßt uns fliehen und das Leben retten.«

Die Kohorten der Ägypter hatten sich gesammelt, und der Kampf tobte weiter. Da demütigten sich die Feinde und küßten vor Ramses die Erde. Fürst Wuwattal aber flehte in einem Brief um Gnade:

»Ist es denn gut, daß Du Deine Diener tötest? Gestern hast Du hunderttausend getötet, heute läßt Du keinen Erben von uns übrig. Sei nicht streng mit uns, Sanftmut ist besser, gib uns Atem!« (Nach der Übersetzung von Adolf Erman.)

Die Schlacht von Kadesch war zwar ein Sieg der Ägypter, aber kein dauernder Erfolg. Jahre danach ging der Kampf weiter; endlich aber fanden sich 1278 v. Chr. die beiden Länder in einem Friedensvertrag zusammen. Dieses Dokument ist uns zweimal erhalten, ägyptisch im Tempel von Abu Simbel, in Keilschrift im Archiv der Hethiter zu Bogazköy. Die hethitische Fassung ist mit 14 Paragraphen unvollständig überliefert; die ägyptische Fassung zeigt deren 30. Das Original des Vertrages war einst auf einer Silberplatte niedergeschrieben worden, die aber nicht gefunden werden konnte.

Die Amunpriester waren zufrieden. Jedenfalls wurde überliefert, daß ihnen Ramses 107000 Sklaven und viele Ländereien geschenkt hat. Die Priester verfügten über 500000 Rinder; 169 Städte waren den Tempeln steuerpflichtig.

Im Tempel zu Karnak ist Ramses II. verewigt, wie er mit dem Weihrauchgefäß vor einem Altar steht. Wir sehen Reliefs und Inschriften, die berichten, wie groß seine dargebrachten Opfer sind, wie er zahlreiche, den Gefangenen abgehackte Hände auf einen Altar niederlegt.

Um aber für alle Zeiten den Streit um die Thronfolge zu verhindern, wollte Ramses II. ein Geschlecht reinen pharaonischen Blutes schaffen. Er heiratete deshalb 200 bevorzugte Frauen seines Harems und zeugte mit ihnen 98 Söhne und 60 Töchter. Mit den herangewachsenen Töchtern verheiratete er sich ebenfalls und zeugte mit diesen Kindeskinder. Inzucht und Inzestscheu kannten die Ägypter

nicht. Dichter haben Ramses' Taten gepriesen, seine Geschichte ist dramatisch und durch Hieroglyphen überliefert.
Ramses II. ist 96 Jahre alt geworden, 65 Jahre hat er regiert und 20 Kriege geführt. Als »Ramses der Große« ist er eingegangen zum Totengott Osiris; die Priester haben ihm ein fürstliches Grab gegeben, und das Ramesseum, ein großartiger Tempel, gilt noch heute als ein Weltwunder.
Sein Sohn Merenptah hat im gleichen Geiste weiterregiert. Aus der Zeit dieses »bösen Pharao« ist uns der Exodus (Bibel: 2. Moses, Auszug Israels aus Ägypten) bekannt. Hier wird zum erstenmal der Name Israel erwähnt. Es waren Juden, die vielleicht in Ägypten seßhaft wurden und später Frondienste leisten mußten. Es gibt Forscher, die meinen, die Bezeichnung »Israel« wäre von Gottheiten abgeleitet: Is von der Göttin Isis, ra von Gott Ré oder Ra, und el von dem semitischen Gott El. Bewiesen ist diese Deutung aber nicht.
Hebräische Propheten waren es, denen traumhaft ein Herrscher der Gerechtigkeit erschien. Sie ersehnten sich einen Messias, der sie in ein goldenes, paradiesisches Zeitalter sozialer Gerechtigkeit und persönlicher Rechtschaffenheit führen würde. »Und der Herr sprach: Ich habe gesehen das Elend meines Volkes in Ägypten und habe ihr Geschrei gehört über die, so sie drängen. Ich habe ihr Leid erkannt und bin niedergefahren, daß ich sie errette aus der Ägypter Hand.« (Bibel: 2. Moses 3.)
Das Prophetentum Israels gehört zu den stärksten geistigen Manifestationen dieser Zeit, in der die Idee des Kampfes gegen soziale Ungerechtigkeit entstand. Damals kam auch die Idee des Monotheismus auf, die aber auf das Judentum beschränkt blieb. »Ich werde dir alle Völker untertan machen, denn du, Israel, bist das auserwählte Volk.«
Nach Merenptah regierte Ramses III. im alten Geist. Auch er hat den Tempeln großen Reichtum zukommen lassen. Von ihm »geschenkten« 113433 Sklaven hat er 86486 den Tempeln gegeben. 32000 Kilogramm Gold hat er den Priestern geschenkt und alljährlich 185000 Sack Getreide. Von Äckern, Schiffen, Werften und Rindern ganz zu schweigen.
Zweimal besiegte er die Libyer: »Sie lagen in ihrem Blute als Haufen von Leichen.« Nach der ersten Schlacht wurden 12530 Erschlagene gezählt. Weiter wird berichtet: »Jene, die das Schwert verschont

hatte, trieb ich gefangen und wie Vögel gebunden vor meinen Pferden her; ihre Weiber und Kinder zählten nach Tausenden und ihr Vieh nach Zehntausenden.«

Ramses III. wäre im 35. Jahr seiner Regierung beinahe das Opfer einer Verschwörung in seinem Harem geworden, wie ein Turiner Papyrus berichtet. Eine der Hauptfrauen versuchte ihren Sohn Pentore auf den Thron zu bringen; aber Gott Amun gab diesen »bösen Dingen kein Gedeihen«. Es kam ein anderer Prinz auf den Thron, der die Verschwörer beseitigen ließ. Damit das Volk nichts von diesen internen Geschehnissen erfahre, wurde der Fall nicht von einem Gericht, sondern von Hofbeamten »geregelt«; sie verfügten, daß Prinz Pentore, seine Mutter, einige Torhüter und Eunuchen sich selbst durch Selbstmord zu richten hatten. Einem Wesir und anderen Verschwörern wurden Ohren und Nasen abgeschnitten. Ramses III. hat danach noch zwei Jahre regiert.

Der Papyrus, der uns dies alles enthüllt, zeigt, daß die Macht des Königtums trotz allen Glanzes voll menschlicher Tragik war. Ägypten verarmte immer mehr, die folgenden sieben Ramessiden vermochten den Verfall nicht aufzuhalten. In der Zeit Ramses' IX. war das Staatsgefüge so erschüttert, daß alle Gräber der 18. bis 20. Dynastie im »Tal der Könige« aufgebrochen und beraubt werden konnten.

Nach Ramses XI. bestieg der Hohepriester Herihor den Thron; er sollte der letzte Herrscher des Neuen Reiches sein. Der Kampf ging weiter.

König Scheschonk I. (der biblische Sisiak) eroberte 930 v. Chr. nochmals Palästina, schlug König Rehabeam, Salomos Nachfolger, und plünderte Jerusalem. Aber er mußte dann Palästina und noch mehr aufgeben: Ägypten erlitt eine Reihe von Niederlagen und wurde eine Provinz Assyriens.

Pharao Psammetich (ein Libyer) gründete die 26. Dynastie und konnte Ägypten wieder befreien, mußte aber auf Nubien verzichten. Unter König Necho nahm Ägypten wieder einigen Aufschwung. Er unternahm neuerlich Feldzüge gegen Palästina und schlug die Juden im Jahre 609 v. Chr. bei Megiddo, unterlag dann aber selbst dem babylonischen Herrscher Nebukadnezar.

Pharao Amasis (um 550 v. Chr.) räumte den Griechen die Stadt Naukratis am Nildelta ein und verbündete sich mit Polykrates von Samos.

Unter Kambyses wurde Ägypten im Jahre 525 v. Chr. zu einer persischen Provinz und blieb es zweihundert Jahre, bis Alexander der Große es eroberte. Ägypten erfuhr nun eine Art Renaissance, seine Blütezeit war jedoch überschritten.
Cäsar endlich machte Ägypten zu einer römischen Provinz. Aus dieser Zeit sei noch der Pharaonin Kleopatra gedacht.
Die Frage, wo sich das Grab Kleopatras befindet, ist eines der Probleme, die sich der Archäologie immer wieder stellen. Nach schriftlicher Überlieferung soll es eines der reichsten sein, die je im Altertum errichtet wurden. Dr. Goneim ist überzeugt, daß sich dieses Totenmal in Theben befindet, er hofft es in naher Zukunft zu entdecken. Goneim hat sich bereits damit abgefunden, seine Tage in der Wüste unter Fellachen zu verbringen. Er lebt nur noch für seine Aufgabe, wenn ihm auch bewußt ist, daß er sie nicht zu Ende bringen wird.
Kleopatra hat den Thron mit siebzehn Jahren bestiegen. Sie war eine kluge und energische Frau, würdig ihrer Vorfahren, der Ptolemäer. Von frühester Jugend an mußte sie um ihren Thron und um ihr Leben kämpfen; sie führte mehrere erfolgreiche Kriege, den gegen Rom aber verlor sie. Man hat sie als lasterhaft und leichtfertig bezeichnet, dies aber zu Unrecht. Mit Hilfe ihrer Intelligenz hat sie, im Interesse ihres Landes, kräftig im Intrigenspiel der Politik mitgemischt. Sie war eine der schönsten und begehrtesten Frauen des Altertums, und Cäsar wurde, wie man weiß, von heftiger Leidenschaft für sie ergriffen. Als er ihr in Alexandrien begegnete, erkämpfte er sie unter Lebensgefahr für sich. Kleopatra beugte sich seiner Größe und begleitete ihn nach Rom. Die veränderte Lebensweise ist ihr sicher nicht leichtgefallen, denn in Rom fand sie nicht den Luxus und die verfeinerte Kultur, an die sie gewöhnt war. Sie schenkte Cäsar einen Sohn, Cäsarion, der später als Ptolemäus XIV. ihr Mitregent auf dem ägyptischen Thron wurde.
Cäsar kämpfte um ein Imperium, dessen Mittelpunkt Rom war. Manche Historiker behaupten, Kleopatra habe Cäsar überreden wollen, Alexandrien zur Hauptstadt des römischen Weltreichs zu machen. Es ist nicht ausgeschlossen, daß Cäsars Ermordung im Zusammenhang mit diesen Fragen stand. Nach Cäsars Tod ging der Kampf um Ägyptens Thron für Kleopatra weiter.
Cäsars Mörder unterlagen bei Philippi dem zweiten Triumvirat: Antonius, Octavianus, Lepidus. Dies bedeutete einen neuen schick-

salhaften Wendepunkt in Kleopatras Leben. Sie begann nun ein gewagtes Spiel, in dem sie ihre Schönheit und Anmut einsetzte, um Antonius zu gewinnen. Im Jahre 41 v. Chr. fuhr sie auf einer Prachtgaleere mit purpurnen Segeln zu ihm nach Tarsos und erreichte ihr Ziel . . . Antonius hielt sich von 41 bis 31 v. Chr. in Alexandrien auf. Wie Cäsar plante er die Errichtung eines großen östlichen Reiches, das die Verbindung mit Arabien, Indien und China aufrechterhalten sollte. Dadurch kam es zum Zerwürfnis mit Octavian und zur Schlacht von Actium, die Antonius zum Verhängnis wurde.

Kleopatra floh aus dem Lager des Antonius nach Alexandrien zurück. Nur von zwei Dienerinnen und einem Eunuchen begleitet, unterhandelte sie mit Octavian. Doch ließ sie vorsichtigerweise gleichzeitig an Sklaven erproben, welches Gift die schnellste Wirkung auf den menschlichen Körper habe, um sich den Rückzug in eine andere Welt zu sichern, wenn alles fehlschlüge.

Octavian war ein kühler Politiker, und Kleopatra erkannte bald, daß sie ihn nicht würde gewinnen können. Zudem verriet ihr ein junger römischer Offizier, der in Liebe zu ihr entbrannt war, die Pläne ihres Feindes: sie sollte nach Rom gebracht und im Triumphzug durch die Via Triumphalis mitgeschleppt werden, bevor das Todesurteil an ihr vollzogen würde.

So wollte sie nicht sterben. Sie nahm ein Bad und ließ sich ein festliches Mahl bereiten. Ein Bauer brachte ihr einen Korb mit Feigen, die sie liebte. Dann entfernte sie geschickt die römischen Wachtposten. Als diese kurze Zeit danach zurückkehrten, lag Kleopatra tot auf ihrem Prunkbett; sie hatte sich von einer in den Feigen verborgenen giftigen Viper beißen lassen.

Die Römer ehrten den Heroismus der Königin. Und auch wir heutigen Menschen erkennen, daß diese ungewöhnliche Frau stets im Interesse ihres Landes gehandelt hat, das sich im tiefsten Zerfall befand und von der römischen Besatzungsmacht gedemütigt wurde. Möge es den Archäologen glücken, ihr Grab aufzufinden.

DIE ANDEREN ALTEN KULTURLÄNDER

Da die Geschichte Ägyptens eng mit der Vorderasiens verbunden ist, erscheint es angezeigt, die Auswirkungen seines Untergangs auf die anderen orientalischen Zivilisationen zu betrachten.
Das älteste Kulturvolk des Ostens dürften nach den bisherigen Forschungen die Sumerer gewesen sein. In Helmolts 1913 erschienener Weltgeschichte steht noch der Satz: »Die Geschichte der Sumerer ist uns unbekannt.« Er trifft heute nicht mehr zu; mittlerweile ist es den Archäologen gelungen, auch in die Geschichte dieses Volkes einiges Licht zu bringen. Ausgrabungen im Irak, dem einstigen Mesopotamien, zwischen Euphrat und Tigris, haben uns neue und erstaunliche Kenntnisse über die alten Sumerer vermittelt.
Den Völkern des klassischen Altertums war angeblich nichts über die Sumerer bekannt. Auch Herodot hat sie nie erwähnt. Nur Berosus, ein Gelehrter, der um 250 v. Chr. in Babylon lebte, wußte von ihnen Legenden zu berichten. Noch im 19. Jahrhundert vermochten Forscher ihre Keilschriftzeichen nicht zu enträtseln.
Dem Hamburger Philologen Georg Friedrich Grotefend (1775–1853) gelang als erstem die Entzifferung ihrer Schriftzeichen. Seine Studien ergänzte der Gelehrte Julius Oppert (1825–1905) im Auftrag der französischen Regierung. Er gab dem Volk, das diese

merkwürdigen Schriftzeichen hinterlassen hatte, den Namen »Sumerer« und ihrer Schrift die Bezeichnung »Keilschrift« (Cuneiform, nach lat. cuneus = Keil). Der Engländer Rawlinson, Diplomat in Persien und Forscher aus Passion, entzifferte eine Tafel, auf der auch gleichzeitig eine babylonische Übersetzung eingraviert war. Es vergingen noch Jahre, bis man diese mit »Stylen« eingekerbte Schrift, die mehr als 500 Silbenzeichen aufwies, gut lesen konnte. Sie ist uns auf Tontafeln erhalten – Ton gab es im Zwischenstromland genug –, von denen man viele gefunden hat.

Diese Keilschriften, derer es mehrere Arten gibt, erzählen uns manches aus der orientalischen Geschichte, doch sie reichen nicht aus, um unseren Wissensdurst zu löschen. Im Völkergemisch Vorderasiens gab es ebenso viele Sprachen, wie es Stämme gab. Die primitivsten Völker verfügen über eine Sprache, aber über eine Schrift nur jene mit einer höheren Kultur. Folgende Schriften hat man gefunden: die hethitische, altkretische, altpersische, meroitische, sumerische, phönikische, hebräische, aramäische, syrische, arabische, griechische und koptische. Alle sind entziffert, eine großartige Leistung der Wissenschaft; sie sind der Schlüssel zur alten Geschichte des Orients. Die Kenntnis dieser Schriften befähigt uns, alte Kulturgüter zu bestimmen und kommenden Generationen zu überliefern.

Im Antikenmuseum zu Istanbul harren noch Tausende Keilschriften der Entzifferung. Entziffert wurde bereits die Gesetzesstele des babylonischen Herrschers Hammurabi, der um 2000 v. Chr. lebte. Er galt lange als der älteste Gesetzgeber vorderasiatischer Reiche, aber im Jahre 1949 durchgeführte Grabungen ergaben noch ältere Gesetze, und 1951 entzifferte Professor Kramer von der Universität zu Philadelphia, ein Spezialist für sumerische Literatur, ein Dokument aus dem Jahre 2050 v. Chr. Es handelte sich um einen Erlaß des Königs Urnammu. Dieser Herrscher hatte mehrere Tempel errichten lassen, vor allem den noch heute als Ruine bestehenden Stufenturm von Ur. König Urnammus Gesetze – es sind mehrere gefunden worden – stehen im Gegensatz zu den semitischen Gesetzen Hammurabis, Alt-Assurs und der Bibel mit ihrem Vergeltungsgrundsatz »Auge um Auge, Zahn um Zahn«.

Betrachten wir zum Beispiel einen Abschnitt aus dem Gesetzbuch Hammurabis (2003–1961 v. Chr.). Er besteht aus acht Paragraphen und betrifft die Sklaven.

§ 1: Wenn jemand einen entlaufenen Sklaven oder eine Sklavin auf freiem Felde ergreift und ihn zu seinem Herrn bringt, so soll ihm der Herr des Sklaven zwei Silbersekel zahlen.

§ 2: Wenn dieser Sklave seinen Herrn nicht nennt, so soll er ihn zum Palast bringen. Ist der Fall untersucht, soll man ihn seinem Herrn zurückgeben.

§ 3: Wenn er dagegen den Sklaven bei sich behält und dabei ertappt wird, soll er getötet werden.

§ 4: Entflieht der Sklave aus der Hand seines Häschers, so soll dieser Mann dem Sklavenhalter bei Gott schwören und dann von Schuld frei sein.

§ 5: Wird ein Herr von einem Sklaven geschlagen, so soll diesem ein Ohr abgeschnitten werden.

§ 6: Wenn ein Baumeister für einen Herrn ein Haus baut, das nicht gut ist und dann einfällt und seinen Besitzer tötet, so soll auch der Baumeister getötet werden.

§ 7: Wird dabei der Sohn des Hausbesitzers getötet, so soll auch der Sohn des Baumeisters getötet werden.

§ 8: Wird der Sklave des Hausbesitzers getötet, so soll der Baumeister einen anderen Sklaven hergeben.

Aus der Prismainschrift Tiglat-Pilesers I. (1116–1101) ist ein Brief überliefert, der Einzelheiten einer Kriegshandlung berichtet. Die Übersetzung lautet:

»Sechzig Könige der Nairiländer samt ihren Verbündeten habe ich bis zum oberen Meer (dem Wansee) verfolgt. Ich eroberte ihre Städte, führte ihr Hab und Gut hinaus. Die Städte verbrannte und verwüstete ich und machte sie zu Trümmern. Die großen Herden von Vieh führte ich weg. Alle Könige der Nairiländer nahm ich gefangen. Zu diesen erfaßte ich Gnade und schonte ihr Leben. Vor dem Sonnengotte, meinem Herrn, löste ich ihre Fesseln, sie mußten den großen Göttern aber für die Zukunft ewige Knechtschaft schwören. Die Söhne, Sprößlinge ihrer Herrschaft, behielt ich als Geiseln. 1200 Pferde und 2000 Rinder legte ich ihnen alle Jahre als Tribut auf und entließ sie dann in ihre Länder.«

Noch etliche andere Keilschriften gewähren uns vorzügliche Einblicke in das alte Babylonien, Assyrien und das Reich der Hethiter. Wir kennen fast alle ihre Könige und die Perioden ihrer Dynastien, fast alle ihre Taten und Untaten, an denen sie zugrunde gingen.

Im Jahre 1864 begannen zwei Engländer die Städte Ur, Eredu und Uruk auszugraben. Die Stadt Lagash wurde erst gegen Ende des 19. Jahrhunderts von französischen Archäologen entdeckt; diese fanden auch Steine mit Angaben über sumerische Könige. Professor Wooley aus Pennsylvania und der deutsche Forscher Robert Koldewey setzten die Ausgrabungen in der Stadt Ur fort. Als sie einen Friedhof freigelegt hatten, konnten sich auch die Ethnologen mit dem Menschentypus dieses alten Volkes befassen.
Ein englischer Anthropologe, der Gehirnvolumen, Schädel- und Körperbau der Skelette untersuchte, erklärte: »Die Sumerer haben dasselbe lange Gesicht und den Körperbau wie die Engländer der Gegenwart.«
Wir wissen nun, daß die sumerische Kultur mindestens bis 4500 v. Chr. zurückreicht. Zu dieser Zeit kamen Priester ins Zweistromland, die große Kenntnisse mitbrachten; man weiß bis heute nicht, woher sie stammten. Semiten waren sie nicht. Möglicherweise kamen sie aus dem Kaukasus. Auf alle Fälle nahm hier eine Kultur ihren Ausgang, die im Laufe der Zeit den ganzen Orient erfaßte, und sich dann über Palästina, Syrien, Griechenland und Rom den europäischen Ländern übertrug.
Eine in Nippur freigelegte Ruine verrät Zeichen einer Kultur bereits aus der Zeit um 7600 v. Chr.
Wir wissen, daß die Sumerer Kenntnisse in der Astrologie besaßen, daß sie nicht Tiere als Götter verehrten, sondern in gewissen Menschen die Gottheit verkörpert sahen. Das mochte wohl die Ursache dafür sein, daß sich das Gefolge eines verstorbenen Fürsten lebendig mit dem Herrn begraben ließ, wie in Ur gefundene Schachtgräber bezeugen. An den Skeletten der Frauen, die ihrem Gebieter ins Grab folgten, fand man reichen Schmuck: Ohrringe aus Silber, Lapislazuli oder Karneol, Halsketten, Kränze und anderes mehr. Sicher waren diese Frauen mit der Absicht ins Grab gestiegen, auch die Todesnacht mit ihrem Gott-Fürsten zu teilen. Auch im Grab der Königin Schub-ad lag reicher Schmuck, dazu eine Puderdose und andere Kosmetika.
Woolley hat aber ein Königsgrab aus der Zeit um 4000 v. Chr. entdeckt, das ganz andere Dinge berichtet. In diesem zwölf Meter unter der Erde liegenden Grab muß es zu einer furchtbaren Metzelei gekommen sein. Wachsoldaten lagen, den Speer noch in der Hand, erschlagen auf dem Boden, die Kupferhelme daneben. In derselben

Kammer lagen auch neun Skelette von erschlagenen Frauen, wahrscheinlich Hofdamen, da sie reichen Schmuck trugen. Auf zwei leichten Wagen lagen Skelette erschlagener Kutscher. Auch im Grab der Königin Schub-ad waren zehn Hofdamen und ein Künstler mit einer kostbaren Harfe im Arm erschlagen worden.
An der Bahre der Königin kauerten die Skelette zweier ebenfalls Erschlagener. Grabräuber waren hier nicht am Werk gewesen, Sklavenskelette waren es auch nicht, dafür trugen sie zu reichen Schmuck. Wahrscheinlich haben hier fanatische Priester ein Opfer vollzogen, indem sie diejenigen, die nicht freiwillig den Tod wählten, erschlugen.
Wir haben alle Ursache zur Vermutung, daß es auch bei den Sumerern große Klassenunterschiede gegeben hat und daß das Leben für die Armen recht hart gewesen ist. Aber uns ist auch der Name eines reformfreudigen Königs bekannt, es war Urukagina von Lagash, der um 2900 v. Chr. regierte. Auf einer Tontafel ist uns eines seiner Dekrete überliefert: »Der Hohepriester darf nicht in den Garten einer armen Mutter gehen, um sich Früchte als Steuern zu holen, das ist Diebstahl!« Ein anderes Dekret berichtet, daß dieser König eine Reihe von Reformen durchgeführt und auch die Begräbnissteuer herabgesetzt habe.
Im Jahre 2897 v. Chr. fiel ein gewisser Lugal-Zaggisi in das sumerische Reich ein, eroberte Lagash, stürzte König Urukagina, zerstörte Tempel und Götterbilder, mordete und plünderte. Dingiraddamu, ein sumerischer Dichter, klagte damals: »Selbst unseren König hat man aus dem Tempel fortgeschleppt. Ohn, du Gebieterin meiner Stadt, wann kehrst du zurück und gibst uns den Frieden wieder?«
Dieser Überfall blieb nicht der einzige, aber untergegangen sind die Sumerer nicht daran. In der Blüte ihrer Zivilisation wurden sie von Semiten aus Akkad überfallen, die sie von da an beherrschten. Ihr Staat und ihre Religion gingen allmählich in denen der Semiten auf; das sumerische Volk wurde von den Semiten ähnlich aufgesogen, wie es Jahrtausende später den Etruskern durch die Römer widerfuhr. Dennoch blieb die Kultur der Sumerer das starke Fundament der semitischen Kultur.
König Sargon I., ein ehrgeiziger Emporkömmling, sollte ihnen dennoch etwas Gutes erweisen. Er nahm den grausamen Lugal-Zaggisi gefangen, der Lagash zerstört hatte, und ließ ihn in einen Käfig einsperren. Nachdem Sargon noch andere Länder erobert

hatte, unter anderem auch das heutige Anatolien, gründete er ein Imperium, das Sargon-Weltreich. Aber als er sich nach 55jähriger Regierungszeit göttlichen Rang zulegen wollte, revoltierten seine Völker, und die Stunde der Götterdämmerung war auch für ihn gekommen.

Unter dem Herrscher Gudea (um 2600 v. Chr.) lebte Sumerien nochmals auf. Auf seinem Grabstein heißt es: »Während deiner Herrschaft war die Dienerin der Herrin ebenbürtig. Der Sklave durfte an der Seite seines Herrn gehen, die Schwachen durften bei den Starken ausruhen.«

Die Hauptstadt war wieder mächtig geworden, und die Städte Larsa, Uruk und Nippur erstrahlten in neuem Glanz. König Dungi regierte weise, und das Volk rief: »Du hast uns das alte Paradies geschenkt.« Dann aber drangen die Elamiten aus dem Norden ein, legten den König in Fesseln und verschleppten die Frauen. Wie lange sie die Herrschaft ausübten, ist nicht bekannt.

Nach ihnen kam Hammurabi, König von Babylonien. Er ist der Begründer der babylonischen Ära und Zivilisation, wenn man auch kaum von einer eigenen babylonischen Kultur sprechen kann, da sie auf der sumerischen aufgebaut wurde. Aber auch hier hat der Archäologe noch nicht das letzte Wort gesprochen; noch liegen viele Schätze, Gräber und Tempel dieses Volkes unter der Erde begraben. Seit es den Forschern gelungen ist, ihre Keilschrift zu entziffern, kennen wir die Lebensweise auch dieses Volkes. Babyloniens Zeit erstreckte sich von 2000–560 v. Chr.

Am Anfang dieser Epoche steht Hammurabi, am Ende Nebukadnezar. Die Kette wurde von einem Berg- und Steppenvolk, den Kassiten, unterbrochen, dessen 36 Könige 577 Jahre lang regierten.

Hammurabi hat uns seine großartige Gesetzessammlung in Keilschrift hinterlassen. Er hat – wie später Moses – behauptet, die Gesetze direkt von Gott empfangen zu haben. Im Louvre zu Paris befindet sich ein Stein, auf dem dargestellt ist, wie Hammurabi Gottes Weisungen erhält. Fast alle seine Gesetze beruhen auf dem Vergeltungsprinzip des »Auge um Auge, Zahn um Zahn«. Die meisten ließen der herrschenden Klasse alle Vorteile, der dienenden alle Nachteile zukommen.

In dieser Epoche lebte auch das Volk der Hethiter, das mit den Herrschern der 18. Dynastie in Ägypten teils durch Kriege, teils durch Bündnisse verbunden war. Nachdem 1915 die Entzifferung der hethitischen Keilschrift gelungen war, konnten die großen Tontafeln, die 1906 bei deutsch-türkischen Ausgrabungen gefunden worden waren, wissenschaftlich ausgewertet werden. Seit dieser Zeit steht Hattusa, die ehemalige Hauptstadt der Hethiter, deren Fundamente in der Nähe des heutigen Dorfes Bogazköy liegen, im Mittelpunkt einer modernen Wissenschaft: der Hethitologie. Im Jahre 1935 fand man weitere hethitische Keilschrifttafeln.

Der Pilger, der sich vor mehr als 3 500 Jahren der Hauptstadt Babylon – dem Babel der Bibel – näherte, sah vor den Toren das mächtigste Bauwerk des babylonischen Reiches aufragen: den Turm zu Babel. Er hatte sieben Stockwerke und war höher als die Pyramiden. Seine Mauern waren mit blauen Fayenceziegeln verkleidet und mit goldenen Löwen, Symbolen der Göttin Ischtar, verziert. Im obersten Stockwerk befand sich ein Tempel mit einem Altar aus massivem Gold. Allnächtlich harrte eine Jungfrau auf einem Prunkbett des Besuches des Gottes. Am Fuße des Turms und auf dem ausgedehnten Tempelplatz herrschte lebhaftes Treiben. Dort feilschten Priester, verkaufte man Sklaven, liebte und betrog man.

Eigenartig waren auch die Sitten im Tempel der Göttin Mylitta. Auserwählte Mädchen mußten dort fremden Besuchern gefällig sein. Die Wohlhabenderen nahmen auch ihre Dienerinnen mit. Herodot berichtet zu diesem Thema:

»Da kamen die Fremden daher, der erste suchte sich die Schönste aus. Er warf ihr ein Geldstück in den Schoß, dadurch war sie geweiht, und er nahm sie mit nach Hause; die Münze gehörte dem Tempel. Im Hause entschied dann der Mann, ob er das Mädchen zur Frau haben wollte oder nicht.«

Im Tempel des Gottes Marduk ging es nicht moralischer zu. Zu diesem Tempel führten breite Straßen und Gassen und weiter bis zum Ischtar-Tor, das Deutsche vor dem Ersten Weltkrieg ausgegraben und im Pergamon-Museum in Berlin aufgestellt haben.

Die Geschichte Babylons ist recht bewegt. Gegen Ende des Reiches regierte Nebukadnezar (650–562 v. Chr.). Diese Periode wird als das Neubabylonische Reich bezeichnet, die Griechen nannten es das Reich der Chaldäer.

Nebukadnezar war ein Sohn Nabopolassars; er schlug den Ägypterkönig Nechar, eroberte Syrien und Palästina, zerstörte 586 v. Chr. Jerusalem und führte die Juden in das babylonische Exil. Er ließ Paläste und 54 Tempel errichten und Kanäle von den Flüssen

Euphrat und Tigris weit ins Land hinein abzweigen. Er hat, wie Herodot berichtet, eine Riesenmauer um das Stadtgebiet von Babylon gezogen; sie war 85 Kilometer lang und so breit, daß ein Viergespann auf ihr fahren konnte. Ferner ließ er über den Euphrat, der die Stadt durchfloß, Brücken bauen und einen Tunnel von Ufer zu Ufer bohren. Auf den Ziegeln der Stadtmauer stand zu lesen: »Ich bin Nebukadnezar, König von Babylon.«

Nebukadnezar war auch der Schöpfer eines der Weltwunder: der hängenden Gärten von Babylon. Unweit seines Palastes ließ er mächtige, 65 Meter hohe Säulen errichten, die Terrassen von 130 Meter im Geviert trugen. Diese ließ der König mit exotischen Bäumen und Blumen bepflanzen. In den Säulen war ein Pumpwerk angebracht, mit dem die Sklaven Tag und Nacht Wasser zu den Gärten hinaufschafften. Diese ungewöhnliche Konstruktion hatte er seiner jungen Gattin zuliebe anlegen lassen, Semiramis, der Tochter Cyaxares', des Königs der Meder. Die junge Königin, die aus der Bergwelt kam, konnte sich anfangs nicht an die Hitze der Stadt gewöhnen, deshalb hatte Nebukadnezar unter ungeheurem Aufwand diese hängenden Gärten für sie errichten lassen.

Es wird sogar berichtet, daß Babel des Nachts gut beleuchtet war, weil der Boden reichlich Erdöl lieferte.

Nebukadnezar war, wie wir heute wissen, dem Rauschgift verfallen und hielt sich in seinen Wahnvorstellungen für ein Tier. Wie die Bibel erzählt, aß er Gras wie ein Ochse und kroch auf allen vieren brüllend durch seinen Palast. Zwei seiner Nachfolger lebten in Schwelgerei und Grausamkeiten und ließen das Reich immer mehr verfallen. Nebukadnezars dritter Nachfolger war Nabonetus (550–538 v. Chr.), der Belsazar der Bibel. Er verbündete sich mit König Krösos von Lydien gegen die Perser.

Während man bei einem großen Festgelage Lieder zu Ehren der Götter sang, ließ Belsazar die aus dem Tempel von Jerusalem geraubten goldenen Gefäße holen, aus denen die Gäste zum Hohn tranken. In diesem Augenblick soll sich, wie die Bibel erzählt, an einer Wand des Festsaales eine Hand abgezeichnet haben, die die Worte Mene, Tekel, Upharsin schrieb. Da keiner von Belsazars Wahrsagern die Zeichen zu deuten vermochte, wurde der gefangene Prophet Daniel geholt, der sie ihm übersetzte: Gott hat den König gewogen und zu leicht befunden. Bald sollten sich seine Worte bewahrheiten.

Semitische Eroberer leiteten 538 v. Chr. den Euphrat ab und nahmen die Stadt Babylon trotz ihrer starken Mauern ein. Damit war das babylonische Reich entmachtet.

Die semitischen Babylonier wurden von den semitischen Assyriern abgelöst, die alles vernichtend durch die Täler der beiden Flüsse eingedrungen waren. Grausame Verfolgungen setzten ein, begleitet von Plündern, Brennen und Morden. Die grausamsten assyrischen Herrscher waren Assurbanipal, Tiglat-Pileser und Sennacherib. Dieser machte zum Beispiel 49 Städte und 800 Dörfer dem Erdboden gleich und ließ 208 000 Menschen in die Gefangenschaft abführen. Als er erfuhr, daß die Bevölkerung Babylons ihre Freiheit zurückforderte, brannte er auch die Hauptstadt nieder und ließ zahlreiche Männer, Frauen und Kinder töten; die Straßen schwammen in Blut.

Im südlichen Arabien, zwischen dem Roten Meer und dem Golf von Aden, gab es um 1500 v. Chr. die Länder Ma'in, Ouatabe und Saba. Sie dürften sehr fruchtbar gewesen sein, reich besiedelt, von Wäldern und künstlichen Bewässerungsadern durchzogen. Hier lebte auch das Volk der Mari mit der Königin von Saba um 950 v. Chr.

Die Bibel berichtet uns, daß zu dieser Zeit die Königin von Saba, einem arabischen Reich, nach Jerusalem gezogen sei und in ihrer Karawane Edelsteine, Spezereien, Gewürze und Gold für König Salomo mitgeführt habe. Sie wollte von Salomo in der Kunst des Regierens unterwiesen werden. Als sie nach Jahresfrist in ihr Land zurückkehrte, trug sie unter ihrem Herzen Salomos Kind, dem der König prophezeit hatte, daß seine Nachkommen so lange über Abessinien herrschen würden, wie Gottes Sonne über dem Lande leuchte. Diese Prophezeiung hat sich als wahr erwiesen: Kaiser Haile Selassie bezeichnet sich noch heute als »Sproß aus dem Stamme Salomos, unbesiegbarer Löwe von Juda und Werkzeug der Heiligen Dreifaltigkeit«. Die Äthiopier sind um 300 n. Chr. zum Christentum bekehrt worden.

Die Hauptstadt des Landes bildete jahrhundertelang den Knotenpunkt des Handelsverkehrs zwischen Vorderindien und dem Mittelmeer. Die kostbarsten Artikel der damaligen Zeit passierten sie: Myrrhe, Mum, Öle und Gewürze. Saba erfreute sich großen Wohlstands und galt im Orient als das Land, »wo Milch und Honig fließt«. Dieser Wohlstand ging zurück, als seefahrende Völker, vor

allem die Phönizier, die Handelswaren billiger per Schiff zu transportieren begannen, wobei ihnen der Kanal zwischen dem Roten Meer und dem Mittelmeer gute Dienste leistete. Die Einnahmen Sabas verringerten sich, das Land verarmte. Es konnte sein Bewässerungssystem nicht mehr aufrechterhalten, die Wälder wurden abgeholzt, dadurch fiel nicht mehr soviel Regen, und der Wüstensand konnte sich ungehindert ausbreiten. Kriege vollendeten das Schicksal dieses Volkes. Seitdem ruht das Land Saba unter den Dünen und harrt der Auferstehung durch die Archäologen. Mehrere Versuche, dort Grabungen vorzunehmen, sind gescheitert, und so mancher Forscher hat dabei sein Leben lassen müssen.
Einige Zeit nach dem letzten Weltkrieg flog der Amerikaner Wendell Phillips, Präsident der *American Foundation for the Study of Man*, über Mari hinweg. Im Tiefflug erkannte er Konturen der Ruinen alter Tempel und kilometerlange Straßenzüge. Er beschloß, eine Expedition in dieses versunkene Land zu unternehmen, und diese landete nach gründlichen Vorbereitungen im Jahre 1952 auf britisch kontrolliertem Gebiet in Arabien. Sie zählte zu den bestausgerüsteten Expeditionen: 16 schwere Lastwagen, 2 motorisierte Sandbagger, 2 elektrische Generatoren, 50000 Liter Benzin, 100 Kisten mit Lebensmitteln und Werkzeugen, Chemikalien und Kleidung, ein Laboratorium und eine Sendestation gehörten zu ihrer Ausrüstung. Leiter der Expedition war Dr. Wendell Phillips.
Die größte Schwierigkeit fand der Forscher im Widerstand der fanatischen Araber. Diesen sind die historischen Stätten, auf denen die Königin von Saba gelebt hatte, heilig. Sie glauben, daß Bilquis, wie die Königin auf arabisch heißt, eine Zauberin gewesen sei und daß sie jeden Menschen mit ihrem Fluch verfolge, der sich an ihrem Eigentum vergreife. Außerdem sind sie überzeugt, daß der Scheitan, der Teufel, und siebentausend böse Djinns noch heute an jenen Orten hausen. Daher würde sich nicht einmal der ärmste Beduine an den unter dem Wüstensand vergrabenen Schätzen vergreifen. Und Fremde dürfen dies schon gar nicht.
Phillips hatte beim Imam von Jemen um die Bewilligung angesucht, graben zu dürfen. Dieser sagte weder ja noch nein. Nachdem der Gelehrte den Widerstand eines Stammes der Jemeniten durch reiche Geschenke überwunden hatte, begann er in den Trümmern der Stadt Mari zu graben. Schon in der ersten Ruine entdeckte er einen Alabastertempel; als er den Sand abtragen ließ, stieß er auf eine

Kammer, in der Götter- und Wächterfiguren sowie ein Gitter aus Metall erkennbar waren. Hatte er das Grab der Königin von Saba gefunden?

Doch da setzte schon das Unheil ein. Der Scheich der Mari, Abd el Rahman, hatte seine Kamelreiter ausgesandt, um die Expedition zu überfallen. Dank ihrer raschen Autos konnten die Amerikaner ihr nacktes Leben retten.

Phillips hatte, wie sich nachträglich herausstellte, kostbare Stücke ausgeführt, die er dem Museum von Sanaa hätte übergeben müssen. Hätte er die Lebensgewohnheiten der Jemeniten und ihre magische Beziehung zur Vergangenheit besser gekannt, würde er anders vorgegangen sein. So hat er der Archäologie keinen guten Dienst erwiesen.

Unter den bedeutenden Völkern dieses Raumes dürfen die Phönizier nicht vergessen werden. Sie bewohnten die Küstenlandschaft des heutigen Syrien; ihre wichtigsten Hafenstädte waren Acre, Tyrus, Sidon, Marathus, Sarepta und Dora. Das griechische Wort *phoinikos* bedeutet »rot«. Wahrscheinlich haben die Griechen den Namen der Phönizier davon abgeleitet, denn diese waren die ersten Hersteller des Purpurfarbstoffs.

Sie gewannen ihn aus den Drüsenkörpern der Purpurmuscheln, die in Gefäßen über Feuer eingesotten wurden. Das prachtvolle Rot war eine begehrte Handelsware; die elegante Welt von damals hüllte sich mit Vorliebe in Purpurgewänder.

Woher die Phönizier kamen, wissen wir nicht; sie haben nur wenige schriftliche Dokumente hinterlassen. Möglicherweise kamen sie aus dem Kaukasus und waren mit den Sumerern verwandt; möglicherweise waren sie auch Semiten oder kamen aus dem biblischen Lande Kanaan. Wie in Amarna gefundene Tafeln berichten, nannten sie sich selbst »Kinahni«. Wir wissen von ihnen nicht viel mehr, als daß sie ein furchtloses Volk von Seefahrern waren. Gefundene Geldmünzen zeigen ihren Schiffstyp: von Sklaven geruderte Galeeren, wie sie tausend Jahre später noch die Römer hatten.

Sie waren die ersten, die regelmäßige Handelsfahrten im Mittelmeer und im Schwarzen Meer unternahmen. Man hat zum Beispiel im Grab Tut-ench-Amuns einen Wagen gefunden, dessen Räder aus Ulmenholz angefertigt waren. Die Ulme wächst nur in Südeuropa. Die Phönizier haben dieses Holz nach Ägypten gebracht.

Sie hatten in Griechenland, auf Sizilien, in Spanien, Frankreich und

Nordafrika Niederlassungen gegründet, aus denen später feste Siedlungen geworden sind. Von Cadeira, dem heutigen Cadiz, aus wagten sie sich auf den Atlantik hinaus und segelten bis zu den Zinn-Inseln, die man bis heute nicht identifiziert hat. Sind sie mit Atlantis zugrunde gegangen? Nach der Ura-Linda-Chronik sollen es die Britischen Inseln gewesen sein.

Um 700 v. Chr. kannten sie bereits die Azoren und Westafrika, ja sie haben das Kap der Guten Hoffnung umfahren, 2000 Jahre vor Vasco da Gama, und den Indischen Ozean überquert.

Sie lebten sozusagen nur für den Handel, waren aber kein Volk von Dichtern und Denkern. Herodot berichtet, daß sie um 1200 v. Chr. das ägyptische Joch abgeschüttelt und weite Seereisen unternommen haben. Die Griechen, die das Piratenwesen durchaus nicht verachteten, sahen in ihnen gewaltige Seeräuber. Und Homer besingt sie in seiner Odyssee (XV, 415): »Da kamen Phönizier, die schiffsgepriesenen Männer, Schelme, tausendfachen Tand mitführend im dunklen Schiff . . .«

Mögen sie auch gerissene Kaufleute und Piraten gewesen sein, so verpflanzten sie doch die ägyptische, kretische und orientalische Kultur nach Griechenland, Afrika und Europa. Sie waren Mittler zwischen Babylon und Ägypten und bauten ansehnliche Städte. Ihre Hauptstadt war Byblos, Papyrus ihr wichtigstes Handelsobjekt. Durch den Handel waren sie ein reiches Volk geworden. Ihr König Hiram I. von Tyrus (969–936 v. Chr.) war mit den Königen David und Salomo von Juda befreundet. Er lieferte ihnen Zedern vom Libanon und Zimmerleute für den Bau ihrer Tempel.

Die Bibel berichtet (Sacharja 9, 3): »Tyrus bauet fest, und sammelt Silber wie Sand und Gold wie Kot auf der Gasse.«

Auch die Phönizier waren dem Polytheismus ergeben; jede Stadt hatte ihren Baal; der Gott von Tyrus hieß Melkarth. Aus Babylon hatten sie Ischtar, die Göttin der Fruchtbarkeit, übernommen. Einer ihrer seltsamsten Götter war Moloch, jener schreckliche Gott, dem man lebend verbrannte Kinder opferte. Als Karthago einmal belagert wurde, opferte man dem Gott hundert Knaben, um Moloch günstig zu stimmen. Ihre Gräber waren wie die der Ägypter für die »Ewigkeit« errichtet.

Im Jahre 1923 hat der Franzose Montet in Gebal den schönen Sarkophag des Ahiram ausgegraben, der eine phönizische Inschrift trägt. Doch alle Kunstobjekte, die man von den Phöniziern gefun-

den hat, sind fast durchweg Nachahmungen von Werken anderer Völker; nur die Seefahrt war sozusagen ihre eigene Leistung.
Die Reichtümer, die die Phönizier angehäuft hatten, erregten immer wieder den Neid der umliegenden Völker. Schon Nebukadnezar hatte dreizehn Jahre lang die Stadt Tyrus vergeblich belagert; erst Alexander dem Großen gelang es, diese Festung zu überwältigen, indem er zuerst das die Inselstadt umgebende Festland zerstörte und dann aus den Trümmern einen Damm nach der Insel legen ließ.
Auch Karthago, die reiche Kolonie an der nordafrikanischen Küste, wurde ein Opfer des Krieges, weil die Phönizier zwar gute Kaufleute, aber schlechte Krieger waren, mochten die Qualitäten Hamilkars und seines Sohnes Hannibal (246–183 v. Chr.) noch so groß sein.
Der Untergang der Phönizier setzte ein, als ihre Stadt Sidon gezwungen wurde, ihre gesamte Flotte dem Perserkönig Xerxes auszuliefern. Wie viele Seeschlachten zwischen Persern und Griechen waren mit phönizischen Schiffen ausgetragen worden!
Als Alexander Tyrus eroberte, befand sich Phönizien bereits am Ende seiner Glanzzeit. Etwa 8000 Tyrener wurden erschlagen, 30000 zu Sklaven gemacht. Obwohl sich die Strenge der Besatzung nach und nach lockerte, nahm das Volk die Sitten der Griechen und später auch der Römer an und ging in diesen Völkern auf.
Nach dem ägyptischen Reich ist das der Perser das zweitmächtigste gewesen. Unter Darius I. (558–485 v. Chr.) umfaßte es zehn Provinzen: Palästina, Phönizien, Libyen, Phrygien, Ionien, Kappadokien, Kilikien, Armenien, Syrien und Ägypten. Ihr Einflußgebiet erstreckte sich über Kaukasien, Babylonien, den heutigen Iran, Afghanistan, Belutschistan, Indien westlich des Indus, Soktrien und Baktrien bis zu den Steppen Zentralasiens.
Mehr als 2000 Jahre waren die Perser Herren über viele Millionen Menschen, ein Konglomerat von Völkern und Sprachen. Die offizielle Sprache war Altpersisch, eine dem Sanskrit verwandte Sprache. Die Keilschrift blieb jedoch bestehen.
Wir wissen heute, daß die alten Perser nicht sehr viel für die Wissenschaften übrig hatten; sie zeigten mehr Vorliebe für den Harem, Jagden und Kriegszüge. Doch ist uns die Lehre ihres größten Propheten, Zarathustra, überliefert. Auch ihre Religion beruhte auf einer Vielfalt von Göttern und Priestern.

Zarathustra, der um 700 v. Chr. lebte, prangerte ihren religiösen Fanatismus und ihre Zauberpriester an. Er predigte: »Es gibt nur einen Gott, den Gott des Lichtes und des Himmels, Ahura-Mazda ist sein Name.«

Die Sklaven und das arme Volk hatten es schwer. Geringste Vergehen wurden grausam bestraft. Wenn zum Beispiel ein hungriger Sklave einen getrockneten Fisch stahl, wurde er auf dem Altar des Gottes Baal geopfert. Überlistete hingegen ein Bankier jemanden mit falschem Gold oder ein Händler einen Käufer mit falschem Gewicht, verfiel er nicht der Bestrafung, denn dies galt als kaufmännische Schlauheit. Selbst Gott Baal zu überlisten, war erlaubt. Das Gesetz erforderte, daß ein zu opfernder Sklave gesund und arbeitsam sein müsse; doch es war an der Tagesordnung, nur alte und kranke Sklaven zum Opferaltar zu führen.

Als Göttin war die semitische Ischtar angesehen, die hier Aschtorat oder Astarte hieß und von den Kanaanitern, Aramäern und Phöniziern auch als Mondgöttin verehrt wurde. Wie die Göttin Ninives wurde sie täglich mit neuem Schmuck behängt und trug ein durchsichtiges weißes Gewand. Sie war von zahlreichen Jungfrauen umgeben, deren Hauptaufgabe es war, den männlichen Tempelbesuchern gefällig zu sein. Von ihrem Verhalten hing es ab, wieviel Schmuck und sonstige Geschenke dem Tempel gespendet wurden.

Im Tempel der Aschtorat wurden auch Musik und Gesang, Spiel und Tanz gelehrt, er glich mehr einem Bordell als einem Gotteshaus. Die verwerflichen Sitten der Babylonier wurden nicht nur beibehalten, sondern systematisch ausgebaut.

Der Frühlingsbeginn zählte alljährlich zu den größten Festlichkeiten. Außerhalb der Stadt lag das Grab des Gottes Tamuz. Hier wurde er jeden Herbst unter dem Wehklagen der Priester symbolisch begraben. Wenn aber der Frühling eingezogen war, wälzte man den steinernen Deckel vom Grab und holte unter dem Jubel des Volkes den Gott wieder heraus.

Man veranstaltete auch karnevalsartige Umzüge. Wenn dann des Nachts der Mond sein Licht verbreitete, nahm das Fest einen turbulenten Verlauf.

Obwohl Zarathustra von seinen Zeitgenossen verspottet und verfolgt wurde, setzte sich seine Eingottlehre später durch. Darius I. erhob sie zur Staatsreligion und schaffte alle anderen Götter ab. Priester, die sich nicht fügen wollten, wurden bestraft.

Der römische Historiker Plinius berichtet, Zoroaster (so nannten die Griechen Zarathustra) habe zwei Millionen Verse geschrieben sowie eine »Bibel«, Zend-Avesta genannt. Die Perser selbst behaupten, das ursprüngliche Werk sei in goldenen Lettern auf 12 000 Kuhhäuten geschrieben worden. Bis auf wenige Fragmente ist es in Flammen aufgegangen, als Alexander der Große den Palast von Persepolis niederbrennen ließ.
Zarathustra lehrte, daß Gott Ahura-Mazda und der Teufel um die Vorherrschaft kämpfen, aber schließlich wird der Teufel vernichtet werden und das Böse für immer aufhören. Dann kommen alle Guten mit Ahura-Mazda im Paradies zusammen, und alle Bösen werden in einen Abgrund ewiger Finsternis stürzen. Ein paradiesischer Glaube, der jedoch das Elend der unterdrückten Massen nicht änderte. Ein Krieg folgte dem anderen, jedes neu aufgestellte Heer löste ein Gegenheer aus.
Man weiß, daß die 1 800 000 Mann starke Armee des Perserkönigs Xerxes von den Griechen total vernichtet wurde. Wer war Xerxes? Herodot gab diesen Namen dem König Ahasverus der Bibel, der zu Susa thronte und Esther zur Königin gemacht hatte. Er war, wie Cyrus, ein schöner Mann, aber eitel. Er besaß einen großen Harem und liebte Feste. Er wurde von einem Intriganten am Hofe ermordet und mit großem Pomp begraben; das Volk freute sich, daß er tot war.
Cyrus und Darius – und zu einem Teil auch Krösus – haben das Perserreich aufgebaut, durch Xerxes' Schuld fand es seinen Untergang.
Unter seinen Nachfolgern gab es nichts als Untaten und Morde. König Artaxerxes ließ den Mörder Xerxes' hinrichten. Xerxes II. wurde von seinem Bruder ermordet, dieser wiederum von Darius II. Darius II. unterdrückte grausam eine Revolte; das Blut floß in Strömen. Er ließ seine Frau zerstückeln, seine Mutter und Geschwister lebendig begraben. Artaxerxes tötete seinen eigenen Sohn und starb an gebrochenem Herzen, als er hörte, daß ein anderer Sohn seine Ermordung vorbereitet hatte. Dann folgte die zwanzigjährige Regierung des Ochus; dieser wurde von einem seiner Generale vergiftet.
Darius III. vermochte noch einmal ein Heer von 600 000 Soldaten und Abenteurern aufzustellen, wurde aber von Alexander dem Großen 333 v. Chr. bei Issus geschlagen. Er hatte ein zu enges

Schlachtfeld gewählt, auf dem sich sein Riesenheer nicht entfalten konnte, und während Alexander behauptete, nur 4500 Mann verloren zu haben, wurden 110000 Perser vernichtet. Darius ergriff die Flucht und ließ seine Mutter und zwei Töchter zurück sowie seine ganzen ungeheuren Schätze.

Alexander dem Großen kommt das Verdienst zu, dem dekadenten und kriegsuntüchtigen Perserreich den Todesstoß versetzt zu haben, das in seiner zunehmenden Sittenverderbnis ein zweites Babylon geworden war.

Auch die Juden übernahmen die Sitten Babylons; als König Salomo seinen Tempel einweihte, ließ er, so berichtet die Bibel, 20000 Ochsen und 120000 Schafe als Brand- und Dankopfer darbringen. Eine vierzehntägige Riesenorgie schloß sich an dieses Opfer an.

Die Archäologie ist sich über den genauen Zeitpunkt des Aufenthalts der Juden in Ägypten noch nicht im klaren. Auch Moses' Herkunft ist noch umstritten. Nach der Bibel hatte ihn die Tochter des Pharao im Schilf gefunden, in einem Körbchen schwimmend. Wahrscheinlich ist er am Hofe des Pharao erzogen worden, wo er den religiösen Kult der Ägypter kennenlernte und die Ungerechtigkeiten der Regierung mitansehen mußte. Aus der Erfahrung weise geworden, rückte er zum Führer seiner unterdrückten Stammesgenossen und zum Propheten auf. Viele Pharaonennamen enden mit »mose«, Kamose, Amenmose, Thutmose, und es ist möglich, daß Moses seinen Namen hiervon ableitete, um seine Autorität zu unterstreichen. Er predigte einen Gott des Zornes und der Rache, um die ungehorsamen und rebellischen Israeliten in Zucht zu halten. Bald machte er sich vom Polytheismus frei und verkündete die Herrlichkeit eines einzigen Gottes. So hat die revolutionäre Religion Echnatons endlich doch ihre Früchte getragen, denn später wandten sich auch die Römer trotz ihrer Vielgötterverehrung mehr und mehr der Verehrung des Sonnengottes Mithras zu. Mithras war ursprünglich der Gott der Legionäre, doch diese »Soldatenreligion« breitete sich rasch im Volke aus.

Der ägyptische Isiskult verschmolz allmählich mit dem des Mithras und der in Anatolien heimischen Verehrung der »Großen Mutter«.

Die Person des leidenden Gottes, der stirbt und wiederaufersteht, der Begriff der Taufe, der Kommunion, der Himmelsmutter mit dem Horusknaben im Arm – das alles existierte bereits, als Jesus das Licht der Welt erblickte. Am 25. Dezember feierten Millionen

Menschen die Geburt ihres Sonnengottes Mithras. Die Legionäre beugten das Knie vor dem Bild ihres »Erlösers«, und im ganzen römischen Reich sprachen die Unterdrückten mit leiser Stimme von einer neuen Ära, die bald anbrechen würde. Niemand ahnte damals, daß sie mit der Geburt eines armen Kindes in Nazareth ihren Anfang nehmen würde. Und 33 Jahre später, als das Kreuz auf Golgatha errichtet wurde, erkannten nur wenige Menschen aus dem Volke, daß eine neue Zivilisation ihren Ausgang genommen hatte.

BILDQUELLEN

Bavaria – G. Reitz: Bildseiten *5*, 43, *48*;
Bavaria – K. Scholz: Bildseiten *1*, *8*, *45*
Bildarchiv Foto Marburg: Bildseiten 2, 3, 6 oben, 6 unten,
10, 11, 14 oben, 14 unten, 15, 22, 23, 26 oben, 26 unten,
27, 30 oben, 30 unten, 31, 34 oben, 34 unten
roebild (Röhrich): Bildseite 47;
roebild – Scharf: Bildseite *32*
Staatsbibliothek Berlin Bildarchiv: Bildseite *4*;
Ägyptisches Museum Kairo: Bildseite *17*;
Ägyptisches Museum der Staatl. Museen Preuß. Kulturbesitz,
Berlin: Bildseiten *9*, *12*, *13*, *16*, 18, 19;
Foto Lala Aufsberg: Bildseiten 7, 35, 38, 39, 42, 46;
Foto Herbert Kraft: Bildseite *20*
Weltbild-Dia-Vertrieb-Löppert: Bildseiten *21*, *24*, *25*, *28*, *29*, *33*,
36, *37*, *40 oben*, *40 unten*, *41*, *44*